Kunstgeschichte zur Einführung

Ulrich Pfisterer

Kunstgeschichte zur Einführung

JUNIUS

Junius Verlag GmbH
Stresemannstraße 375
22761 Hamburg
www.junius-verlag.de

Umschlaggestaltung: Florian Zietz
Titelbild: J.J. Grandville, Illustration aus:
Plinius der Jüngste, *Eine andere Welt*,
Leipzig 1847 [zuerst frz. 1843], S. 71
Satz: Junius Verlag GmbH
Printed in the EU 2020
ISBN 978-3-88506-705-4

Bibliografische Information der Deutschen Nationalbibliothek
Die Deutsche Nationalbibliothek verzeichnet diese Publikation in der Deutschen Nationalbibliografie; detaillierte bibliografische Daten sind im Internet über http://dnb.dnb.de abrufbar.

Zur Einführung ...

... hat diese Taschenbuchreihe seit ihrer Gründung 1977 gedient. Zunächst als sozialistische Initiative gestartet, die philosophisches Wissen allgemein zugänglich machen und so den Marsch durch die Institutionen theoretisch ausrüsten sollte, wurden die Bände in den achtziger Jahren zu einem verlässlichen Leitfaden durch das Labyrinth der neuen Unübersichtlichkeit. Mit der Kombination von Wissensvermittlung und kritischer Analyse haben die Junius-Bände stilbildend gewirkt.

Seit den neunziger Jahren reformierten sich Teile der Geisteswissenschaften als Kulturwissenschaften und brachten neue Fächer und Schwerpunkte wie Medienwissenschaften, Wissenschaftsgeschichte oder Bildwissenschaften hervor. Auch im Verhältnis zu den Naturwissenschaften sahen sich die traditionellen Kernfächer der Geisteswissenschaften neuen Herausforderungen ausgesetzt. Diesen Veränderungen trug eine Neuausrichtung der Junius-Reihe Rechnung, die seit 2003 von der verstorbenen Cornelia Vismann und zwei der Unterzeichnenden (M.H. und D.T.) verantwortet wurde.

Ein Jahrzehnt später erweisen sich die Kulturwissenschaften eher als notwendige Erweiterung denn als Neubegründung der Geisteswissenschaften. In den Fokus sind neue, nicht zuletzt politik- und sozialwissenschaftliche Fragen gerückt, die sich produktiv mit den geistes- und kulturwissenschaftlichen Problemstellungen vermengt haben. So scheint eine erneute Inventur der Reihe sinnvoll, deren Aufgabe unverändert darin besteht, kompetent und anschaulich zu vermitteln, was kritisches Denken und Forschen jenseits naturwissenschaftlicher Zugänge heute zu leisten vermag.

Zur Einführung ist für Leute geschrieben, denen daran gelegen ist, sich über bekannte und manchmal weniger bekannte Autor(inn)en und Themen zu orientieren. Sie wollen klassische Fragen in neuem Licht und neue Forschungsfelder in gültiger Form dargestellt sehen.

Zur Einführung ist von Leuten geschrieben, die nicht nur einen souveränen Überblick geben, sondern ihren eigenen Standpunkt markieren. Vermittlung heißt nicht Verwässerung, Repräsentativität nicht Vollständigkeit. Die Autorinnen und Autoren der Reihe haben eine eigene Perspektive auf ihren Gegenstand, und ihre Handschrift ist in den einzelnen Bänden deutlich erkennbar.

Zur Einführung ist in der Hinsicht traditionell, dass es den Stärken des gedruckten Buchs – die Darstellung baut auf Übersichtlichkeit, Sorgfalt und reflexive Distanz, das Medium auf Handhabbarkeit und Haltbarkeit – auch in Zeiten liquider Netzpublikationen vertraut.

Zur Einführung bleibt seinem ursprünglichen Konzept treu, indem es die Zirkulation von Ideen, Erkenntnissen und Wissen befördert.

Michael Hagner
Ina Kerner
Dieter Thomä

Inhalt

Anhang

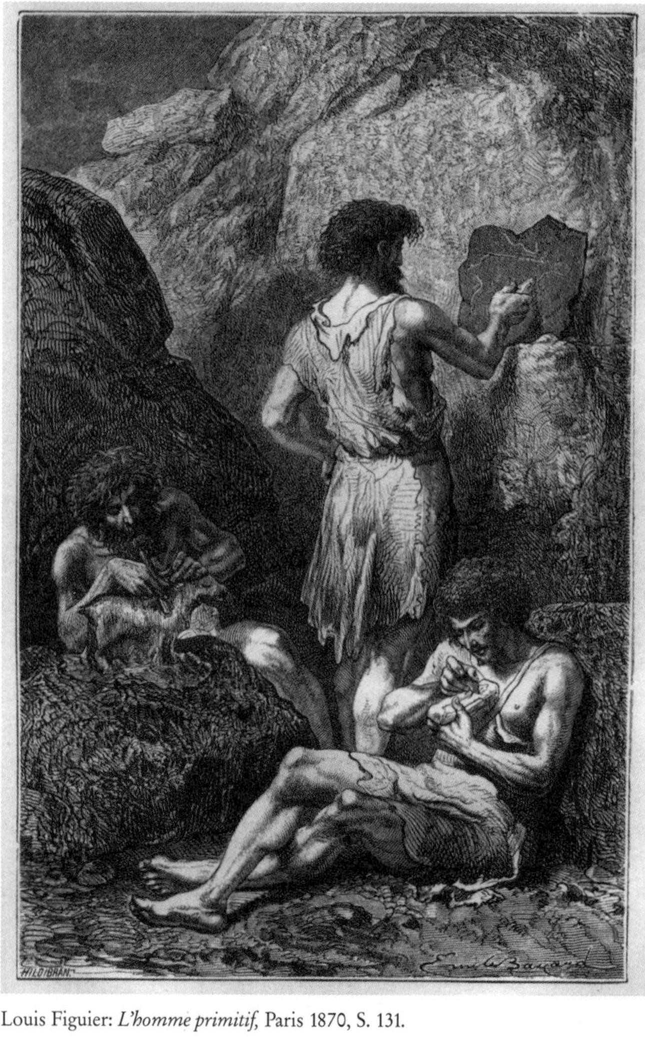

Louis Figuier: *L'homme primitif*, Paris 1870, S. 131.

Der Anfang der Kunstgeschichte

Kunstgeschichte ist eine Wissenschaft am Anfang – immer noch. Sie ist es, weil sie sich mit Gegenständen und Zusammenhängen befasst, die für Menschen eine immer neue, existenzielle, emotional zutiefst erschütternde Bedeutung haben (können).

Dies gilt für Künstler_innen bei ihrer Suche nach Anfänglichem, Neuem, Grundlegendem, Unschuldigem, ›Primitivem‹ – wie immer es im Laufe der Zeit benannt wurde. Wenn etwa ausgerechnet das Museum of Modern Art in New York 1937, im achten Jahr seines Bestehens, eine Ausstellung zu *Prähistorischen Felsbildern in Europa und Afrika* zeigte, dann aus der weitverbreiteten Überzeugung heraus, dass die überzeitlichen Fragen und anfänglichen Leistungen prähistorischer Kunst zugleich entscheidende Zukunftsperspektiven eröffnen. Umgekehrt ließen sich die tatsächlichen Anfänge prähistorischer ›Kunst‹ zunächst gar nicht anders denken als in Kategorien genialischer Künstlerfiguren, den »Vorläufern Raffaels und Michelangelos«, wie es in der Unterschrift zur ersten Darstellung von Urzeit-Künstlern heißt (Louis Figuier: *L'homme primitif*, Paris 1870, S. 131). Auch wenn sich seitdem das Pathos des Anfangs gelegt und die radikale Forderung der avantgardistischen Moderne nach originär Neuem zu einem nur mehr individuellen Streben nach Originalität gewandelt hat: Die künstlerische Faszination des Anfangs bleibt bestehen. So waren 2016 im Berliner Gropius-Bau wiederum die Kopien prähistorischer Felsbilder des frühen 20. Jahrhunderts neben anderen Ausstellungen zur Kunst der Moderne und Gegenwart zu sehen.[1]

Die immer neue, existenzielle, emotional zutiefst erschütternde Bedeutung gilt aber nicht nur für Künstler_innen, sondern betrifft genauso die Reaktionen des Publikums, des früheren und mit unverminderter Intensität auch des heutigen. Gemeint sind Reaktionen auf Kunst, auf alle mit noch so geringem oder hohem ästhetischem Anspruch gestaltete Artefakte, Bilder, Architekturen, Fotos, Filme, Videoclips, Inszenierungen, virtuelle Welten, die grundlegend infrage stellen, ob wir »je modern gewesen« sind, ob uns tatsächlich vor allem die Vernunft steuert oder ob wir nicht doch teilweise immer noch wie am Anfang agieren.[2]

Die ersten zwanzig Jahre des vermeintlich aufgeklärten, wissenschafts- und technikaffinen, digitalen 21. Jahrhunderts haben die radikale Wirkmacht von Kunst, von Bildern und Artefakten nachdrücklich vor Augen geführt. Und zwar in allen zentralen Bereichen des Lebens – Religion, Politik, Krieg, gesellschaftliches Miteinander, Sexualität, Recht, Besitz, Wissen und Freizeit. Man denke nur an den Streit um die Mohammed-Karikaturen, der im Terroranschlag auf das Redaktionsbüro der Zeitschrift *Charlie Hebdo* 2015 gipfelte. Oder an Revolutionen und soziale Unruhen wie den Arabischen Frühling (ab 2010) und zuletzt die Proteste in den USA nach dem Tod von George Floyd durch rassistisch motivierte Polizeigewalt (2020). Ihre Durchschlagskraft erlangten diese Ereignisse auch durch den Umstand, dass sie in Videos festgehalten und aller Welt öffentlich gemacht wurden. In der Folge hat die ›Black-Lives-Matter‹-Bewegung Statuen von Südstaaten-Generälen gestürzt oder durch Monumente für andere Personen ersetzt. Das temporäre Entfernen des 1896 entstandenen Gemäldes *Hylas und die Nymphen* von John William Waterhouse aus der Manchester Art Gallery (2018) sollte dagegen – selbst wieder als Kunstereignis zu verstehen – an den allgegenwärtigen Sexismus in der westlichen Kunsttradition erinnern: an überkommene Vorstellungen von Körper und Geschlechterrollen, wie sie museale Präsentationen teilweise weiterhin auratisieren und perpetuieren. Der ›Schwabinger Kunstfund‹ 2012 hat in Deutschland Bewegung in die Debatte um Nazi-Raubkunst, Provenienzforschung und die verspäteten Versuche von Gerechtigkeit gebracht. Die Grundsteinlegung des Humboldt Forums 2013 als zukünftiges Museum für außereuropäische Kunst in Berlin wird von hitzigen Diskussionen über den richtigen Umgang mit diesen Artefakten und Kunstwerken begleitet – Ähnliches ereignet sich in Frankreich.[3] Ganz anders motiviert ist die Zerstörung antiker Kulturgüter durch den IS in Syrien und dem Irak seit knapp zwei Jahrzehnten. Schließlich haben die traumatischen Attentate von 9/11 – teils geplant, teils unabsichtlich – auch zu einer neuen Art von »Bilderkrieg« geführt, der von den Beteiligten des nachfolgenden Irak-Konflikts 2003 dann perfide perfektioniert werden sollte.[4]

Diese Stichworte zur ungebrochenen Wirkmacht von Bildern, Artefakten und Ästhetik beabsichtigen dabei nicht, ein überhistorisches, unerklärliches Urphänomen Kunst, eine visuelle Archaik der Gegenwart oder ein autonomes Eigenleben der Bilder und Artefakte heraufzubeschwören – ganz im Gegenteil. Alle genannten Phänomene sind in vielerlei Hinsicht kulturell erzeugt, lassen sich als menschliche Projektionen und Reaktionen analysieren und erklären. Dies ändert jedoch nichts daran, welch grundlegende und allgegenwärtige Relevanz Bilder, Artefakte und Kunst hatten und unvermindert weiterhin haben.

Der Verweis auf diese *longue durée* trifft indes nur zur Hälfte zu. Denn die Bilder im weitesten Sinne gewinnen im aktuellen Zeitalter des Digitalen so grundlegend und schnell (epistemische) Möglichkeiten, Funktionen und Bedeutungen hinzu wie vermutlich noch nie zuvor in der Geschichte. Nicht nur die neue (kommerzialisierte) »Ökonomie der Aufmerksamkeit«, befeuert von einer neuartigen, allverfügbaren »Ästhetik der veränderbaren Form«, wird maßgeblich vom digital optimierbaren Bild angetrieben.[5] Bereits früh war angesichts der ›Explosion der Bilder‹ – positiv – eine epistemische Wende von der Schrift hin zu »Technobildern« oder aber – negativ – eine »Agonie des Realen« und Verführung Bildabhängiger in einer Scheinwelt prophezeit worden.[6] Die rasante Verschiebung in der gesamten Kommunikation, im Empfinden, Denken und Erinnern heute weg von der Jahrhunderte währenden Textdominanz hin zu einer wesentlich bildgestützten Ausdrucksform zeichnet sich symptomatisch verdichtet im Wandel der Social-Media-Funktionalitäten von Twitter (nur Text, seit 2006), Instagram bzw. Snapchat (Bild/Videoclip und Text, seit 2010 bzw. 2011) und Beme bzw. TikTok (Videoclip, 2014–2017 bzw. seit 2016) ab. Und wenn sich YouTube (seit 2005) in diesem Zeitraum ebenfalls von einer Video-Sharing- zur Social-Media-Plattform entwickelt hat, dann weil der große Erfolg im Netz kaum mehr als Blogger und mit Texten, sondern vor allem als Vlogger und mit eigenen Videos zu erzielen ist.

Mit diesen Formen der Selbstpräsentation zusammen geht, dass sich zumindest in den westlichen Gesellschaften seit Längerem eine umfassende Ästhetisierung des Alltags und des Ichs vollzieht: Design, Mode, Körperoptimierung, Ausstellungen, Musikereignisse, Theater, Kulturreisen usw. werden mit immer mehr Aufmerksamkeit, Zeit und Geld bedacht. Ob man dies als neue Perspektiven, als Freiräume des Selbst und der Sinnstiftung oder als Ausweichbewegung, Orientierungssuche, Eskapismus angesichts rasanter Veränderungen, Verunsicherungen und immer komplexerer Herausforderungen der Welt seit den späten 1980er Jahren deuten will, es ändert nichts an der Allgegenwart und

Attraktivität kunstvoller Gestaltung. Die erwartbare Gegenbewegung, eine Sehnsucht nach dem ›Realen‹, wurde nun durch die Corona-Pandemie dramatisch vorangetrieben: Information, Austausch sowie soziales Leben auf Distanz und allein im Virtuellen haben zwar einmal mehr die globale Bedeutung von Bildern vorgeführt. Andererseits aber auch, dass ein physisches Gegenüber und materielle Qualitäten zumindest bislang unverzichtbar und nicht anderweitig zu ersetzen sind.

Schließlich unterliegt selbst unser wissenschaftliches Denken weithin ästhetischen Parametern: Dies deutet sich nicht nur an metaphorischen Äußerungen zur ›Schönheit‹ bestimmter Theorien und Modelle an. Oder an historischen Phänomenen wie der Verwissenschaftlichung und zugleich Ästhetisierung der Historie im langen 19. Jahrhundert oder an Friedrich Nietzsches Versuch in *Die Geburt der Tragödie aus dem Geiste der Musik* (1872), über die Kunst »das Problem der Wissenschaft«, das »nicht auf dem Boden der Wissenschaft erkannt werden« kann, in den Blick zu bekommen.[7] Zunehmend deutlich wird die Bedeutung bildbasierter und ästhetischer Prägungen und Praktiken für die Generierung von Wissen insgesamt – selbst und gerade auch in den Natur- und Technikwissenschaften. Hatte noch 1938 Gaston Bachelard in seinem Grundlagenwerk zur wissenschaftlichen Epistemologie, *Die Bildung des wissenschaftlichen Geistes*, konstatiert, dass neben den Alltagserfahrungen insbesondere die kreative Fantasie der Kunst die (objektive) (natur-)wissenschaftliche Erkenntnisbildung behindere, so gilt heute das genaue Gegenteil: Ohne Kreativität und ohne Bildgebung mit ihren unvermeidbaren ästhetischen Entscheidungen können viele wissenschaftliche Erkenntnisse (gerade auch der *Big-Data-* und Netzwerk-Analyse) gar nicht erst dargestellt und gemacht, geschweige denn vermittelt werden.[8]

Kunstgeschichte ist aber nicht nur deshalb eine Disziplin am Anfang, weil ihre Interessen und Gegenstände eine in immer neuer Wendung existenzielle Bedeutung haben. Kunstgeschichte steht als Wissenschaft auch deshalb am Anfang, da sie grundlegende methodische Herausforderungen ihrer Gegenstandsbereiche bislang vielfach nicht beantworten konnte. Das liegt teils daran, dass sie die Fragen nicht konsequent gestellt, Lösungsansätze nicht weiterentwickelt oder manchmal auch gleich wieder vergessen hat. Teils liegt es aber auch daran, dass es interessanter und produktiver scheint, auf Gewissheiten zu verzichten und stattdessen vermeintlich gesicherte Annahmen in ihren wissen(schaft)shistorischen Bedingtheiten immer wieder zu dekonstruieren und neu zu hinterfragen.

Die Rede vom Anfang meint so (selbstkritisch) mehr als die von Max Weber konstatierte »ewige Jugendlichkeit« aller »*historischen* Disziplinen, [...] denen der ewig fortschreitende Fluss der Kultur stets neue Problemstellungen zuführt«[9]. Erfolgt doch jeder Versuch eines deutenden Verstehens von Geschichte und Kultur von einem in der jeweiligen Gegenwart verankerten, veränderlichen Standpunkt aus. Freilich arbeitet die Kunstgeschichte in einem solchen Maße mit Pluralitäten, Widersprüchlichkeiten und methodisch zwingend offenen Konstellationen, dass gerade in der dauernden Auseinandersetzung damit ein auch für andere Disziplinen entscheidender Beitrag und eine wegweisende Zukunftsperspektive liegen könnte. Die ›Augenwissenschaft‹ Kunstgeschichte führt – noch viel mehr als die Philologien – paradigmatisch »Interesse an bedingtem Wissen« vor.[10] Zutreffender beschreibt diese disziplinäre Herausforderung Webers Zeitgenosse, der Hamburger Kunst- und Kulturwissenschaftler Aby Warburg. Für diesen stellte das »[b]ewusste Distanzschaffen zwischen sich und der Außenwelt« den »Grundakt menschlicher Zivilisation« dar, wobei die menschliche Bildproduktion maßgeblich an der Errichtung des reflexiven Zwischenraums beteiligt ist. Für Warburg bleibt so bei aller Entwicklung der Anfang weiterhin präsent. Kritische Distanz lässt sich nicht historisch ein für alle Mal erlangen. Sie muss vielmehr in einer Art Pendelbewegung zwischen Mythos und Wissenschaft, zwischen Anfangssituation und Jetzt stets neu errungen und reflektiert werden. Diese Wechselwirkungen zwischen den permanenten Anfangs- und Gegenwartsherausforderungen der Kunstgeschichte zu skizzieren ist das Hauptziel der vorliegenden Einführung.

An dieser Anfangssituation der Kunstgeschichte ändert jedenfalls der Umstand nichts, dass über Bilder, Skulpturen, Architekturen und viele andere mit ästhetischem Anspruch gestaltete Artefakte schon seit Jahrtausenden gesprochen und geschrieben wird. Und dass sich die Kunstgeschichte seit mindestens zweihundert Jahren als wissenschaftliche Disziplin konstituiert hat. Als solche zielt sie, will man sie einleitend kurz definieren, auf ein deutendes Analysieren aller bildenden Künste und im Prinzip aller menschlichen ästhetischen Gestaltung im Bereich des Visuellen und Räumlichen. Dabei nimmt die (mittlere und neuere) Kunstgeschichte heute in Absetzung von den Archäologien (der ›alten‹ Kunstgeschichte) zumeist nur die nachantike Zeit bis in die Gegenwart in den Blick. In Deutschland hat sie darüber hinaus lange sogar nur Kunst der westlichen Welt und deren ›Ausstrahlung‹, nicht Bilder, Artefakte und Vorstellungen weltweit untersucht. Ziel ist eine verstehende Annäherung sowohl in ästhetisch-systematischer wie in historisch-kritischer Hinsicht. Im Unterschied zur philosophischen Ästhetik, die auf übergreifende Theorien zielt (und häufig von vorausgehenden Theorien ausgeht), bleiben für die Kunstgeschichte die einzelnen Werke (oder künstlerischen Ideen) in ihren spezifischen historischen, geografischen, sozialen, kulturellen Konstellationen ein zentraler Bezugspunkt der Auseinandersetzung.

Dabei hat die Kunstgeschichte in den letzten zweihundert Jahren eine enorme Fülle an Einzelfakten zusammengetragen: Quellen und Dokumente zu Künstler_innen und Werken, Daten, Zuschreibungen und formale Zusammenhänge, Untersuchungen und Rekonstruktionen von Zuständen und Veränderungen, Identifizierungen von Themen usw. Erst diese fundamentale Erschließung des Materials in Corpus-Werken, Katalogen und kritischen Editionen liefert nun eine zunehmend sichere Argumentationsbasis. Diese quantitative Durchdringung wird von einer qualitativen begleitet: In zahllosen Werkinterpretationen ist vorgeführt, welches Spektrum an Fragen, welche Interpretationstiefe, welche Erkenntnisfülle die Auseinandersetzung mit Kunstwerken erfordert und ermöglicht. Dabei lässt sich – offenbar anders als in den Geschichtswissenschaften – in der Geschichte der Kunstgeschichte zumindest zeitweise eine gewisse »Stufenfolge unterschiedlicher Paradigmen« erkennen: Formfragen waren um 1900 besonders aktuell, der Siegeszug der Ikonografie/Ikonologie begann in den 1930er Jahren (s. S. 40ff. und 160 ff.). Allerdings gilt heute wie in den Geschichts- und vermutlich allen Geisteswissenschaften, dass »die Pluralität der Ansätze [...] und ›Konzepte‹ [...] im Verlauf des 20. Jahrhunderts immer größer geworden« ist.[11] Wobei sich aber eben auch zeigt, dass die systematisierende Durchdringung, Methoden- und Theoriediskussion der Kunstgeschichte phasenweise weniger intensiv verfolgt wurde. Als Disziplin schließlich, die sich mit allen Arten form- und bildgebender Produktion der Menschen und mit der ästhetischen Gestaltung ihres Lebensraums befasst, kommt Kunstgeschichte entscheidende gesellschaftliche Verantwortung zu.

An dieser perpetuierten Anfangssituation der Disziplin ändert schließlich auch nichts, dass bereits 1983 »das Ende der Kunstgeschichte« konstatiert worden war: Hans Belting hatte im Rekurs auf Jean-François Lyotards Überlegungen zum postmodernen Wissen – jedenfalls noch bevor Francis Fukuyama 1989 ein »Ende der Geschichte« verkünden sollte – darauf hingewiesen, dass die bis dato dominierenden kunsthistorischen Narrative an Relevanz verloren. Darstellungen zu übergreifenden künstlerischen Entwicklungen auf der Makro- und Künstlermonografien auf der Mikroebene (also der Fokus auf Epochen-, Lokal- und Individualstilen) konnten die neuen Fragen und Interessen nicht mehr zufriedenstellend beantworten.[12] An die Stelle der einen autoritativen Kunstgeschichtserzählung, so Beltings Diagnose, sind unter den Bedingungen einer im Posthistoire aufgelösten (Fiktion von der einen, kanonischen) Historizität viele, teils miteinander verschränkte, teils parallele, teils konkurrierende Kunstgeschichten getreten.

Dass zu Beginn der 1980er Jahre die Idee vom ›Ende der Kunstgeschichte‹ näherlag als die vom ›Ende der Geschichte‹, hatte im Übrigen auch damit zu tun, dass die verwandte Denkfigur vom ›Ende der Kunst‹ bereits seit Georg Wilhelm Friedrich Hegel gut 150 Jahre zuvor als Topos etabliert war. Wobei Hegel dieses Ende der Kunst gerade als eine Bedingung für den Beginn der Kunstgeschichte als Wissenschaft begriffen hatte: Erst in dem Moment, wo Kunst von einer Notwendigkeit, einer Wahrheit, einer höchsten Manifestationsform des menschlichen Geistes zum dekorativen Beiwerk absinke, werde sie für andere, eben auch kunsthistorisch-analysierende Arten des Zugriffs verfügbar.[13] Parallel dazu schien sich in der künstlerischen Praxis des 19. Jahrhunderts ein Ende des verbindlichen Kunstschaffens abzuzeichnen. Symptomatisch dafür war die (zuvor vermeintlich unbekannte) Frage, »in welchem Style« die Künstler eigentlich arbeiten sollten – ein Problem, das sich mit der Postmoderne, in der eine totale »Verfügbarkeit aller Zeichen, aller Formen, aller Wünsche« erreicht schien, da »schon alles freigesetzt« sei, in neuerlicher Dringlichkeit stellte.[14]

Auch gegen ein solches – in der Rezeption oft verkürztes und verabsolutiertes – Szenario vom Ende der Kunstgeschichte betont dieses Buch, dass überhaupt erst die Pluralisierung durch das vermeintliche Ende ein neues Denken der anfänglichen Fragen der Kunstgeschichte ermöglicht hat. Aus diesem Zustand ›am Anfang‹ resultieren die Bedeutung der Kunstgeschichte, ihre aktuellen Herausforderungen und zukünftigen Chancen wie auch ihre bisherigen Leistungen, Unzulänglichkeiten und Versäumnisse. Die folgenden Kapitel wollen diese Anfangsdynamiken aufzeigen. Sie versuchen zumindest einige der auf diesen ersten Seiten aufgerufenen Problemfelder und Stichworte in ihren kunsthistorischen Diskussionskontexten und zumindest andeutungsweise in der breiteren Wissen(schaft)sgeschichte und den Diskursfeldern ›Kunst‹ und ›visuelle Kultur‹ insgesamt zu verorten. Deutlich wird dabei auch, dass es die Kunstgeschichte immer noch nicht geschafft hat, ihre gerade unter den aktuellen Bedingungen immer größere gesellschaftliche Relevanz und ihre spezifischen Kompetenzen in vollem Umfang ins Bewusstsein zu rufen. Dabei will sich dieses Buch mit solchen Feststellungen keinesfalls in die lange Reihe von Krisendiagnostiken der Kunstgeschichte (und der Geistes- und Kulturwissenschaften insgesamt)[15] einreihen, im Gegenteil: Der Anfang der Kunstgeschichte ist zugleich ihr Zukunftskapital.

Die spezifische Anfangssituation der Kunstgeschichte führt dieses Buch auf vier große Kategorien zu Kunst, Geschichte, Wissenschaft und Institutionen zurück. Dieser Aufbau gehorcht einer Heuristik der Problementfaltung, verfolgt nicht streng chronologische Entwicklungslinien. Die einzelnen Kapitel sollen sich in ihren Perspektiven ergänzen, tragen zu mehreren Fragekomplexen bei und hätten daher teils auch an anderer Stelle stehen können. Das erste ›Grundproblem‹ betrifft zunächst und ganz zentral das erst im Europa des 18. Jahrhunderts entwickelte Konzept des emphatischen Kollektivsingulars ›Kunst‹ und zugehörige Ideen wie die genialische Künstlerpersönlichkeit, Autonomie, unausschöpfliche Sinnfülle und auratisierte Rezeption (s. S. 30 ff.). Anders als bei anderen Kunstformen wie der Musik, dem Theater oder der Literatur bedarf es bei Kunstwerken zudem (meist) keines Wiederaufführens und keiner aneignenden Lektüre. Sie sind für Betrachtung, Wirkung und Botschaft in den meisten Fällen (scheinbar) unmittelbar gegenwärtig. Ein solches naives Verständnis von Präsenz und zeitlosem, immer gleichen Sehen war ausgehend von der Bilderschrift der Hieroglyphen in Antike und Früher Neuzeit entwickelt worden und dann mit der Romantik zum generellen Lob der Kunst als der »eine[n] Weltsprache, eine[n] Universalsprache, Allen zugänglich, die Augen haben«, erweitert worden. Noch Ernst Robert Curtius wird in diesem Sinne 1948 behaupten, die »Bilderwissenschaft ist mühelos«. Anstrengung, so wird impliziert, erfordern dagegen nur ›echte Wissenschaften‹ wie die Philologien.[16] Nicht thematisiert wurde in dieser Tradition das Problem, wie ein visueller Befund, wie der uneinholbare Sinnüberschuss von Kunst überhaupt methodisch-wissenschaftlich zu erfassen und sprachlich zu vermitteln ist.

Diese Idee einer »ewigen Gegenwart« der Kunst (Sigfried Giedion) steht dabei in einer kaum auflösbaren Grundspannung zu allen historischen Entwicklungsvorstellungen (s. S. 87 ff.). Die zentrale Frage lautet: Wie ist mit einer solchen Enzeitlichung von Kunst eine Kunst-Geschichte möglich? Welche Rolle, welcher Aussagewert kommt Artefakten bei Untersuchungen menschlicher Kulturen und Geschichte zu? Wobei auch hier im Hinblick auf die sprachliche Vermittlung gilt: Wenn für die Narrative der Geschichtswissenschaften festgestellt wurde, dass »selbst Klio dichtet« (Hayden White), dann trifft dies in noch viel stärkerem Maße für die Kunstgeschichte zu.

Die Schwierigkeiten und teils Aporien beider Aspekte – von Kunst und Geschichte – haben eine besondere Sehnsucht der Disziplin nach ›strenger‹ Wissenschaftlichkeit erzeugt. Der dritte Teil dieses Buchs stellt Ansätze und Themenfelder vor, die eine solche wissenschaftliche Rettung versprechen. Zutage treten dabei freilich auch die Gefahren, wenn die notwendige Offenheit und das Interesse an bedingtem Wissen der Kunstgeschichte auf diesem Weg überwunden, objektiviert und diszipliniert werden sollen.

Alle diese Diskussionen finden – vierter Faktor – auf einem historischen Spielplan statt, den die kombinierten ›Betriebssysteme‹ von Kunst und Wissenschaft jeweils bereitstellen. Adressiert werden im letzten großen Abschnitt des Buches die institutionellen Rahmenbedingungen der Disziplin, welche die Denk- und Wissenschaftsstile, den disziplinären Habitus, die Möglichkeiten, die Medien und das Publikum mit konfigurieren. Bereits in seiner Konsolidierungsphase im späteren 19. und frühen 20. Jahrhundert ist das Universitätsfach Kunstgeschichte maßgeblich wissenschaftsstrategischen, kaum von seinen Gegenstandsbereichen oder Frageinteressen her begründeten Überlegungen gefolgt, wenn es zunächst die Verbindungen zur ›älteren Schwester‹ Archäologie gekappt hat. Wenig später hat es die prähistorischen und außereuropäischen Artefakte, wie sie im Laufe des 19. Jahrhunderts in immer größerer Menge verfügbar wurden, der Vorgeschichtsforschung, Ethnologie und den *Area Studies* überlassen (zumindest in den Kunstgeschichten Deutschlands und Europas, im Unterschied zu vielen US-amerikanischen Departments). Umgekehrt resultieren die kunstgeschichtlichen Bemühungen der Gegenwart, globale Horizonte wiederzugewinnen, den Kanon hinsichtlich Geografie, Gender, Medien und Objekten zu revidieren oder auch ein neues Bewusstsein für Provenienzen von Sammlungsgegenständen zu installieren, nicht nur aus den innerfachlichen Forschungsdynamiken, sondern reagieren auf externe Forderungen, Anreize, Vorgaben und Veränderungen. Dabei stellt gerade die Beharrungskraft von Institutionen eine der größten Herausforderungen für neue Forschungsperspektiven dar.

Schließlich ist als weitere Besonderheit des Faches festzustellen, dass Kunsthistoriker_innen über die letzten gut 150 Jahre hinweg eine wohl doch schwächere Identität und Identifikation mit ›ihrer‹ Disziplin ausgeprägt und eine geringere öffentliche Wahrnehmung erzielt haben als die *community* etwa der Historiker_innen oder der Klassischen Archäolog_innen, bei allen internen Differenzen auch dort. Die Tendenz zur Selbstzersplitterung des Faches zeigt sich schon früh und bei wichtigen Vertretern. So bemühte sich Aby Warburg in einem Brief vom August 1903 – um nur die eine Stimme zu zitieren, die derzeit für die meisten Überlegungen im Hinblick auf Bilder und Kunst irgendwie als Ahnherr in Anspruch genommen wird – erst gar nicht, die »verschiedenen organisch nicht selbstverständlich zusammenhängenden Richtungen« des Faches ausgewogen zu charakterisieren, sondern sprach von »Enthusiasten«, »Attributzler[n]« und »schnuppernde[m] Gelichter«.[17] Heute bestehen Tendenzen, etwa zwischen Universitäts- und Museumskunstgeschichten oder zwischen einer (innovativen, methodisch offenen, postkolonialen) Beschäftigung mit der globalen Gegenwartskunst und der (eher traditionellen, faktenorientierten) Erforschung der Kunst älterer Zeiten zu unterscheiden. Architektur-, Design- oder Fotogeschichte, eine Kunstgeschichte mit Schwerpunkt auf Genderfragen, Bildwissenschaft usw. traten oder treten teils mehr, teils weniger nachdrücklich als eigene (Unter-)Disziplinen auf. Die Kunstsoziologie, Filmwissenschaft, *Visual Studies*, *Comic Studies* usw. verstehen sich von Anfang an als andere Fächer.

Gleichzeitig wächst das Interesse an allen Arten von Bildern, Artefakten und Ästhetik bei vielen anderen Disziplinen in zuvor nicht gekanntem Ausmaß: im Falle von Wissenschaftsgeschichte, Literaturwissenschaften, (Kultur-)Geschichte, Ethnologien, Medienwissenschaft, Philosophie häufig ohne dass diese schon ein mit der Kunstgeschichte (und den Archäologien) vergleichbar ausdifferenziertes Instrumentarium des Sehens entwickelt hätten oder entwickeln wollen. Auch für die Naturwissenschaften und voran die *Digital Sciences* haben bildgebende und bildverarbeitende Verfahren eine kaum zu überschätzende Bedeutung. Es ist nicht nur die wissenschaftliche Aufgabe, sondern auch die gesellschaftliche Verantwortung vor allem der Kunstgeschichte und ihrer differenzierten visuellen Analysekompetenzen, diese neue Stellung der Bilder, Artefakte und Seherfahrungen kritisch zu begleiten und in ihren aktuellen und historischen Bedingtheiten, Möglichkeiten wie Gefahren zu untersuchen.

Vor einem solchen Hintergrund versteht dieses Buch die Aufgabe ›Einführung‹ so, dass es auf zentrale Herausforderungen und offene Problemstellungen der Kunstgeschichte – wenn man so will: auf mögliche Grundfragen – hinweist, die sich teils trotz langer Auseinandersetzung weiterhin stellen.[18] Es bietet keinen chronologischen Überblick zur Wissenschafts- oder Fachgeschichte der Kunstgeschichte, keine Biografien ›großer‹ Kunsthistoriker_innen und keine Propädeutik in dem Sinne, dass es eine Systematik des Faches, seiner Theorien, Methoden und Gegenstandsbereiche entwirft oder deren Anwendung exemplarisch vorführt. All dies gibt es bereits mehrfach. Naheliegenderweise wurden solche Fragestellungen besonders intensiv in der universitären Formierungsphase der Disziplin in den Jahrzehnten um 1900 und während der Umbruchs- und Neuausrichtungsphasen in den 1970er/80er Jahren bzw. um und nach 2000 behandelt. Nochmals anders gesagt: Es geht auch nicht darum, nun die *New Art*

History, wie sie sich aus dem Gefühl einer Reformbedürftigkeit des Faches heraus in den 1970er Jahren entwickelt hat, zu einer ›allerneuesten Kunstgeschichte‹ des 21. Jahrhunderts weiterzuschreiben und ausschließlich aktuelle Ansätze und *turns* zu diskutieren.[19] Ein Manko der Kunstgeschichte ist eben ihre Tendenz zum Vergessen, Verdrängen oder Überschreiben von Problemen, die gleichwohl weiterhin entscheidend jeden Blick auf Kunstwerke, jede kunsthistorische Forschung mitbestimmen.

Das hier verfolgte Vorhaben kann nicht gleichermaßen für die Kunstgeschichten der verschiedenen Länder und Wissenschaftskulturen geleistet werden, sondern hat seinen Schwerpunkt auf dem deutschsprachigen Raum.[20] Und selbst bei diesem eng gewählten Fokus lassen sich interdisziplinäre Diskussionshorizonte nur andeuten und selbstverständlich auch persönliche Interessen des Autors nicht ausschalten. Zu hoffen ist, dass die Struktur dieses Buches es ermöglicht, den etablierten Reigen der immer gleichen ›großen Namen‹, Beiträge und Ereignisse der Fach- und Wissenschaftsgeschichte der Kunstgeschichte weiter zu öffnen für die komplex vernetzten und wesentlich vielstimmigeren Diskussionen zur Kunst.

Dieses Buch versucht so der perpetuierten Anfangssituation einer Disziplin gerecht zu werden, deren historische Anfänge man je nach Sichtweise ins frühe 19. Jahrhundert zu Carl Friedrich von Rumohrs kunsthistorischen Quellenstudien oder aber zu Johann Joachim Winckelmanns *Geschichte der Kunst des Alterthums* (1764) als dem Gründungstext einer Stilkunstgeschichte, ja zu den Künstlerviten Giorgio Vasaris (*Le Vite de' più eccellenti architetti, pittori, et scultori italiani* 1550/[2]1568), wenn nicht gar bis in die Antike zurückverfolgen kann (nicht-westliche Traditionen der Beschäftigung mit Kunst und ihrer Geschichte etwa im asiatischen Raum bleiben hier ganz außen vor). Andererseits wurden überhaupt erst 1854/1860 – am eidgenössischen Polytechnikum in Zürich und an der Bonner Universität – Ordinarien für Kunstgeschichte berufen und damit allererst ein kontinuierliches wissenschaftliches Ausbildungsprogramm ermöglicht. Insofern ließen sich die eigentlichen Anfänge der Disziplin auch erst um die Mitte des 19. Jahrhunderts verorten, wie es die Zeitgenossen teils selbst taten (Förster 1862: V): »Ueberblicken wir die Geschichte unserer Literatur, so können wir nicht verkennen, dass Kunstgeschichte eine ziemlich neue Wissenschaft ist, [...]. Wer vor etwa vierzig Jahren Kunstgeschichte an einer deutschen Universität gehört, wird – mit Ausnahme dessen, was das classische Alterthum betraf – keine glänzende Ernte gehalten haben. [...] Die Kunstgeschichte ist [in der Zwischenzeit jedoch] eine beliebte Wissenschaft geworden und gehört zu den unerlässlichen Bedingungen einer höhern Bildung!«

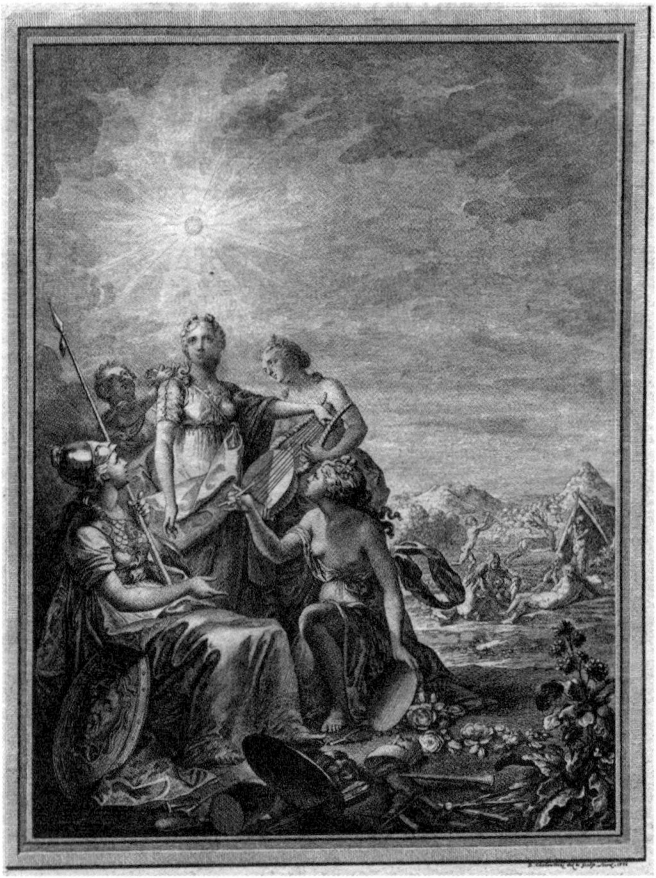

Johann Georg Sulzer: *Allgemeiner Theorie der Schönen Künste*, Leipzig 1771-1774, Bd. 1, Frontispiz.

1. Kunst

Die Disziplin Kunstgeschichte verdankt sich dem Aufstieg und Beharrungsvermögen der Kategorie ›Kunst‹ – oder wie es Ernst H. Gombrich formulierte: »Ohne die Idee, daß es eine Kunst gibt, die durch die Jahrhunderte fortschreitet, gäbe es keine Kunstgeschichte.« So simpel, ja zirkulär das erscheinen mag, das Verhältnis der durch die Jahrhunderte fortschreitenden Kunst zu ihrer wissenschaftlichen Untersuchung ist alles andere als einfach. Begründen doch die jeweiligen Vorstellungen von Kunst ganz wesentlich, was die Kunstgeschichte zu einem bestimmten Zeitpunkt und Ort überhaupt als ihre Gegenstände versteht, welche Interessen, Fragen und Antworten sie entwickelt und umgekehrt. Eine Einsicht aus dieser Standortgebundenheit lautet, dass Kunstgeschichte zunächst einmal eine von Grund auf europäisch-westlich geprägte Disziplin ist. So wenig ›Kunst‹ eine unproblematische »Weltsprache« darstellt, so sehr läuft Kunstgeschichte Gefahr, als intellektuelle Kolonialisierung unter dem Deckmantel des Ästhetischen, des vermeintlich neutralen Sehens oder der reinen Formanalyse aufzutreten. Eine andere Einsicht folgt nicht aus der globalen Übertragung, sondern aus der aktuellen inflationären Verwendung von Begriffen aus dem Feld der Kunst und Kreativität in den westlichen Kulturen selbst: vom *Hair Artist* über den Kreativurlaub bis zum Kuratieren von Concept Stores. Kunst und Kreativität sind so positiv und teils so überkonnotiert, dass auch die wissenschaftliche Sprache und Kategorienbildung sich dem kaum entziehen kann. In dieser Hinsicht verlangt eine wissenschaftliche Beschäftigung mit Kunst in besonderer Weise, über Kanonbildungen, Wertzuschreibungen und die Bedingtheiten von Wahrnehmung und Analyseinstrumentarien nachzudenken. Eines scheint dabei von vornherein klar: Das Ersetzen des Kunstbegriffs durch andere Termini – statt Kunstgeschichte etwa nominell Bildwissenschaft oder *Visual Studies* zu betreiben – löst diese Problematik nicht, verschleiert sie nur wieder.

Kunst, Künstler_in, Kunstwerk, Kunstgeschichte

Der moderne westliche Kunstbegriff formierte sich während der ersten Hälfte des 18. Jahrhunderts.[21] 1749 entwickelte Charles Batteux daraus erstmals konsequent den Vorschlag, die »Schönen Künste« (*beaux-arts*) der Malerei, Bildhauerei, Dichtung, Musik und Tanz zusammen zu gruppieren, da sie allein auf das Vergnügen zielten und dem gemeinsamen ästhetischen Leitprinzip der Naturnachahmung folgten (Redekunst und Architektur waren nahestehende Künste, verbanden in Batteuxs Klassifizierung jedoch Vergnügen mit Nutzen). Damit ist ein Prozess vollzogen, der diese künstlerischen Tätigkeiten als kategorial eigenständige Gruppe sowohl von den Handwerken, seit Johannes Scottus Eriugena im 9. Jahrhundert als *artes mechanicae* bezeichnet, wie auch von den bereits in der Antike so genannten ›freien Künste‹ (*artes liberales*) und anderen Wissenschaften absetzt. Zwar hatte es seit dem 16. Jahrhundert schon Kategorien wie die ›Künste des Disegno [d.h. der Zeichnung]‹ gegeben, worunter Malerei, Skulptur und Architektur fielen, für deren Studium dann sogar eigens Kunstakademien eingerichtet wurden. Auch demonstrierten Maler, Bildhauer und Architekten spätestens seit diesem Zeitpunkt eine neuartige Selbstreflexion ihres Tuns und ein gesteigertes Selbstbewusstsein unmittelbar in ihren Werken. Mit dem 14./15. Jahrhundert setzte auch die frühneuzeitliche Kunstliteratur ein. Und die veränderte Sammlungskultur der Zeit signalisiert eine neue Wahrnehmungsweise von Bildern und künstlerisch gestalteten Artefakten. Aber erst das 18. Jahrhundert erkennt im System der intellektuellen und manuellen Tätigkeiten den Künsten eine Sonderstellung neben Handwerken, Freien Künsten und anderen Wissenschaften zu. Und erst Alexander Gottlieb Baumgarten liefert mit seinen zwei Bänden der *Aesthetica* (1750/58) die philosophische Begründung, dass die Sinneswahrnehmung als eigenständige Erkenntnisform und nicht nur als Zulieferer für den Intellekt zu verstehen ist.

Weitere zentrale Kategorien, die wir heute mit Kunst verbinden, wie Geschmack, Originalität, Kreativität oder auch das Bekenntnis eines *Je ne sais quoi* – dass sich Kunst und ihre Wirkungen eben nicht genau definieren lassen – werden allesamt im 18. Jahrhundert entscheidend weiterentwickelt. Johann Georg Sulzers *Allgemeine Theorie der Schönen Künste* (1771–1774) sollte dann die erste Zusammenfassung dieser Überlegungen in Lexikonform präsentieren. Allerdings wird Gotthold Ephraim Lessing mit seinem *Laokoon oder Über die Grenzen der Mahlerey und Poesie* (1766) zur gleichen Zeit die Einheit der schönen Künste, den alten Vergleich von Bild und Text unter dem Vorzeichen des vermeintlich gleichen Strebens nach Naturnachahmung (»ut pictura poesis«) erstmals grundsätzlich infrage stellen. Mit den Romantikern erfuhr die Stellung der Kunst dann ihre vorläufig höchste Aufwertung, indem sie nun geradezu als Ersatz für religiöses Erleben – als ›Kunstreligion‹ – verstanden werden konnte. Künstlerisches Produzieren wie andächtige Versenkung in die Meisterwerke konnten zu einer Art Gottesdienst werden.

Die Hypostasierung der Kunst und ihrer Werke führte zu einem entsprechend gewandelten Verständnis der Produzenten. Der Terminus ›Künstler‹ (*artista*) hatte im Mittelalter und noch zu Beginn der Frühen Neuzeit entweder einen Handwerker oder aber einen Studenten der Freien Künste bezeichnet. Ein eigener Sammelbegriff für Maler, Bildhauer, Architekten, Grafiker usw. existierte dagegen nicht. Erst die Vorstellung, auch Maler und Bildhauer besäßen eine besondere Form göttlicher Begabung und Inspiration ähnlich den Dichtern, ermöglichte einigen Vertretern dieser Berufe spektakuläre Aufstiege – allen voran Michelangelo. Dessen ›melancholische‹ Selbstinszenierung erschien nun im Gefolge von Marsilio Ficinos Philosophie auch nicht mehr als unglückliches Temperament, sondern als Eigenschaft einer Ausnahmepersönlichkeit. Im frühen 17. Jahrhundert wurde im Kontext der florierenden Diskussionen über das menschliche Ingenium erstmals darauf verwiesen, dass sich die spezifische Begabung für Malerei und Skulptur von anderen Talenten unterscheide. Von einer eigenen »malerischen Intelligenz« (*intelligence pittoresque*) spricht dann um 1750 der Bildhauer Étienne-Maurice Falconet.[22] Daraus entwickelte sich bis um 1800 in vielen Varianten die bis heute ungebrochen wirkmächtige Vorstellung vom Künstlergenie. Dessen exzeptionelle Inspiration (nicht mehr nur durch eine transzendente Macht, sondern nun durch die Natur und aus eigener Kraft) erlaubt es diesem, aus sich heraus die Regeln der Kunst zu ändern und neue zu setzen. Angetrieben wird das Genie durch ein von nichts zu beeinträchtigendes, teils pathologisiertes, bis zur Selbstaufopferung bereites Sendungsbewusstsein. Wer an die Kunstreligion glaubte, für den stieg der Künstler zum Märtyrer, wenn nicht neuen Messias auf: »Ein Künstler ist eine Religion«, formulierte Honoré de Balzac 1830.[23] Und wenn schon zuvor die Lebensumstände von Künstlern Interesse erweckt hatten und ›Künstler-Reliquien‹ gesammelt und verehrt worden waren, so erfuhr dies nun nochmals eine gewaltige Steigerung.

Wenig später – und angetrieben durch die ›Entfremdung‹ der Arbeit im Zuge der Industrialisierung – beginnt sich die letzte Konsequenz abzuzeichnen: die Ausweitung des Künstlertums zu einer idealen Daseins- und Arbeitsform aller Menschen. Was Novalis noch als Wunsch formuliert hatte – »Jeder Mensch sollte Künstler sein. Alles kann zur schönen Kunst werden« –, stellte Pierre-Joseph Proudhon (1846/47) als Tatsache fest. Nicht nur mache ein Verständnis von künstlerischer Tätigkeit als Arbeit eine Trennung zwischen Kunst und Leben, Menschen und Künstlern unmöglich, sondern es gelte geradezu: »Die Kunst macht das Menschsein aus.«[24] Daraus wird 1904 die Prophezeiung: »Wir werden nicht gedeihen, wenn wir nicht Alle, jeder in seinem Berufe, Künstler werden.« (Albert Dresdner: *Der Weg der Kunst*, Jena/Leipzig 1904: VII f.) Und nochmals vier Jahre später bei Gustav Klimt: »[W]eit wie den Begriff ›Kunstwerk‹ fassen wir auch den Begriff ›Künstler‹. Nicht nur die Schaffenden, auch die Genießenden heißen uns so, die fähig sind, Geschaffenes fühlend nachzuerleben und zu würdigen. Für uns heißt ›Künstlerschaft‹ die ideale Gemeinschaft der Schaffenden und Genießenden.«[25]

Das Ziel wird mit den 1960er Jahren erreicht: Auf der einen Seite fordern Künstler wie Robert Rauschenberg mit seinem »participation piece« *Black Market* (1961) oder die Vertreter der Minimal Art das Publikum in neuer Weise zur aktiven Teilnahme auf. Zumindest beschreibt Robert Morris in seinem Essay *Notes on Sculpture* (1966) die Intention der Minimal Art als neuartige »erweiterte Situation«, die nun Skulptur, Umraum und die »körperliche Teilnahme« der Betrachter umfasse.[26] Noch radikaler propagierte Joseph Beuys seinen »erweiterten Kunstbegriff« der »Sozialen Plastik«, die als »völlig neue Kategorie der

Kunst« in einem »Gesamtkunstwerk« jeden Menschen zum Künstler machen und die Gesellschaft insgesamt umgestalten will: »Kreativität [ist] das eigentliche Kapital der Menschheit.«[27]

Auf der anderen Seite versucht Roland Barthes mit seiner These vom »Tod des Autors« (1967/68) den Mythos vom genialen Schöpfer genauso radikal zu überwinden. Allein weder die Forschung noch das bewundernde Publikum oder gar der Kunstmarkt wollen auf Künstlernamen und die Aura des Genialen verzichten (die Arbeitsvorgänge in modernen, großen Architektenbüros etwa wären ein Musterbeispiel für kollektive Autorschaft, gleichwohl beherrscht der Kult um ›Stararchitekten‹ dieses Feld). Ja, man hat das Gefühl, ›große Namen‹ spielen heute mehr denn je eine Schlüsselrolle.

Genialität blieb (und bleibt?) dabei eine auf weiten Strecken männlich konnotierte Vorstellung. Zwar soll die französische Kaiserin Eugénie 1864 beim Besuch des Ateliers der Malerin Rosa Bonheur ausgerufen haben: »Le génie n'a pas de sexe.« Und Lu Märten betonte hellsichtig bereits 1919, dass es entscheidend sei, nicht Wille und Befähigung, sondern die gesellschaftlichen Restriktionen von Künstlerinnen zu hinterfragen – eine Einsicht, die die Genderforschung erst in den 1980er Jahren konsequent aufgriff: »Ich betone, daß ich mich absichtlich hier nicht mehr auf die Frage oder Behauptung einlasse, ob die Frauen jemals zu Kunsttaten – Genialität, usw. fähig seien, oder nicht. Ich setze vielmehr voraus, daß sie es sind, und untersuche die Hemmungen dieser geistigen und sozialen Expansion – des genialen Seins.«[28]

Wie schon die Versuche, den Autor für tot zu erklären, scheiterten, so erst recht diejenigen, das ›Werk‹ oder gar die ›Kunst‹ selbst abzuschaffen. Die *Ready-mades* von Marcel Duchamp, Alltagsgegenstände, die dieser ab 1913 durch den bloßen Akt der Bezeichnung oder Signatur zum Kunstwerk erhob, betitelte zwar bereits 1914 Wilhelm Pinder in einem ironischen Schüttelreim tatsächlich als Anti-Kunstwerke und deutete für Duchamps *Flaschentrockner* sogar das Konzept des ›offenen Kunstwerks‹ an: »Wer noch für Kunst als Geistiges, für Normen ficht, / Schätzt, fürchte ich, so kühn entblösste Formen nicht. / Steck DU CHAM-Pagnerflaschen, leer gesoffen, ein! / (Am Anti-Kunstwerk muss nicht alles offen sein.)«[29] Die Provokationen, Grenzüberschreitungen, radikalen Negierungsgesten wurden aber innerhalb weniger Jahre so erfolgreich in das System integriert, dass sich spätestens nach dem Zweiten Weltkrieg die Gewichtung ins Gegenteil verkehrt hatte, so dass »[d]ie einzigen Werke heute, die zählen, [die sind], welche keine Werke mehr sind«[30]. Seitdem tragen alle Angriffe auf die Kategorien von Kunst und Kunstwerk letztlich nur zu deren Affirmation bei. Denn auch die Vorstellung von einem offenen Kunstwerk, wie sie Umberto Eco 1962 eigentlich begründete (s. S. 169 ff.), und die Neuakzentuierung der Erfahrung und Rezeptionssituationen führen nur vordergründig von Werkbegriff und werkästhetischen Fragen weg: »Was es im Horizont des offenen Kunstwerks zu denken gilt, ist die *wechselseitige Verwiesenheit* von Werk und Erfahrung. Statt die neue Zentralstellung der Erfahrung im ästhetischen Diskurs im Sinne einer Verdrängung der Werkkategorie zu verstehen, sollte man sie als deren Neuperspektivierung begreifen.« (Rebentisch 2013: 45 f.) Selbst der als künstlerische Akt inszenierte tatsächliche Freitod eines Künstlers (Bas Jan Ader), die Zerstörung eines Werkes (Banksy) oder Pornografie (Jeff Koons) und Prostitution (Andrea Frazer) kann das Kunstfeld zwischenzeitlich problemlos zu seinen Gunsten wenden.

Im Augenblick ist Kunst freilich nicht nur unsterblich. Sie schafft es selbst unter den neuen Bedingungen des Digitalen, ihre Sonderstellung und insbesondere die kommerziellen Bildrechte auf Werke zu wahren. Die zumeist horrenden Reproduktionskosten führen so zu der einzigartig paradoxen Situation, dass die Werke der erfolgreichsten lebenden Künstler im Netz praktisch nicht präsent sind – und dass dies deren Ruhm dennoch nicht schadet. Die Sonderstellung der Kunst wird gerade auch daran offensichtlich, dass die »Kunstfreiheit« (GG Art. 5 Abs. 3) in der Rechtsprechung westlicher Länder eine eigene Kategorie darstellt. Selbst der in diesem juristischen Kontext besonders auffällige Umstand, dass wir die vielgestellte Frage ›Was ist eigentlich Kunst?‹ gar nicht präzise beantworten können, verstärkt nur Bewunderung und Ehrfurcht vor dieser Kunst. Ein Meilenstein ist der Prozeß 1926–28 von Constantin Brâncuși gegen die Vereinigten Staaten von Amerika, in dem es dem Künstler gelang, gegen die Zollbehörde durchzusetzen, dass seine polierte Bronzeskulptur *Oiseau dans l'espace* eben nicht als technisches Erzeugnis und Ware, sondern als (zollfreie) ungegenständliche Kunst zu klassifizieren ist.

Walter Benjamin (1935/1970) hat den seitdem häufig zitierten Begriff der »Aura« für Kunstwerke in Anschlag gebracht. Dieser evoziert treffend die dichten assoziativen ›Anlagerungen‹, die ein als originales Kunstwerk bezeichnetes Objekt in westlicher Wahrnehmung eben allein schon durch seine Klassifizierung als ›Kunst‹ erlangt – und die Reproduktionen fehlt. Wobei diese ›Aura‹ der Werke und Künstler zumindest teilweise auch die Betrachter und all diejenigen, die sich damit beschäftigen, teilhaben lässt, sie herausfordert und transformiert – ein Gedanke, den ansatzweise bereits Johann Joachim Winckelmann 1764 beim Anblick des Apollo Belvedere formulierte und der nichts an Aktualität verloren hat: »Ich vergesse alles andere über dem Anblicke dieses Wunderwerks der Kunst, und ich nehme selbst einen erhabenen Stand an, um mit Würdigkeit anzuschauen.«[31] Als sich an der Wende zum 20. Jahrhundert die Erkenntnis durchsetzte, dass die Malereien in den Höhlen Spaniens und Frankreichs tatsächlich Zeugnisse der menschlichen Urzeit sind (und keine Schmierereien oder Fälschungen), war der entscheidende Schritt ihrer Anerkennung, sie als Kunst zu bezeichnen: als zweckfreie Betätigung menschlicher Kreativität, nicht etwa als zweckgebundenen Bildzauber oder als Bilderschrift. Reine Kunst, *L'art pour l'art*, gilt als Wesensmerkmal des Menschseins.

Was dieser schnelle Durchgang bewusst machen wollte, ist, welche Hypothek an Vorannahmen allein die Benennung als ›Kunst‹ für europäische Bilder, Skulpturen, Objekte und Architekturen, die vor dem 18. Jahrhundert entstanden sind, darstellt (der Wandel der Kunstkonzepte für die Zeit danach noch gar nicht mitbedacht). Und dies gilt in noch stärkerem Maße für die Übertragung des Begriffs auf nicht-westliche Artefakte.

Viel weniger Interesse haben dagegen die Anfänge der Bezeichnung ›Kunstgeschichte‹ als Name einer wissenschaftlichen Disziplin erregt, die sich mit diesem im 18. Jahrhundert unter dem Oberbegriff Kunst zusammengefassten Gegenstandsbereich beschäftigt. Normalerweise wird auf Johann Joachim Winckelmanns *Geschichte der Kunst des Alterthums* (1764) verwiesen. Allerdings benutzte dieser noch nicht den zusammengesetzten Terminus, postulierte aber die Neuartigkeit seiner »Geschichte der Kunst«, die eben keine Künstler-Geschichten mehr liefern will, sondern die Entwicklung von Stilen untersucht. Jedoch erschienen bereits ab 1718 Zeitschriften, die »Kunstgeschichte(n)« als Komplementärbegriff zu »Naturgeschichte(n)« im Titel führen, um zu signalisieren, dass diese beiden großen Bereiche der *naturalia* und *artificialia*, wie man sie aus den Sammlungen kannte, in den Beiträgen abgedeckt werden. Darunter sind Aufsätze zu den Bildkünsten und ihrer Geschichte inbegriffen. Es überrascht daher nicht, dass die Bezeichnung ›Kunstgeschichte‹ in der heute gültigen, exklusiven Verwendung dann erstmals prominent ab 1775 ebenfalls in einer Zeitschrift, dem von Christoph Gottlieb von Murr herausgegebenen *Journal zur Kunstgeschichte und allgemeinen Litteratur*, erscheint.[32] Freilich konnte parallel dazu »Kunsthistorie« weiterhin im Sinne der alten Unterscheidung zwischen *artes liberales* und *mechanicae* auch eine Zusammenstellung und Geschichte aller Handwerkskünste meinen.[33]

Gelungen war es Winckelmann durch den Hinweis auf die Neuartigkeit des eigenen Werks und seine desavouierenden Kommentare zur vorausgehenden Literatur in jedem Fall, sich als Stammvater der Disziplin zu etablieren. Insbesondere kritisierte er Pierre Moniers *Histoire des arts de dessin* (1698) als im Urteil »auf fremde und falsche Gründe gebauet«. Dabei könnte gerade Moniers Band mit seinen rund 350 Seiten zur »Geschichte der Disegno-Künste«, der in drei Teilen erstmals die Kunst des Altertums, des christlichen Mittelalters (beginnend in der Spätantike) sowie schließlich die Renaissance der Künste bis zum 17. Jahrhundert behandelt und dabei nicht von Künstlern, sondern ebenfalls von formalen Veränderungen ausgeht, durchaus und trotz aller unverkennbaren Schwächen als ein Gründungstext der Disziplin gelten, die ja zunächst ganz entsprechend in eine ältere (die Antike behandelnde), mittlere und neuere (seit der Renaissance) Kunstgeschichte unterschieden worden war. Zumal Monier im Vorwort betont, dass die Disegno-Künste keineswegs auf Malerei, Skulptur und Architektur beschränkt seien, sondern etwa Druckgrafiken, Medaillen, Textilien und Möbel mit umfassten. Allerdings blieb Monier mit seinem kompilierenden Durchgang der älteren Kunstliteratur verhaftet, eigene Anschauungen und Urteile sucht man in der Tat (fast) vergebens, Formanalysen und Stilentwicklungen findet man höchstens andeutungsweise, kurzum: Weder verfolgte Monier seinen Ansatz auch nur ansatzweise so konsequent wie Winckelmann, noch präsentierte er ihn so dezidiert als neu.

Kaum begann sich nach 1800 im Deutschen der Begriff ›Kunstgeschichte‹ zu etablieren, glaubte man ihn gleich der Bedrohung einer übergroßen Ausweitung auf alle Kunstformen aller Zeiten und Völker ausgesetzt: »[W]as man bisher Kunstgeschichte genannt hat, betrifft gleichsam nur einzelne Gegenden jenes umfassenden Gebiets [aus bildender Kunst, Poesie und Musik], [...]. Seitdem ist die Bearbeitung der Kunstgeschichte zu einem kaum durch eines Menschen Wissen, Geschmack und Gelehrsamkeit zu lösenden Problem geworden. Denn zu einem solchen Unternehmen würde nicht nur eine umfassende Einsicht in die Natur aller einzelnen Richtungen der Kunst und der schaffenden Thätigkeit selbst, die sich durch dieselben beurkundet, sondern auch eine gründliche und genaue Kenntniß der wichtigsten Kunstleistungen aller mit originaler Schöpfungskraft wirkenden Völker, welche in der Geschichte aufgetreten sind, nothwendig gefordert; Eigenschaften, welche in dem hierzu erforderlichen Umfange bis jetzt noch kaum vereinigt waren.«[34] Franz Kugler wird daher sein grundlegendes *Handbuch der Kunstgeschichte* 1842 mit der entscheidenden Einschränkung beginnen, unter dem »Wort Kunstgeschichte« allein die »räumlich bildenden Künste (mit Einschluss der Architektur)« zu verstehen, also nur Malerei, Druckgrafik, Skulptur, Architektur und kunsthandwerkliche Erzeugnisse. Das erstmals 1833 in die achte Auflage von Brockhaus' *Real-Encyclopädie* aufgenommene Lemma ›Kunstgeschichte‹, als »ein Hauptheil der Culturgeschichte« kategorisiert, war damit im gebildeten Sprachgebrauch angekommen.

In der Folge wurde die spät und mühsam gefundene Bezeichnung für die Disziplin nur selten nochmals infrage gestellt (geläufig sind auch die Formen ›kunsthistorisch‹ bzw. ›Kunsthistoriker_in‹, kaum dagegen Kunsthistorie oder Kunsthistorik[35]). Vor allem um 1900 wurde von einigen für ›Kunstwissenschaft‹ als Oberbegriff zu einer bloß historische Fakten akkumulierenden

›Kunstgeschichte‹ plädiert. Und seit den Jahren um 2000 gibt es Versuche, eine neue Ausrichtung des Faches etwa durch die Umbenennung zu Bildwissenschaft deutlich zu machen. Allerdings handelt es sich dabei um Phänomene vor allem des deutschen Sprachraums, Entsprechendes findet sich so nicht in den anderen Wissenschaftskontexten von *Art History*, *histoire de l'art*, *storia dell'arte* usw. Die aktuellen Herausforderungen und Zentrifugalkräfte allenthalben sind auch viel zu groß, als dass sie sich durch eine Umbenennung allein wieder einfangen ließen. Gefragt wurde nicht nur, inwiefern die problematische Kategorie ›Kunst‹ überhaupt sinnvoll das Zentrum der Disziplin beschreiben kann.[36] Auch die Vorstellung, wonach eine historische Dimension unabdingbar für das Verständnis von Kunstproduktion ist und damit der zweite Bestandteil des Namens Kunst-Geschichte, befindet sich auf dem Rückzug (s. S. 135 ff.).

Andererseits ist festzustellen, dass gerade angesichts dieser kritisch hinterfragenden Erweiterungs- und Erneuerungsversuche der Kunstgeschichte die problematische (Begriffs-)Konstellation ›Kunst‹ die vielfältigen Herausforderungen, Perspektiven und Arbeiten der Disziplin – als grundlegende Problemstellung, nicht als Wesensdefinition verstanden – besser zusammenbringt als alle anderen bisherigen Vorschläge.

Form: Ästhetische Theorie und historische Empirie

Im Wettstreit darum, welches Konzept, welcher Begriff den tiefsten Absturz in der kunsthistorischen Aufmerksamkeit der letzten fünfzig Jahre erlitten hat, dürfte ›Form‹ die besten Aussichten auf den Spitzenplatz haben – auch wenn sich derzeit eine leichte Erholung abzuzeichnen scheint. Formfragen waren eine, wenn nicht die zentrale theoretische Kategorie für alle Diskussionen über Ästhetik und Kunst spätestens seit dem 18. Jahrhundert und ein entscheidendes Movens für die Etablierung der Disziplin Kunstgeschichte gewesen. Immanuel Kant hatte das freie Urteil und interesselose Wohlgefallen hinsichtlich der Schönheit an die Betrachtung »reiner Formen« geknüpft. In der Folge schien Kunst sich dann vollkommen verwirklicht zu haben, wenn sie losgelöst von allen externen Bezügen als *L'art pour l'art*, als künstlerische Form um ihrer selbst willen, auftrat.[37] Aufstieg und Akzeptanz der modernen Kunst hingen wesentlich mit dem Interesse an werkimmanenter Formbetrachtung zusammen. Im angloamerikanischen Bereich steht dafür exemplarisch Clive Bells und Roger Frys Kreuzzug für die »significant form«. In Clement Greenbergs formalistischen Hymnen auf den Abstrakten Expressionismus seit den späteren 1940er Jahren findet diese Tendenz ihren Höhepunkt. Entsprechend zielten die kühnsten Ambitionen und Theorien der Kunstgeschichte auf das »Gesetz der Form« (so ein allerdings primär auf Literatur bezogener Buchtitel von Hermann Hefele, 1919).

Proteste gegen diese Verabsolutierung der Form hatte es zwar immer auch gegeben: »Es ist nicht wahr und beruht auf Selbsttäuschung, daß der Inhalt nichts, und die Form alles bedeute, und auf letzterer allein Fortschritt und Entwicklung aller Kunst beruhen, wie unsere modernen Ästheten und Künstler behaupten. Es ist unrichtig, daß Kunstgeschichte allein eine gewisse ›Augenkultur‹ voraussetze, der gegenüber alle übrigen Studien zurückzutreten hätten.«[38] Den Niedergang in Etappen lösten aber vor allem zwei Ereignisse aus. Nach dem Zweiten Weltkrieg sollte die von dem in die USA emigrierten Erwin Panofsky entwickelte Methode der Inhaltsdeutung – Ikonografie und Ikonologie – zum neuen wissenschaftlichen Leitbild der Disziplin aufsteigen (s. S. 160 ff.). Der wirklich entscheidende zweite Schlag aber erfolgte dann mit der Neuausrichtung der Geisteswissenschaften im Gefolge der 68er-Bewegung. Untersuchungen zur Form wurden nun als Inbegriff unpolitischer und damit unwichtiger, im Elfenbeinturm gefangener Kunstbetrachtung verdammt, Formalismus zum Schimpfwort und methodischen Pendant der bourgoise-reaktionären Doktrin einer ›Autonomie der (nichts als schönen) Kunst‹.[39]

Während mit Formproblemen beschäftigte Bücher wie George Kublers *Die Form der Zeit* (1962, dt. 1982) so zunächst unter die Räder des wissenschaftlichen Umschwungs gerieten (Kublers Text ist erst in den letzten Jahren mit den Diskussionen um eine globale Kunstgeschichte zu einem Schlüsseltext aufgestiegen), gelang es im angloamerikanischen Bereich einigen wenigen ›Formalisten‹, Aufmerksamkeit zu behalten: Dazu zählen vor allem die Kunstgeschichte und Gestaltpsychologie verbindenden Arbeiten von Ernst H. Gombrich (1959/67 und 1969) und Rudolf Arnheim (1954/78 und 1968/72). Und dazu zählt Michael Fried. Dieser hatte 1967 in einem Aufsatz zu *Art and Objecthood* die Werke der Minimal Art als »Gegensatz von Kunst« kritisiert, da sie es nicht schaffen würden, ihre Objekthaftigkeit und den bloßen Effekt ihres Vorhandenseins durch die Kraft formaler Gestaltung in die »andauernde und zeitlose Gegenwart« von Kunst zu überführen. Fried unterscheidet dabei zwei fundamentale Verhaltensweisen von Kunst gegenüber dem Publikum, Theatralität und Versunkenheit (*theatricality*, *absorption*), die er zum künstlerischen und ethischen Grundproblem der neuzeitlichen Kunst insgesamt erklärt und seitdem am Beispiel der französischen Malerei des späteren 17. und 18. Jahrhunderts, für Gustave Courbet, Eduard Manet und Caravaggio untersucht hat.[40] Im deutschsprachigen Bereich (und einmal mehr in der Tradition der Gestaltpsychologie) dürfte Max Imdahls Entwurf einer »Ikonik« im Buch zu den Arena-Fresken Giottos (1980) die letzte große Auseinandersetzung mit prinzipiellen

Formproblemen sein. Danach vollzieht sich eine Wende zur wissenschaftsgeschichtlichen Aufarbeitung kunsttheoretischer Formprobleme.[41]

An dieser Situation haben bislang einige neuere Publikationen zum Formbegriff, bezeichnenderweise zumeist Sammelbände und mehrheitlich mit wissenschaftsgeschichtlicher Perspektive, eine 2014 eingerichtete Professur für Geschichte und Theorie der Form am Institut für Kunst- und Bildgeschichte der Humboldt-Universität zu Berlin und das Interdisziplinäre Labor Bild Wissen Gestaltung am Hermann von Helmholtz-Zentrum für Kulturtechnik der HU höchstens ansatzweise etwas geändert.[42] Dabei könnte man doch vermuten, dass gerade die aktuellen Überlegungen der Bildwissenschaft, das Bemühen um eine globale Kunstgeschichte (für die Vergleichbarkeiten am einfachsten über Formen herzustellen sind) und vor allem auch die Digitale Kunstgeschichte wieder entscheidend von formalen Betrachtungsweisen und Kategorien ausgehen (mussten). Ein Trugschluss liegt jedenfalls der Behauptung zugrunde, weil sich in der Moderne die Medien und Gattungen ›verfransten‹, weil vielfach gar keine ›Werke‹ im klassischen Sinne mehr produziert würden, sondern eine offene Struktur angestrebt sei, die sich im Akt der Rezeption immer wieder neu und anders konfiguriere, weil sich die Künstler_innen selbst eben gar nicht mehr zentral für Formprobleme interessierten, sei Form auch keine wichtige Aufgabe der Kunstgeschichte mehr. Weder kann eine kunsthistorische Analyse – sei es sichtbar gestalteter Dinge, sei es von Ideen und Eindrücken – von formalen Konfigurationen absehen (was bliebe dann übrig?), noch ist es für die Kunstgeschichte nur dann legitim, nach Kategorien zu fragen, wenn die Künstler einer bestimmten Zeitschicht selbst diese thematisieren.[43]

Eine systematische Untersuchung zum Formbegriff in der Kunstgeschichte müsste nicht nur die Diskussionen über das alte

Beziehungsdreieck von Form – Materie – Gehalt seit der antik-griechischen Philosophie und die Kritiken daran aufarbeiten. Deutlich würde, dass in dieser Tradition Form eine relative, veränderliche Größe darstellt, die drei verschiedene Sichtweisen bedient. Dies illustriert das seit der Antike mehrfach unterschiedlich benutzte Beispiel eines Holzklotzes: Angesichts eines solchen Holzklotzes könnte zunächst unsicher sein, ob er natürlich oder künstlich so geformt erscheint (Immanuel Kant). Manche Holzklötze präsentieren sich von Natur aus anthropo- oder zoomorph, so dass sie die Betrachter provozieren, Abbilder hineinzusehen (Leon Battista Alberti). Und schließlich entscheidet der Bildhauer, was er aus einem Holzklotz machen will, einen banalen Stuhl oder ein überragendes Götterbild (Plutarch). Der Bildhauer Adolf von Hildebrand hat 1893 alle diese Aspekte in seiner mehrfach aufgelegten Schrift *Das Problem der Form in der bildenden Kunst* zusammengefasst, indem er nicht nur zwischen »Daseinsform« (in unserem Beispiel: der Physis des Holzklotzes), »Wirkungsform« (der vom tatsächlichen Wesen einer Sache abweichenden Erscheinungsweise, die etwa das Hineinprojizieren von Vorstellungsbildern ermöglicht) und der »Vorstellungsform« (der Werkform, die Künstler_innen realisieren wollen) unterscheidet. Für Hildebrand und sein an der um 1900 dominierenden Einfühlungspsychologie geschultes Verständnis assoziiert Form automatisch Gefühls- und Bewusstseinsinhalte (›reine Form‹ ist für ihn unmöglich). Nimmt man noch die praktisch zeitgleich, 1890 formulierte, aber dann erst nach 1900 wirklich aufgegriffene Einsicht der Gestaltpsychologie hinzu, dass Wahrnehmung nicht nur aus der Summe einfacher Sinneseindrücke entsteht, sondern wesentlich durch Struktur, Ganzbeschaffenheit und ›Wesen‹ eines Gegenstandes mitbestimmt wird (wie es dann etwa auch die kunsthistorische Strukturanalyse eines Hans Sedlmayr und anderer vertrat), dürfte das Grundinstrumentarium (und die Grundproblematik) der kunsthistorischen Formdiskussion seitdem fast schon beisammen sein.

Eine systematische Untersuchung zum Formbegriff in der Kunstgeschichte müsste aber auch nach den verschiedenen Begründungsvorschlägen für Formgestaltungen, nach den ›formenden Kräften‹ fragen.[44] Bislang lassen sich im engeren Feld der Kunstgeschichte zumindest sieben große Ansätze dazu ausmachen (s. auch S. 135 ff.).[45] Ein *immanentes* Formverständnis hypostasiert die Form und erklärt sie aus ihr innewohnenden, eigengesetzlichen Potenzialen, Dynamiken und Regeln. Der entscheidende Impuls für die Kunstgeschichte ging seit den 1850er Jahren von dem Philosophen Robert Zimmermann aus (Wiesing 1997). Dieser hatte (Ideen Johann Friedrich Herbarts aufgreifend) das Programm einer formalen Ästhetik als immanente Strukturanalyse von Bildoberflächen entwickelt. Im Unterschied zur vorausgehenden idealistischen Ästhetik à la Kant, die bei allen Forderungen nach interesselosem Wohlgefallen und reiner Form Schönheit doch immer im Hinblick auf Wahrheit, moralische Prinzipien, Gesellschaft, als deren Ausdruck bzw. Wunschbild verstanden hatte, aber auch im Unterschied zu allen mit Repräsentation argumentierenden Kunsttheorien, baute Zimmermann seine Ästhetik ausschließlich als formales Relationsgefüge auf. Darauf begründete sich für ihn die Autonomie von Kunst. Auch wenn Zimmermann weiterhin auf ›Schönheit‹ als Begriff und letztem Erkenntnisziel der Ästhetik beharrte, wofür er später stets kritisiert wurde, ist die Bedeutung seiner Überlegungen, zumal für die nächsten Generationen von Philosophen und Kunsthistorikern, kaum zu überschätzen. So entwickelte unter anderem in Auseinandersetzung mit Zimmermann Konrad Fiedler die Idee von einer ganz eigenen, spezifischen Sichtweise auf die Kunst und das Paradigma von Kunst als einer ›symbolischen Form‹, in der formale Gestaltung und Gehalt zusammenfallen:

»Der essentiell künstlerische Wert der Form besteht in der durch die Form vermittelten und zum Ausdruck gebrachten Erkenntnis. So besteht der eigentliche künstlerische Inhalt des Kunstwerks in der Form.«[46] Fiedlers wenig jüngerer Künstlerfreund Hildebrand schloss mit *Das Problem der Form in der bildenden Kunst* (1893) direkt hier an. Alois Riegl als Schüler Zimmermanns wird auf dieser Grundlage zu seinem Konzept des alle Produkte einer Zeit stilistisch vereinheitlichenden »Kunstwollens« gelangen. Und die Vertreter kunsthistorischer Strukturanalyse ab den 1930er Jahren finden auf diesem Weg (möglicherweise auch im Seitenblick auf ethnologische Strukturvergleiche) vergleichbare Formordnungen in den verschiedensten Kunst- und Geistesbereichen. Dagegen prägte in der französischen Denktradition eines Henri Bergson und der Lebensphilosophie Henri Focillon die Formel von einem eigenständigen »Leben der Formen« (1934) – ein Ansatz, den dann George Kubler 1962 in *Die Form der Zeit* aufgreifen und weiterdenken sollte.

Bei allen immanenten Formanalysen sind schließlich immer auch historische Reglementierungen der Form mitzubedenken: So bestimmte das Aufkommen einer malerischen Gattungsästhetik mit dem 15. Jahrhundert, ihre Institutionalisierung durch die Akademien des 18. und 19. Jahrhundert (mit den Klassen Historienbild, Porträt, Landschaft, Genre, Stillleben) und ihr ›Verfransen‹ in der Kunst der Moderne und Gegenwart entscheidend, was überhaupt darstellbar war. Der Prozess einer Überwindung dieser akademischen Vorgaben ist vielfach als Fortschrittsgeschichte beschrieben worden. Betont werden muss aber, dass Gattungsnormen von Anfang an die künstlerischen Möglichkeiten auch insofern fundamental erweiterten, als überhaupt erst vor dieser Erwartungsfolie Gattungsverstöße, -überschreitungen oder -vermischungen möglich wurden. So liefern Caravaggios und Annibale Carraccis frühe Gemälde um 1600 Musterbeispiele für das Spielen mit der gerade eben erst sich verfestigenden Gattungshierarchie.

Das *manifestierende* (oder auch *repräsentierende*, *symbolische*) Formverständnis begreift die formale Erscheinung als Ausdruck externer, übergeordneter Kräfte (der ›Weltanschauung‹, des ›Zeitgeists‹, der historischen oder gesellschaftlichen Verhältnisse usw.). Alle Äußerungen, alles Denken und Gestalten einer Zeit unterliegen automatisch diesen Kräften (der Abstand zu Riegls Kunstwollen und zur Strukturanalyse ist gar nicht so weit). Dabei dürfte es sich um die älteste, teils bis heute verbreitete Vorstellung handeln. Nicht zuletzt Hegels Geschichtsphilosophie, wonach die Entwicklung des (Volks-)Geistes auch alle Kunstformen durchdringt und prägt, legitimierte diese kultur- und geistesgeschichtliche Kunstgeschichte vor allem des 19. und frühen 20. Jahrhunderts. Mit dieser Grundannahme ließen sich etwa Manierismus und Expressionismus als Stile von Krisenzeiten und tiefen Erschütterungen verstehen. Mit theoretischem Anspruch wurde dieser Ansatz zunächst aber vor allem aus nichtkunsthistorischer Perspektive untersucht: 1827 von Carl F.E. Trahndorff in seiner zweibändigen Publikation *Aesthetik, oder Lehre von der Weltanschauung und Kunst*, 1908 von Herman Nohl in seiner Habilitationsschrift *Die Weltanschauungen der Malerei* und dann 1923 von Ernst Cassirer in seiner Untersuchung zum symbolischen Formbegriff: »Unter einer ›symbolischen ›Form‹ soll jene Energie des Geistes verstanden werden, durch welche ein geistiger Bedeutungsgehalt an ein konkretes sinnliches Zeichen geknüpft und diesem innerlich zugeeignet wird.«[47]

So produktiv etwa die Auseinandersetzung Erwin Panofskys mit Cassirers Überlegungen auch war und zum wegweisenden Aufsatz *Perspektive als symbolische Form* (1924) führte, so beliebig und geradezu gefährlich ließ sich ein solch totalisierender Formbegriff ebenfalls einsetzen. »Es kann kein Zweifel daran bestehen, daß ›Form‹ eines der Losungsworte der Klassischen Moderne [...] ist – und daß es von dort sehr schnell auf andere, außer-ästhetische zeitgenössische Diskurse übertragen wird. Allerdings: So emphatisch der Begriff der Form in dieser Zeit gehandhabt wird, so vage scheint er zunächst. Man kann sich des Eindrucks kaum erwehren, er stelle eine Metapher dar, von der man nicht weiß, wofür sie steht.«[48] Der Wille zur Form ließ sich jedenfalls hervorragend für den Willen zur Macht instrumentalisieren. Die Logik erschließt sich schon aus Oskar Hagens *Deutsches Sehen*: »Man muß aus den sichtbaren Folgeerscheinungen auf die dafür allein verantwortlichen geistigen Ursachen, muß also aus der Form auf den deutschen Formwillen schließen können. [...] Das deutsche Sehen ist die deutsche Weltanschauung und der deutsche Glaube schlechthin.« (München 1920: VIII) Der Architekt und NSDAP-Parteiideologe Alfred Rosenberg kann dann mit dieser Logik im *Mythus des 20. Jahrhunderts* (1930, zit. 1942: 418 und 406) verkünden, dass es die »höchste Aufgabe« der Kunst sei, »die formende Tatkraft unserer Seele zu steigern« – Physis und Psyche des neuen Menschen zu gestalten: »Im weitesten Sinne ist unsere gesamte geformte Aneignung von Welt und Ich eine willenhaft-künstlerische Tätigkeit.«

Die Verschiebung von Panofskys Argumentation in *Die Perspektive als ›symbolische Form‹* zu seinem Buch *Gotische Architektur und Scholastik* (engl. 1951, dt. 1989) wurde noch nicht nachdrücklich genug betont. 1924 und dann 1932 im Aufsatz *Zum Problem der Beschreibung und Inhaltsdeutung von Werken der bildenden Kunst* geht es Panofsky um eine »ungewollte und unbewusste Selbstoffenbarung eines grundsätzlichen Verhaltens zur Welt«, bei dem Kunstwerke als Dokumente eines »einheitlichen Weltanschauungssinnes« verstanden werden sollen. Im Gotik-Buch wird die Struktur gotischer Architektur mit ihrer logisch-konsequenten Gliederung als strukturelles Pendant und genauer: als Resultat der ›verinnerlichten‹ Denk- und Organisationsweise scholastischer Wissensordnungen in den Summen gedeutet, ein Vorschlag, der später zu einem Ausgangspunkt für Pierre Bourdieus Habitustheorie werden sollte.[49] Nicht ein irgendwie vorhandener Zeitgeist oder eine Weltsicht, sondern das intensive Einüben kultureller Vorgaben und Muster wird zur formprägenden Kraft. Ein solches *kulturalistisches* Formverständnis gilt es vom manifestierenden zu unterscheiden. Hier schließen später die Überlegungen von Michael Baxandall zum *period eye* der italienischen Renaissance oder von Svetlana Alpers zum Interesse an ›Oberflächen‹ in der niederländischen Malerei an: Untersuchungen zu Sehweisen, die durch bestimmte kulturelle Kontexte eingeübt werden und die dann spezifische Darstellungsformen befördern.

Bei einem *technischen* Formverständnis ergibt sich die formale Gestaltung aus den materiellen, technischen und institutionellen Voraussetzungen sowie der mehr oder weniger eingeübten künstlerischen Praxis (hier besteht ein enger Bezug etwa zur oben angesprochenen akademischen Ausbildung). Den spektakulären Auftakt dieses Erklärungsansatzes lieferte Gottfried Semper 1860–63 mit seinen zwei Bänden *Der Stil in den technischen und tektonischen Künsten - Praktische Ästhetik*. Das aktuelle Interesse an Materialien und am Machen (s. S. 116 ff.) richtet sich – ohne allumfassenden Gesamterklärungsanspruch à la Semper – auf die konkrete Relevanz von Produktionsfaktoren für die Gestaltung der Werke.

Ein *funktionales* Formverständnis geht von der intendierten Funktion und Zweckmäßigkeit eines Artefakts aus, wie man sie an Architekturen und dem Design von Gebrauchsgegenständen, etwas weniger offensichtlich an Bildern und Skulpturen festmachen kann. Die beiden berühmtesten, in der Folge vielfach kritisierten Formeln eines funktionalen Formverständnisses lieferten bezeichnenderweise an praktischen Erfordernissen geschulte Architekten. Im Zusammenhang mit den (vermeintlich) organischen Prinzipien des Bauens propagierte der US-Amerikaner Louis H. Sullivan 1896 nicht als Erster, aber am wirkmächtigsten: »form follows function«. Und sein etwas jüngerer österreichischer Kollege Adolf Loos erklärte 1908 das nicht-funktionale Ornament in biologistisch-moralisierender Argumentationslogik gleich ganz zum Verbrechen (Payne 2012). Allerdings lassen sich im Sinne von Darwins Evolutionslehre ästhetisches Bewusstsein und Schmucktrieb tatsächlich als funktional verstehen (s. S. 188 ff.).

Das *physiologisch-psychologische* Formverständnis führt die Formgebung primär auf das Innere, die Fantasie und den Seelenausdruck der einzelnen Künstlerpersönlichkeit zurück. Individuelle Wahrnehmung, Bewusstsein und Psyche liefern die Begründung für Form und Gehalt des Produkts. Der wahre Künstler lehre sein Publikum, die Welt ganz neu zu sehen – so erstmals Baudelaire über Zola (Demand 2010: 131). Es ist dies eine Auffassung, die seit dem späten 19. Jahrhundert nichts an Attraktivität verloren hat und die heute in der Kunstpädagogik, dem schulischen Kunstunterricht und der Psychoanalyse zum Einsatz kommt (s. S. 110 ff.). Aber auch eine Stilrichtung wie der Impressionismus gehört hierher. Versuchten die impressionistischen Maler doch, zwar nicht ihre individuell-psychologischen, wohl aber die allgemein-physiologischen Bedingungen des Sehens in der Bildgestaltung festzuhalten: Die impressionistische Form beruft sich wesentlich auf die biologische Struktur des Auges.

Schließlich und siebtens lässt sich ein *zirkuläres* (oder *poststrukturalistisches*) Formverständnis systematisch nicht ganz trennscharf von den vorausgehenden sechs Ansätzen unterscheiden. Entscheidend ist, dass hier nicht eine nochmals neue Kraft ins Spiel gebracht, sondern allein bei diesem Modell keine eindirektionale Wirkung vorausgesetzt wird – von einer externen Kraft auf die Formgestaltung (oder beim immanenten Verständnis der Formen auf sich selbst). Vielmehr wird ein zirkulärer Prozess zu fassen versucht, bei dem die kulturelle Prägung einer bestimmten Lebensweise die Gestaltung von Artefakten mitbestimmt und zugleich der Wahrnehmung (d.h. dem Erlernen von Seh- und Beurteiltungskategorien anhand) dieser Artefakte eine prägende Rolle für die jeweilige Lebensweise zukommt (Davis 2011). Artefakte, Bilder, Kunstwerke erscheinen in diesem Konzept nicht nur als Resultat und Abbild der Realität, sondern erschaffen diese mit. Hierin dürfte auch ein Vorzug gegenüber einem ebenfalls zirkulär argumentierenden, systemtheoretischen Formverständnis liegen, das auf der Metaebene seines Analyseansatzes allerdings den Kontakt zu konkreten Objekten und deren Formen zu verlieren droht.[50]

Im kunsthistorischen Denken und Deuten kamen und kommen alle diese Erklärungsansätze nicht unbedingt streng getrennt zum Einsatz. Bereits Jacob Burckhardt sollte die Renaissancekunst implizit als Mischung zumindest aus manifestierendem, kulturalistischem, physiologisch-psychologischem und funktionalem Formverständnis zu erklären versuchen (Antike als geistesgeschichtliche Folie, die Prägung humanistischer Bildung, herausragende Persönlichkeiten, »Kunstgeschichte nach Aufgaben«).

Die Leerstelle jedenfalls, die in den letzten Jahrzehnten der Abstieg der Form hinterlassen hat, wurde sofort von anderen Konzepten okkupiert – nicht zuletzt durch den Aufstieg des Medienbegriffs (der natürlich alles andere als ein Synonym für Form ist). 1964 hatte Marshall McLuhan mit dem Slogan »The medium is the message« darauf hingewiesen, dass die Parameter des Kommunikationsmediums als Untersuchungsgegenstand viel wichtiger seien als die vordergründig vermittelten Inhalte. Ebenfalls seit den 1960er Jahren entwickelte die Zeichentheorie eine explizite Mediensemiotik (etwa Roland Barthes' Überlegungen zur Fotografie). Seitdem gibt es international zunehmend Beiträge zur Medientheorie, seit den späten 1970er Jahren in Deutschland auch eine eigenständige Disziplin Medienwissenschaft. Untersucht werden in diesem sehr heterogenen Feld das Wesen von (Massen-)Kommunikation, die historische Entwicklung, (neue technische) Möglichkeiten, (institutionalisierte) Rahmenbedingungen sowie eine Kritik der Medien-Mythologien, -Legitimationen und -Machtansprüche. Die alte Trias von Materie – Form – Gehalt scheint dabei zunächst auf eine Dualität von Gehalt und Medium reduziert (die semiotische Bildtheorie spricht auch von referenzieller und ästhetischer Funktion oder jüngst vom »Wiedererkennen in Bildern« und den »Bildformatierungen«, s. Pichler/Ubl 2014). Die Kunstgeschichte hat den neuen, weiter gefassten Medienbegriff so bereitwillig übernommen, wie sie froh war, den alten Formbegriff hinter sich zu lassen.

Klar ist: Die Diskussionen zu den Medien, aber auch zu ›Gebrauchs-Bildern‹ jenseits von Kunst, zu Materialien und zum Machen (s. S. 116 ff.), zu spezifischen räumlichen und zeitlichen Kontexten (s. S. 183), zu den Modi des Sehens und Bedingtheiten des Rezipierens (s. S. 69 ff.) und andere mehr, die im Folgenden noch vorgestellt werden, haben die tradierten kunsthistorischen Vorstellungen von Form und ihre Analyseweise entscheidend erweitert und differenziert (vgl. für den ›mediologischen‹ Versuch einer historischen Gesamtsicht europäischer Bildbetrachtungen etwa Debray 1999). Dennoch bleibt als zentrale methodische Herausforderung, wie alle diese Faktoren mit Blick auf die visuell-erfahrbare Struktur eines konkreten Werkes (auch wenn dieses ›offen‹ angelegt ist) zu verbinden sind. Gehen doch nicht nur Betrachtung oder Erfahrung häufig eben doch von einem ersten Formeindruck aus. Zu berücksichtigen ist auch, dass es formale Veränderungen in der Zeit (›Stilentwicklungen‹)

bei eigentlich gleichbleibendem medialem Setting gibt. Und dass die individuelle Formfindung eines Künstlers, einer Künstlerin weiterhin für entscheidend erachtet wird. Hierfür scheint mir keine Alternative zum Form-Konzept in Sicht. Allerdings müsste dies ein erweitertes Form-Konzept sein, das nicht nur am Ausgangspunkt der Betrachtung steht, das sich mit einer stilistischen Einordnung begnügt und dann durch andere Aspekte zu ergänzen ist. Sondern es müsste ein umfassendes Form-Konzept sein, das von der Materialität bis zum philosophischen ›Überbau‹ alle Aspekte einzubeziehen und zu berücksichtigen erlaubt. Ziel müsste es sein, Kunstgeschichte in einem solchen umfassenden Sinne zur neuen Formwissenschaft zu machen.

Wertfragen: Norm, Kanon, Freiheit, Anspruch

»One Look is Worth A Thousand Words« – im konkreten Fall ist der Blick auf ein Bild nicht ganz tausend Lexikoneinträge wert. 1771 und 1774 erschienen die zwei Bände von Johann Georg Sulzers *Allgemeiner Theorie der Schönen Künste*, der ersten deutschsprachigen Enzyklopädie zum Wissen aus allen Bereichen der Ästhetik. Vorangestellt ist ein Frontispiz von Daniel Chodowiecki, das die Leitthese des gesamten Unternehmens zum Wesen der Künste anschaulich zusammenfassen sollte. Was der Stich auf einen Blick vermitteln will, zählt die Vorrede nochmals auf: Dass die Menschen nicht mehr »gleich den Thieren des Feldes herum irren«, wie im Hintergrund der Darstellung zu sehen, ist eine Leistung des menschlichen Verstandes, verkörpert in der sitzenden Göttin Athena im Vordergrund. Alles jedoch, was dem Leben seinen höheren »Werth« gibt, resultiert aus der »sittlichen Bildung der Gemüther«, wie sie die Schönen Künste bewirken, auch wenn diese bedauerlicherweise oft nur als »Zeitvertreib«

und »Belustigung« abqualifiziert würden. Auf die Künste verweist die stehende weibliche Gestalt. Ihr Attribut der Leier und ihre drei Begleiterinnen, die Grazien, identifizieren sie als Schönheit/Harmonie und damit als begehrenswertes Ziel aller künstlerischen und ethischen Bestrebungen. Über dieser Gruppe weiblicher Figuren mit ihren (noch getrennten) Polen Verstand und Gefühl leuchtet das Licht der Weisheit, die vereinte höchste Trias von Wahrem, Gutem und Schönem.[51] Kurz gesagt: Das Frontispiz führt vor, dass sich erst durch die Anziehungs- und Formkraft der Schönen Künste die Menschheit vollends verwirklicht. Dem Künstlerischen werden eine fundamentale Bedeutung und ein Wert zugesprochen, wie sie erst die Forderungen um 1900, alle Menschen müssten Künstler werden, wieder formulierten.

Sulzers Projekt verweist auf die Gewissheit, dass Kunst und Wertfragen unlösbar zusammenhängen. Es kann keine Vorstellung, keinen Begriff von Kunst geben ohne zumindest eine ästhetische Wertung.[52] Selbst die radikalsten Institutionstheorien, die sich allein dafür interessieren, wie Kunst durch Zuschreibungsmechanismen der ›Kunstwelt‹ ihren Status erhält, müssen sich fragen lassen, worauf der Konsens dieser Kunstwelt eigentlich basiert, wenn nicht auf wie auch immer begründeten Wertmaßstäben. Gerade weil nun aber Kunst, Kunstkritik, Kunstmarkt so offensichtlich mit ästhetischen, teils ethischen, häufig ganz materiellen Werten zu tun haben, scheint auch Kunstgeschichte ganz besonders anfällig für Wertfragen. Blickt man auf die Geschichte der Disziplin, fällt allerdings eine asymmetrische Spannung auf zwischen dem Bemühen, selbst möglichst wertneutral vorzugehen, und Untersuchungen zu (Vor-)Urteilen, Fehleinschätzungen und blinden Flecken der älteren Auseinandersetzung mit Kunst. Gefordert wäre eigentlich nicht die Fiktion, jede Vorprägung, jeden eigenen Standpunkt überwinden und eine unbeteiligte Außensicht einnehmen zu können, sondern das Bestreben, eigene Überzeugungen und Urteilsbildungen deutlicher offenzulegen (s. auch S. 66) – im Wissen darum, dass Kunstgeschichte nie wertfrei agiert hat und es auch nicht kann.

Die Bedingtheiten von Wertungen, Geschmack und Kunsturteil wurden im Ansatz bereits in der Antike erkannt. Zunächst betraf dies die Einsicht in die Relativität und Konventionalität von Schönheitsvorstellungen und Idealen. Dass in unterschiedlichen Kulturen unterschiedliche Körper als schön galten, betonten nach der Antike bereits Autoren des 13. Jahrhunderts. Albrecht Dürer präsentierte in seinen Proportionsstudien mehrere Körperideale nebeneinander, die ein fließendes Kontinuum aufrufen sollten. Und die Diskussionen über das Verhältnis von Antike und Gegenwart, von *antiqui* und *moderni*, im späten 17. Jahrhundert führten dazu, dass sich die zuvor ehernen Regeln aus der Antike entlehnter Proportionskanones und Säulenordnungen nicht mehr absolut, sondern nur mehr unter Verweis auf die lange Tradition rechtfertigen ließen. Die endgültige Konsequenz daraus – ›Schönheit‹ als normativer Begriff hat in der wissenschaftlichen Untersuchung keine Bedeutung – formulierte freilich erst Moritz Thausing in seiner Wiener Antrittsvorlesung 1873 in aller Deutlichkeit: »Ich kann mir die beste Kunstgeschichte denken, in der das Wort ›schön‹ gar nicht vorkommt.«[53] Allerdings sollte diese wissenschaftliche Vorstellung eines neutralen Standpunkts gerade im Hinblick auf eine Auseinandersetzung mit zeitgenössischer Kunst als ganz ungenügend erscheinen. Zumindest fragten sich Künstler und Kunstkritiker just zu dem Zeitpunkt, da die Neutralität des kunsthistorischen Blicks zur Forderung wurde, wie sich mit dem »Ende jeder verpflichtenden Ästhetik«, d.h. mit der beliebigen Verfügbarkeit aller Kunstmittel und -formen für die Künstler, überhaupt noch zu einem differenzierenden und mehr als subjektiv-beliebigen Urteil kommen ließ: »[H]at das Ganze überhaupt gar keinen Sinn gehabt und ist nur ein Schwindel«?[54]

Nicht nur eine Lösung von normativen Schönheitsvorstellungen, sondern eine Gleichwertigkeit von Artefakten aus unterschiedlichen Kulturen und Zeiten hatte im Gefolge Johann Gottfried Herders bereits Wilhelm Heinrich Wackenroder in seinem Bestseller der *Herzensergießungen eines kunstliebenden Klosterbruders* von 1796 angedeutet – auch wenn er letztlich dann doch immer noch Raffael als höchste Instanz der Kunst feiert. Im Kapitel zu »Toleranz und Menschenliebe in der Kunst« heißt es: »[Gott] ist der gotische Tempel so wohlgefällig als der Tempel der Griechen. [...] Liegt Rom und Deutschland nicht auf einer Erde?« Konsequent sollte dann 1845 Hermann Hettner fordern, die »genetische Entwicklung der Kunst« allein auf »anthropologischem Boden« ohne jede Metaphysik als reines Kulturerzeugnis zu verstehen.[55] Auch gegen den in der Folge immer stärker werdenden Nationalismus und speziell die »Deutschtümelei« gibt es bereits vor 1900 starke Stimmen: »Die Kunstgeschichte hat ihren eigenen Zusammenhang, der nicht immer mit dem der Staatengeschichte übereinstimmt, zeitweilig sogar ein ausgeprägtes internationales Uebergreifen und, der Wahrheit des Verständnisses zu Liebe, ein entschiedenes Hintansetzen der vaterländischen Interessen erfordert. Neben der Gleichberechtigung aller Perioden besteht wissenschaftlich auch die Gleichberechtigung aller Nationen, zumal in Zeiten, wo das Resultat der gemeinsamen Kulturarbeit dieser Nationen gezogen ward, [...].«[56]

1901 wird Alois Riegl am Beispiel der *Spätrömische[n] Kunstindustrie* – auf Gedanken seines Wiener Kollegen Franz Wickhoff aufbauend – und wenig später etwa Wilhelm Worringer für die Kunstgeschichte postulieren, dass jede Stilphase »für die Menschheit, die sie aus ihren psychischen Bedürfnissen heraus schuf, das Ziel ihres Wollens und deshalb den größten Grund von Vollkommenheit dar[stellt]«[57]. Dieser ›kunsthistorische Kulturrelativismus‹ wurde nicht nur parallel zum ethnologischen Kulturrelativismus eines Franz Boas und anderer entwickelt. Auch auf Seiten der Künstlerschaft wurde nun mit aller Schärfe die Vorstellung verworfen, man könne aus der alten Kunst Prinzipien und Normen des eigenen Schaffens gewinnen: Jede »Kulturperiode«, so schreibt etwa Wassily Kandinsky 1912, bringt »eine eigene Kunst zustande, die nicht mehr wiederholt werden kann. Eine Bestrebung, vergangene Kunstprinzipien zu beleben, kann höchstens Kunstwerke zur Folge haben, die einem totgeborenen Kind gleichen.«[58]

Allerdings sorgte die tiefe Verwurzelung in Denktraditionen dafür, dass diese theoretische Einsicht in den nächsten Jahrzehnten keine konsequente Umsetzung erfuhr. Im Gegenteil gewannen seit den 1920er Jahren, mit dem Nationalsozialismus und dann der Katastrophenbewältigungsstrategie im Nachkriegsdeutschland Vorurteile, Forderungen nach der ›richtigen Einstellung‹ und Furcht vor einem Verlust konservativer Werte – Hans Sedlmayr spricht 1948 für die moderne Kunst vom *Verlust der Mitte* – wieder die Oberhand.[59] Wie die richtigen Einstellungen und Werte auszusehen haben, wussten und wissen freilich allein die jeweils selbsternannten Propheten und Führergestalten zu den »Wesensgesetzen« der Kunst.

Erst die Kritische Theorie und dann vor allem die 68er-Studentenrevolution erzwangen mit der Zeit eine Neubewertung der Wertfrage. Während sich Hanna Levy-Deinhard (1967: 78–83) noch weiter darum bemühen konnte, die Möglichkeit eines »objektive[n] Werturteil[s]« in der Kunstgeschichte positiv zu begründen, ging es in der Folge um eine Überwindung des tradierten Kanons, um Relativierung und Dekonstruktion von Denkmustern hinsichtlich Gesellschaft, Politik, Geschlecht, Geografie, Ethnie und Kultur. Zunehmend deutlich wurde auch, auf wie basalen Ebenen solche Denkweisen und Wertvorstellungen verankert und tradiert werden: bei Texten etwa bereits durch das Beschreibungsvokabular, aber nicht minder wirkmächtig auch durch den Kanon verfügbarer Reproduktionen oder performativ durch die Präsentationsweise von Werken in Galerien, Sammlungen und Museen. Wenn heute die utopische Dimension des Internets auf die Überwindung jeder Art von Kanon und freie Verfügbarkeit von allem für alle zielt, dann muss sich allerdings erst noch zeigen, ob jeden Kanon zu überwinden möglich und sinnvoll ist.

Denn die asymmetrische Spannung entsteht gerade dadurch, dass bei aller kritischen Dekonstruktion wenig darüber nachgedacht wird, was an die neuen Leerstellen der ›alten Werte‹ tritt. Wenn es keine Kunst ohne Werturteile gibt, wenn der Kunstbegriff zudem tief in die Geschichte der westlichen Kultur verstrickt ist, wenn andererseits nicht wieder die Fiktion einer wertfreien, streng rational schlussfolgernden Kunstwissenschaft bemüht werden soll, dann besteht die Herausforderung auch darin, sich kontinuierlich den weiterhin wertenden, selektierenden, bevorzugenden Bedingtheiten der eigenen Wahrnehmung bewusst zu sein und zu stellen. Allein schon deshalb ist auch eine historische, die eigene Position hervorhebende Perspektive auf Kunst und Kunstgeschichte unverzichtbar. Die weiteren Kapitel dieses Buches greifen diese Wertfragen vielfach auf.

Das Frontispiz zu Sulzers *Allgemeiner Theorie der Schönen Künste* verweist freilich nicht nur auf die Wertfragen der Kunst. Aufgerufen sind mit Verstand und Gefühl auch die beiden Pole der Kunstwahrnehmung, wie sie dann im Weiteren – etwa gleich von den Romantikern – intensiv diskutiert werden sollten: intuitives, fühlendes Erlebnis und rationale Kritik bzw. Analyse von Kunst. Das Problem der objektiven und relativen Werturteile führt so unmittelbar zu dem Problem, wie eigentlich Kunst von jedem Einzelnen wahrgenommen wird und was dies für eine wissenschaftliche Untersuchung bedeutet.

Sense and Sensibility: Aporien der Rezeption

»Jedes Kunstwerk ist ein Vexierbild, nur derart, daß es beim Vexieren bleibt, bei der prästabilierten Niederlage ihres [!] Betrachters.«[60] Wenige Jahre nachdem Umberto Eco das Konzept des Offenen Kunstwerks (1962) formuliert hatte, das den konstitutiven aus- und weiterdeutenden Beitrag der Betrachtenden zu einem Kunstwerk thematisiert, postulierte Theodor W. Adorno 1970 eine ähnliche, weiter gefasste Idee zum unauflösbaren »Rätselcharakter« aller Kunstwerke. Die daraus folgende, notwendige Niederlage der um des Rätsels Lösung bemühten Betrachter_innen signalisiert dabei zugleich die endgültige Entdeckung des Publikums für die Forschung. Denn wenn jede Betrachterin, jeder Betrachter zu einer anderen Wahrnehmung, einem anderen Verständnis von Kunstwerken kommen kann, dann ist die Spannweite dieser Rezeptionsmöglichkeiten als wesentlicher Bestandteil in die Analyse miteinzubeziehen (s. S. 252 ff.).

Die Frage nach der Rezeption zielt dabei immer auf beide Seiten: auf die vom Kunstwerk angebotenen Wahrnehmungsoptionen und auf das Spektrum der kollektiven bzw. individuellen Reaktionen des Publikums. Dass Bilder, Artefakte, Architekturen ihre Betrachter und Benutzer gezielt adressieren, hatte schon 1435/36 Leon Battista Alberti angedeutet, indem er Malern empfahl, eine Bildfigur den direkten Augenkontakt mit den Betrachtern suchen zu lassen. Alois Riegl wird 1902 (188) in seiner Analyse des *Holländischen Gruppenporträts* die Involvierung des Betrachters betonen. Wilhelm Pinder sollte 1937 von der »Anerkennung des Betrachters« sprechen, wie sie die gesamte westliche Kunst seit den Jahren um 1400 durch das Bemühen um »optische Glaubhaftmachung«, also überzeugende Naturnachahmung, charakterisiere.[61] 1932 hatte Ernst Michalski erstmals *Die Bedeutung der ästhetischen Grenze für die Methode der Kunstgeschichte* anhand von Malerei und Relief seit den Ottonen und bis ins späte 18. Jahrhundert untersucht. Intensiv erforscht wurden diese Fragen aber eben seit den 1970er Jahren von Forschern wie Thomas Puttfarken (*Maßstabsfragen*, 1971), Michael Fried (1980), Hans Belting (*Das Bild und sein Publikum im Mittelalter*, 1981), Wolfgang Kemp (*Rembrandt: Die Heilige Familie oder die Kunst, einen Vorhang zu lüften*, 1986), John Shearman (*Only Connect ...*, 1992) oder Victor I. Stoichita (1993/1998).

Die Bedeutung unterschiedlicher Betrachtererwartungen und -reaktionen wurde dagegen wohl erstmals von den Kunsttheoretikern der Gegenreformation thematisiert, die von den katholischen Bildern forderten, dass sie alle Schichten von Gläubigen gleichermaßen ansprechen sollten. Die Frage des breiteren Publikums jenseits der Gebildeten, Kenner und Spezialisten stellte sich seit dem frühen 19. Jahrhundert zunehmend. Und spätestens die Diskussionen über zeitgenössische Kunst um 1900 verwiesen explizit auf die Relevanz des Publikumsgeschmacks. Geschmack als historischen Untersuchungsgegenstand behandelte erstmals Jacob von Falke 1892 (*Geschichte des Geschmacks im Mittelalter*). Die sich verändernde Wahrnehmung und Wertschätzung eines Künstlers hatte Herman Grimm an *Raphael's Ruhm in vier Jahrhunderten* (1884) verfolgt. Während diese Arbeiten aber im Prinzip von einem unveränderlichen Kunstwerk und lediglich sich wandelnden Formen der historischen Annäherung ausgingen, betonten die Untersuchungen zu Psychologie und Physiologie der Wahrnehmung seit dem späteren 19. Jahrhundert (s. S. 190 ff.) zunehmend und aus anderer Richtung argumentierend das, was Ernst H. Gombrich (1967: 206-318) später

»the beholder's share« nennen sollte, den Anteil jedes Betrachtenden an der ›Aktivierung‹ und Vervollständigung des gesehenen Artefaktes oder Bildes. Die Völkerpsychologie schließlich, bevor sie unter anderem aufgrund ihrer unglücklichen Benennung im Laufe der 1920er Jahre wieder in der Versenkung verschwand, versuchte darüber hinaus, nicht nur individuelle, sondern zeittypische kollektive psychologische Erwartungen und Reaktionen zu erklären.

Auch hier setzt mit den späten 1960er Jahren eine neue Forschung ein: Die frühe Kunstsoziologie entdeckt nun Geschmacksfragen und das Publikum für sich (Pierre Bourdieu/Alain Darbel: *Die Liebe zur Kunst*, frz. 1966, dt. 2006; Pierre Bourdieu: *Die feinen Unterschiede. Kritik der gesellschaftlichen Urteilskraft*, frz. 1979, dt. 1982). Die Kunstgeschichte erkundet Rezeptionsphänomene unter dem Blickwinkel von Geschmacksgeschichte (Francis Haskell: *Rediscoveries in Art*, 1976; Francis Haskell/Nicholas Penny: *Taste and the Antique*, 1981). Und Wolfgang Kemp begründet mit *Der Anteil des Betrachters. Rezeptionsästhetische Studien zur Malerei des 19. Jahrhunderts* (1983) und dem Sammelband *Der Betrachter ist im Bild. Kunstwissenschaft und Rezeptionsästhetik* (1985) auch methodisch-theoretisch die kunstgeschichtliche Forschungsrichtung. In den letzten Jahren wurde sogar versucht, mit technischer Hilfe durch Eye-Tracking die Rezeptionsvorgänge auf eine verlässliche empirische Basis zu stellen (s. S. 194 f.).

So intensiv man sich mit diesen Zusammenhängen von Rezeptionsangeboten auf Seiten der Kunstwerke und Rezeptionsweisen des Publikums beschäftigt hat, die Wahrnehmung der untersuchenden Kunsthistoriker_innen selbst blieb dabei zumeist außen vor – so als ob es sich bei diesen um objektive wissenschaftliche Instanzen außerhalb von Zeit und Raum handele. Zur Rezeptionsproblematik dieser zweiten, wissenschaftlichen Beobachtungsebene gibt es in der Kunstgeschichte erstaunlich wenige Aussagen und systematische Ansätze. Immerhin thematisieren die zwei berühmtesten Selbstbeschreibungen, die Kunsthistoriker von sich und ihrer Tätigkeit publiziert haben, genau diese Aporie des Zugangs zu den Kunstwerken. Beide setzen nicht beim Kunstbegriff, nicht bei Werturteilen oder der Frage an, inwiefern Interpretationen eindeutig bzw. ›objektiv‹ sein können oder offenbleiben müssen. Es geht vielmehr um die Ausgangssituation der Rezipierenden selbst, ob und wie sich Kunst zwischen Verstand und Gefühl überhaupt wissenschaftlich wahrnehmen und wie sich die denkende Bewegung zwischen Einzelbeobachtung und größerer systematischer Einordnung bzw. Theorie verstehen lassen. Beide Beschreibungen bemühen dafür einen metaphorischen Vergleich mit dem Meer.

So bekennt Johann Joachim Winckelmann am Ende seiner *Geschichte der Kunst des Alterthums*:

> »Ich bin in der Geschichte der Kunst schon über ihre Gränzen gegangen, und ohngeachtet mir bey Betrachtung des Untergangs derselben zu Muthe gewesen ist, wie demjenigen, der in Beschreibung der Geschichte seines Vaterlandes die Zerstörung desselben, die er selbst erlebt hat, berühren müßte, so konnte ich mich dennoch nicht enthalten, dem Schicksale der Werke der Kunst, so weit mein Auge gieng, nachzusehen. So wie eine Liebste an dem Ufer des Meeres ihren abfahrenden Liebhaber, ohne Hoffnung ihn wieder zu sehen, mit bethraenten Augen verfolget, und selbst in dem entfernten Segel das Bild des Geliebten zu sehen glaubt. Wir haben, wie diese Geliebte, gleichsam nur einen Schattenriß von dem Vorwurfe unserer Wünsche übrig; [...]. [...] aber wir kehren jeden Stein um, und durch Schlüsse von vielen einzelnen, gelangen wir wenigstens zu einer muthmaßlichen Versicherung, die lehrreicher werden kann, als die uns von den Alten hinterlassenen Nachrichten, [...].« (1764: 430 f.)

Trotz Trauer der Vollendung und irreversibler zeitlicher Distanz führt für Winckelmann eine möglichst umfangreiche Zusammenschau einzelner Beobachtungen und Schlüsse immerhin zu einer »muthmaßlichen Versicherung« der übergreifenden geschichtlichen Zusammenhänge und (Stil-)Entwicklungen, die eine tiefere Einsicht in die Kunst der Antike ermöglichen als selbst die historischen Nachrichten aus dieser Zeit. Wissenschaftliches Erkenntnisinteresse und Liebessehnsucht bzw. Wunschprojektionen des Kunsthistorikers schließen sich nicht aus, im Gegenteil: Letztere liefern überhaupt erst die unabdingbare Motivation der Forschung.[62]

Nicht gefragt hat man bislang, warum Winckelmann gerade auf diese Metaphorik verfallen war – vom allgemeinen Hinweis auf die nur indirekt relevante Erfindung der Zeichenkunst durch die Tochter des griechischen Töpfers Dibutades, die ihren abreisenden Geliebten im Schattenriss festzuhalten versucht, einmal abgesehen (Plinius: Nat. hist. 35, 43). Dabei existieren zum einen Darstellungen der (in der Neuzeit unter osmanischer Herrschaft) trauernden, weiblichen Länderpersonifikation Griechenlands, »einstmals [...] Mutter der Künste«, die am Ufer sitzend und umgeben von den Attributen der Künste und Philosophie einem abfahrenden Segelschiff nachsieht.[63] Zum anderen dürfte Winckelmann in Vorbereitung seiner eigenen Schrift die letzte zuvor publizierte *Geschichte der Zeichen-Kunst und Mahlerey* (1748 als erster Teil der *Kern-Historie aller freyen Künste und schönen Wissenschaften* erschienen) gelesen haben. Diese beginnt mit einer ähnlichen Metapher:

»Wenn ein Geschichtschreiber mit seinen Fleiß biß in die ersten Zeiten seiner Kunst dringen, und den Ursprung derselben erforschen will; so geht es ihm wie denen Schifleuten, je weiter sie von ihrem Land sich in das Meer wagen, je unkäntlicher wird es ihnen, endlich verliehren sie es gäntzlich aus denen Augen. Durchlaufen wir die Schicksaale der Zeichenkunst, so finden wir zuletzt dunckle Schatten, wir gerathen auf Muthmasungen, und müssen zufrieden seyn, wenn ein Geschichtschreiber, der etliche Jahrhundert vor uns gelebet, eine Fabel erzehlet, die einige Wahrscheinlichkeit in sich hat.«

Der Vergleich der Texte, die neben dem entschwindenden Schiff auch beidesmal ›schattenhafte Vorstellungen‹ und Mutmaßungen aufrufen, verdeutlicht nicht nur, wie sich Winckelmann von der Textüberlieferung der »Geschichtschreiber« der Artefaktüberlieferung der »Geschichte der Kunst« zuwendet. Für Winckelmann liegen zudem nicht die Anfänge der (Zeichen-)Kunst im Dunkel, sondern die gesamte Kunstentwicklung des Altertums ist für die ästhetische und wissenschaftliche Betrachtung nur noch aus der Ferne und partiell über Rekonstruktion und Fantasie zugänglich. Winckelmann formuliert so eines der hermeneutischen Grundprobleme der Kunstgeschichte, wie sich Gegenwart und Vergangenheit von Kunstwerken in einem annähernden deutenden Verstehen verbinden lassen.

Die andere metaphorische Selbstbeschreibung lieferte der Wiener Alois Riegl 1899. Er imaginierte sich in einem Aufsatz zur *Stimmung als Inhalt der modernen Kunst* auf einem Berggipfel sitzend und den Fernblick in ein friedliches Tal genießend, bis plötzlich in der Nähe eine Gemse aufspringt, die Ruhe stört und seinen Jagdinstinkt weckt. Der Betrachtung der Weite des Meeres im Unterschied zur Aufmerksamkeit für eine einzelne Welle attestiert Riegl einen entsprechenden visuellen ›Umschlage-Effekt‹. Beide Sinnbilder lassen sich auf mehrere Arten verstehen: Zum einen interpretiert Riegl die Themen moderner Kunst als Wunschbilder, die die Betrachtenden aus dem täglichen ›Kampf ums Dasein‹, an den der Nahblick auf Gemse oder Welle erinnert, in eine harmonisch-glückliche Ferne entführen. So verstanden, kann nicht nur die vergangene Kunst der Antike, sondern auch die Kunst der Gegenwart – im Prinzip alle Kunst – sehnsuchtsvolle Projektionen hervorrufen. Zudem wird daran erinnert, dass unsere Wahrnehmung, zumal wenn wir uns ›Kunst‹ gegenüber glauben, immer intellektuelle und vorrationale, emotionale Komponenten verbindet – *sense and sensibility*. Und die »Doppelerscheinung der Naturdinge in den Augen des Menschen«, von Berglandschaft und Meer, führt nicht nur zu den beiden künstlerischen Extremen »äußerste[r] Isolierung der einzelnen Naturdinge« und »äußerste[r] Verbindung unter denselben« (so Riegl 1901 in *Naturwerk und Kunstwerk*), sondern verlangt auch von den Betrachtern, zwischen Fern- und Nahblick hin und her zu wechseln. In diesem Sinne hatte Riegl zuvor schon in einem Aufsatz zu *Kunstgeschichte und Universalgeschichte* (1898) die beiden Optionen des kunsthistorischen Erkenntnisstrebens charakterisiert: eine möglichst eingehende, ›nahsichtige‹ Untersuchung von einzelnen Objekten im Unterschied zu deren Einbindung in übergreifende theoretische Überlegungen und Zusammenhänge. Beides gleichzeitig scheint – obwohl gleichermaßen präsent – nicht nur für die Wahrnehmung, sondern genauso für die wissenschaftliche Darstellung praktisch unmöglich.[64]

Auch in diesem Fall ist ein Bezugspunkt für Riegls Metaphorik bislang offenbar nicht erkannt. Der französische Geschichtstheoretiker Louis Bourdeau hatte 1888 ein Buch publiziert, in dem er die methodischen Parameter einer streng wissenschaftlichen Geschichtsschreibung zu entwickeln versuchte und dafür unter anderem darauf verwies, dass im »Meer der Geschichte« die Wellen dem Fischer wie Berge und Täler, dem Betrachter am Ufer – einem Standpunkt ›außerhalb‹ und in (existenziell) sicherer Distanz – dagegen als »kaum gekräuselte Fläche« erscheinen würden. Bourdeau hatte so schon vor Riegl zwischen der in die Ereignisse involvierten Nahsicht und dem wissenschaftlich distanzierten, analysefähigen und zusammenfassenden Überblick unterschieden und auf die Herausforderungen verwiesen, beide wissenschaftlichen Sichtweisen zu verbinden.[65] Gleichwohl sollte Riegl, wie schon Bourdeau, die eigentlich aporetische Konsequenz aus dieser Konstellation übergehen und eine Fiktion strenger Wissenschaftlichkeit postulieren, die vom emotionsgesteuerten Nahblick auf die Gemse oder die bedrohliche Welle, letztlich von jeder Form des persönlichen Involviertseins, Fühlens und Wertens, doch absehen kann: »Der beste Kunsthistoriker ist der, welcher keinen persönlichen Geschmack besitzt, denn es handelt sich in der Kunstgeschichte darum, objektive Kriterien der historischen Entwicklungen zu finden.«[66]

Tatsächlich ist es bis heute nicht gelungen und kann es auch nicht gelingen, einen solchen von allem losgelösten, rein analysierenden Betrachtungsstandpunkt ganz außerhalb zu begründen. Die szientistische Fiktion einer »Selbstobjektivierung« der Forschenden, »sich als Subjekt der Reflexion nicht wahrhaben« zu müssen – so wie es etwa auch noch Erwin Panofsky erhofft hatte, indem er objektivierende Kontrollschritte in seine Methode der Inhaltsdeutung einführte (s. S. 163 ff.) –, ist spätestens nach der Kritik von Jürgen Habermas und Niklas Luhmanns systemtheoretischen Überlegungen dahin: Die beobachtende Person befindet sich stets »innerhalb der Welt, die [sie] in der einen oder anderen Weise zu beschreiben versucht«[67]. Zeitlich parallel dazu hat Clifford Geertz das Modell einer »dichten Beschreibung« für die ethnologische Beobachtung entwickelt (*Dichte Beschreibung. Beiträge zum Verstehen kultureller Systeme*, engl. 1973, dt. 2003). Dieses ist den Ansätzen von Habermas und Luhmann insofern genau entgegengesetzt, als es nicht primär auf eine umfassende Theorie zielt, sondern die doppelte Anstrengung ethnologischer Forschung zunächst darin sieht, Einzelphänomene möglichst genau zu erfassen, deutend zu verstehen und zugleich die eigene Rolle in diesen Zusammenhängen mitzureflektieren. Erst in einem nächsten Schritt kann es darum gehen, anhand der Einzelphänomene vergleichend gemeinsame Vorstellungsstrukturen und plausible größere Zusammenhänge herauszuarbeiten. Wenn Geertz (2003: 22 f.) dabei allerdings feststellt, dass »ethnologische Schriften [...] selbst Interpretationen und obendrein solche zweiter und dritter Ordnung [sind]. [...] Sie sind Fiktionen, und zwar in dem Sinn, daß sie ›etwas Gemachtes‹ sind, ›etwas Hergestelltes‹«, erreicht er argumentativ genau die oben für die Kunstgeschichte konstatierte Standpunktaporie.

Bei alledem hat der Meeresvergleich auch im postszientistischen Zusammenhang keineswegs ausgedient. James Elkins etwa beginnt seine Überlegungen zum Scheiben von *Stories of Art* (2002) damit, dass er Sinnbilder und Diagramme für persönliche Vorstellungen von Kunstgeschichte voranstellt, die Alternativen zum Denken in linearen Abfolgen liefern sollen. Unter anderem imaginiert er sich barfuß am Sandstrand mit Blick aufs Meer, in dessen Weiten die ihm zunehmend unbekannten Bereiche der Kunstgeschichte verschwinden, andere, vertrautere dagegen als Inseln auftauchen. Ob man mit Elkins' weiteren Überlegungen einverstanden ist oder nicht: Sein Strandbericht erinnert daran, dass *sense and sensibility* von Kunsthistoriker_innen nicht nur das Sehen betreffen, sondern den ganzen Körper – und damit zentral auch Kategorien von *gender*, *ethnicity*, *class*, *age*.

In diesem Horizont rechtfertigt sich das Interesse an biografisch-wissenschaftsgeschichtlichen Untersuchungen zu Forschern und Forscherinnen – nicht als Kult der großen Leistungen (bis vor Kurzem zumeist) weißer Männer, sondern um die lebensweltliche Verstrickung jedes Denkens, Urteilens und Forschens zu verstehen. In Abwandlung einer Formulierung des Historikers Edward H. Carr ließe sich vorschlagen: Wenn wir einen kunsthistorischen Text lesen, sollte unsere Aufmerksamkeit nicht allein den geschilderten ›Fakten‹ und Zusammenhängen gelten, sondern zunächst der Person, die ihn geschrieben hat.[68] Trotz alles wissenschaftshistorischen Interesses der letzten Jahrzehnte gibt es zu dieser Frage erstaunlicherweise keine übergreifende Untersuchung. Thomas Zaunschirms Versuch, Interpretationen ausgewählter Künstlerselbstbildnisse als »Leitbilder« für das Denken der sie interpretierenden Kunsthistoriker_innen zu verstehen, blieb bislang eine Ausnahme (1993: 7 und 230):

> »Wir Kunsthistoriker, Kunstkritiker, Kunstschriftsteller, Gelehrte und Kenner betreiben unser Fach so, wie wir es gelernt haben. Und das ist schlecht so. Erstens haben wir alle unterschiedlich gelernt, [...]. Zweitens lernen wir nur schwer dazu, wenn wir unsere Studien absolviert haben. [...] Daß das Resultat nicht ein dumpfes Brüten von Fachidioten ist, die ihre Ignoranz durch Wissenschafts-Simpeln überspachteln, ist das eigentliche Wunder. [...] Kunsthistoriker leben, wie Wissenschaftler anderer Fächer auch, in eigenen oder anderen Welten, in keinem Fall befinden sie sich exterritorial auf neutralem Boden. Es gibt keine allgemein ethisch verbindliche strenge Wissenschaftlichkeit, sondern ein vermutlich nach ästhetischem Kalkül gewähltes Modell, dessen kreatives Potential einleuchtet, das man von seinen Vorbildern übernimmt und vielleicht weiterentwickelt. [...] Irgendwann wird das Hohelied auf das Schwindeletikett ›historisches Bewußtsein‹, das die vermeintlichen Subjektivismen eliminiert, enden, weil man einsehen muß, daß man dafür nur andere Subjektivismen eintauscht.«

Aber auch die anderen punktuellen Sondierungen zu Einzelpersonen und -problemstellungen, die beiden bislang einzigen Zusammenstellungen von Selbstaussagen berühmter Kunsthistoriker im deutschsprachigen Bereich (1924 und 1990; darunter beides Mal keine einzige Frau)[69] oder das vom Getty Research Center in Los Angeles betriebene Dokumentationsprojekt zur *Oral History* seit den späten 1960er Jahren lassen erahnen, was man sich ohne die Fiktion absoluter Wissenschaftlichkeit eigentlich auch so hätte denken können: welche Relevanz den individuellen Charakteren, Biografien und ihren soziokulturellen Verortungen für Erkenntnisinteressen, die Auswahl von Themen und Materialien, für methodische Präferenzen, Arbeitsweisen und Formulierungen zukommt.

»Die Wörter und die Dinge«: Sprach- und Bildarchäologien

Die Wörter der Kunstgeschichte stellen ein noch größeres Problem dar als die »Wörter der Geschichte«[70]. Für die Sprache der Geschichtsschreibung hat Jacques Rancière aufgezeigt, dass bei allen wissenschaftlichen Bändigungs- und Objektivierungsversuchen deren poetisches Potenzial unverzichtbar bleibt. Entsprechend unterliegt auch die Sprache der Kunstgeschichte der Spannung zwischen Erzählen, dem Postulat von Wissenschaftlichkeit und den jeweiligen Rahmungen des Zeithorizonts. Wie in der Geschichtsschreibung auch, muss sie Einzelbefunde und abstrahierende Begriffe und Konzepte in einem schwer fassbaren Prozess induktiver und deduktiver Verfahrensschritte zusammenbringen. Anders als in der Geschichte aber, die primär von Textquellen ausgeht, sind die Untersuchungsgegenstände der Kunstgeschichte medial nochmals distanziert, erfordern zusätzliche Formen der Aneignung, Übersetzung, Interpretation und Darstellung. Und anders als in der Geschichtsschreibung ergeben sich zwischen den ästhetischen Untersuchungsaspekten der Kunstgeschichte und dem poetischen Potenzial ihrer Sprache zusätzliche Interferenzen. Nach den methodischen Schwierigkeiten, wie sie sich in den vorausgehenden Kapiteln aus der Wertung und Wahrnehmung von Kunst ergeben haben, sollen nun die Schwierigkeiten einer adäquaten wissenschaftlichen (sprachlichen, aber auch bildlichen) Vermittlung thematisiert werden.

Rancière bleibt nicht stehen bei dem Problem, wie sich mit Sprache (quantitative) Einzelfakten nicht nur benennen, sondern argumentativ in eine wissenschaftliche Darstellung und Analyse historischer Zusammenhänge überführen lassen. »Die Differenz zwischen der vergangenen Wirklichkeit und ihrer sprachlichen Aufbereitung« lässt sich dabei nie schließen (Koselleck 2006: 55). Und das ›Geschichtenerzählen‹ bleibt immer literarischen und subjektiven Eigengesetzlichkeiten verhaftet – wie Hayden White in seinem Buch *Metahistory* (1973) betont und dann mehrfach für die Bereiche der narrativen Modellierung, von formalen Schlussfolgerungen, rhetorischen Figuren und ideologischen Implikationen vertieft hat.[71] Rancière geht insofern einen Schritt weiter, als er anstelle der Dekonstruktion von Fiktionen der Wissenschaftlichkeit gerade eine »Poetik des Wissens« einfordert: »die Untersuchung aller literarischen Verfahren, durch die eine Rede sich der Literatur entzieht, sich den Status einer Wissenschaft gibt und ihn bezeichnet. [...] Sie versucht den Wahrheitsmodus zu definieren, dem sie sich verschreibt, nicht jedoch, ihm Normen zu setzen, seinen wissenschaftlichen Anspruch für gültig oder ungültig zu erklären.«[72] Dass sich die Geschichte (wie die Geisteswissenschaften überhaupt) erst in der Formulierung, Vermittlung und Diskussion von Zusammenhängen, Deutungen und Thesen konstituiert und selbstkritisch reflektieren kann, hatte bereits Johann Gustav Droysen in seinem *Grundriß der Historik* (^{3}1882) festgestellt. Neben »Methodik« und »Systematik« gibt es dort aus diesem Grund einen dritten Hautabschnitt zur »Topik«: »§87 Wie alles, was unseren Geist bewegt, den entsprechenden Ausdruck fordert, in dem er es sich gestalte, so bedarf auch das historisch Erforschte Formen der Darlegung [...], damit sich an ihnen die Forschung gleichsam Rechenschaft gebe von dem, was sie gewollt und erreicht hat.«

Die Kunstgeschichte steht nun aber nicht nur vor dieser allen Geisteswissenschaften eigenen Darstellungs- und Vermittlungs-, sondern auch vor einer spezifischen, zentralen Übersetzungsproblematik: Sie muss das visuell Erfasste im anderen Medium der Sprache auszudrücken versuchen. Mehr noch: Als Charakteristikum künstlerischer Form wird vielfach deren deskriptiv uneinholbare Fülle und Unbestimmtheit betont. Die ästhetische Qualität von Kunst bestehe darin, dass sie sich gerade nie erschöpfend benennen und analysieren lasse. Allerdings wird diese Übersetzungsproblematik auch gleich in doppelter Hinsicht bestritten. Zum einen lässt sich mit Blick auf wirkliche Erfahrungen fragen: »Weshalb sollte die Begegnung mit einem Werk der Kunst [...] schwerer in Worte zu fassen sein als das Erlebnis eines Sommerausflugs, eines Fußballspiels oder einer Hochzeitsnacht?« (Demand 2010: 35, Anm. 17) Und zum anderen wird darauf verwiesen, dass jedes Bildverstehen letztlich doch sprachförmig vonstattengehe (Gadamer 1960: 478; Kablitz 2020).

In jedem Fall stehen Bild und Sprache/Text in einem langen, komplexen Wechselverhältnis. So wurden bereits in der Antike Kunstwerke in Kategorien der Rhetorik- und Dichtungstheorie verortet. Die gesamte Kunst der Frühen Neuzeit hatte unter dem Diktum des Horaz gestanden, dass »Dichtung wie Malerei« sei (*ut pictura poesis*) und beide Künste den gleichen ästhetischen Zielen gehorchten. Und gleich das erste, sehr erfolgreiche Konversationslexikon, in dem auch Malerei, Skulptur und Architektur abgehandelt werden, der 1621 erstmals publizierte *Essai de Merveilles de Nature, et des plus nobles Artifices* des Étienne Binet alias René François, liefert eine Liste von vorformulierten Äußerungen (›Satzhülsen‹ zumeist aus berühmten literarischen Vorlagen), mit denen man sich im Gespräch über Malerei und Skulptur zumindest nicht blamieren sollte: »La façon de parler des beaux Tableaux« und »La façon de louer les statues«.[73]

Mit Lessings *Laokoon* (1766) und Johann Gottfried Herders *Plastik* (1778) wurde zwar die jeweilige Eigenständigkeit der künstlerischen Gattungen wieder betont. Aber noch der Erfolg von Heinrich Wölfflins *Kunstgeschichtlichen Grundbegriffen* (1915) beruhte eben auch darauf, dass darin ein interdisziplinäres Modell für die Epochenbestimmung gesehen wurde, das sich etwa auf Literatur- oder Musikwissenschaft übertragen ließ. Umgekehrt hat die kunsthistorische Forschung seit den 1970er Jahren zentrale literaturwissenschaftliche Ansätze zu Sprache, Rezeption oder Erzählung adaptiert. Auch dafür, dass Begriffs-, Metaphern- und Diskursgeschichte entscheidende Einsichten in eine Wissenschaft liefern, bedurfte es des interdisziplinären Anstoßes durch Publikationsprojekte wie die *Geschichtlichen Grundbegriffe* (1972–1997) und das *Historische Wörterbuch der Philosophie* (1977–2000), bevor die philosophische Ästhetik das Projekt der *Ästhetischen Grundbegriffe. Historisches Wörterbuch* (2000–2005) startete und für die Kunstgeschichte das *Metzler Lexikon Kunstwissenschaft* (2003) erschien. Als Gegenreaktion wird verstärkt seit dem späten 20. Jahrhundert auch wieder die epistemische Eigenständigkeit, Nicht-Vergleichbarkeit des Bildes (und der Kunst) mit dem Text verteidigt – von Gottfried Boehm über Georges Didi-Huberman bis James Elkins.

Die Herausforderungen durch die ›Wörter der Kunstgeschichte‹ gehen aber noch weiter. Gerade wenn man Kunst in Gehalt und Form für sprachlich ›uneinholbar‹ hält, kann die Versuchung entstehen, dem visuellen Kunstwerk durch ein poetisches Nachschaffen ein deutendes Sprachkunstwerk zur Seite stellen zu wollen (man kann hierfür letztlich auf die alte literarische Tradition der Ekphrasis verweisen).[74] Und selbst wenn man dies als unwissenschaftlich ablehnt, scheinen doch häufig Metaphern und andere Sprachfiguren in ihren mehr oder weniger offenen, polysemischen Verweisfunktionen besonders geeignet, um eine vermeintlich entsprechend ›offene‹ Kunst zu beschreiben und zu erfassen (s. S. 169 f.). Dabei hat die Kunstgeschichte gerade erst begonnen, diese sprachlichen Bedingtheiten ihrer Begriffe, Vergleiche, Kategorien und insgesamt die poetischen Dimensionen ihrer (vermeintlichen) Wissenschaftssprache systematischer zu untersuchen.[75] Bewusst geworden sind die sprachlichen Verstrickungen in einem mühsamen Prozess, den Martin Warnke auf dem Kunsthistorikertag 1970 mit einem Skandal entscheidend vorangetrieben hatte: Zeigte Warnke doch auf, wie sehr eine weltanschauliche und dann nationalsozialistisch vereinnahmte Terminologie mit allen ihren weitreichenden Implikationen für das Denken unbewusst selbst in scheinbar ganz unpolitisch-unschuldigen kunsthistorischen Texten weitertransportiert wurde. Dieses genuin deutsche Problem erinnert zugleich daran, dass die Texte und Erkenntnisse der Kunstgeschichtsschreibung aufgrund der genannten Faktoren wohl noch stärker als in anderen Geisteswissenschaften durch die verschiedenen Sprachen mitgeformt werden: Die Forderung, doch möglichst zukünftig alles in der aktuellen *lingua franca* des Englischen zu formulieren, würde daher zu einer besonders einschneidenden Reduktion der verschiedenen Herangehensweisen und Wissenschaftskulturen führen.

Die zunehmende Einsicht in die Bedingtheiten der Sprache geht allerdings gerade für die moderne und zeitgenössische Kunst mit einer Art intellektueller Sehnsucht nach sprachlich vermittelter, überhöhender Theorie einher. Zumindest konstatiert ausgerechnet der Philosoph Arthur Danto diese Tendenz zur »philosophischen Entmündigung der Kunst« (1986). Mit Marcel Duchamps *Ready-mades* (ab 1913) und dann spätestens seit Andy Warhols *Brillo Boxes* (1964), in Holz exakt nachgebaute und täuschend echt bemalte Warenverpackungen aus dem Supermarkt, werde der immer weiter reduzierte visuell-ästhetische Anspruch und Eigenwert von Kunst durch begleitende theoretische Überbauten ersetzt. Nicht erst die Kunstgeschichtsschreibung, die Kunst selbst entferne sich, folgt man dieser Argumentation, von ihrem ›eigentlichen Wesen‹ zugunsten sprachförmig-philosophischer Entwürfe (und komme letztlich an ihr Ende als sinnliches Ereignis).

Die wahrscheinlich größte Verzerrung durch die ›Wörter der Kunstgeschichte‹ liegt aber in der Vorstellung, dass das Denken, Interpretieren und (De-)Konstruieren der Disziplin eben nur in Wörtern, mit Sprache stattfinden würde. Es ist dies das Grundproblem der Diskursanalyse insgesamt, wie es sich schon im Titel von Michel Foucaults *Les mots et le choses. Une archéologie des sciences humaines* (1966, wörtlich: ›Die Wörter und die Dinge. Eine Archäologie der Humanwissenschaften‹, allerdings ein von Foucaults Verleger nahegelegter Titel) mit der Überbetonung der Sprache gegenüber allen anderen, vor allem materiellen Ausdrucksformen des menschlichen Geistes ankündigt. Dagegen gilt es nachdrücklich daran zu erinnern, dass Kulturen neben Sprache, sozialen Strukturen und Handlungen entscheidend auch durch Artefakte, Bilder, Architekturen bestimmt werden (wie sie Foucault unter anderem in seiner berühmten Analyse der *Meninas* von Velázquez und bei seiner Machtanalyse von *Überwachen und Strafen* selbst einbezieht, letztlich aber doch dem Textuellen unterwirft). Dagegen werden die Disziplin Kunstgeschichte und ihre Forschungen entscheidend auch durch die jeweils zur Verfügung stehenden nicht-sprachlichen Kommunikations- und Reproduktionsmedien geprägt – Gipsabgüsse, Druckgrafiken, Fotografien, digitale Bildrepositorien und ihre Suchfunktionen, 3D-Rekonstruktionen, durch die Möglichkeit der Doppelprojektion bei Vorträgen, durch das vergleichende Gegenüberstellen zweier oder mehrerer Abbildungen auf Buchseiten, durch Diagramme und Modelle, durch Ausstellungen und vieles mehr. Eine umfassende kunsthistorische Diskursanalyse muss daher neben der Sprach- zugleich eine umfassende Medienarchäologie der Disziplin sein. Damit ist auch ein nicht behebbarer Kritikpunkt am vorliegenden Buch benannt, das zwar die »Instrumente und Medien der Kunstwissenschaft« (s. S. 243 ff.) thematisiert, aber von den Kapitel-Vorsatzblättern abgesehen ohne Abbildungen auskommen muss.[76]

Wenn also Kunstgeschichte schon mit den Verstrickungen des Kunstbegriffs, mit Wertfragen und Aporien der Rezeption zu kämpfen hat, dann potenzieren sich die Herausforderungen noch dadurch, dass die wissenschaftliche Argumentation zwingend auf Sprache zurückgreifen muss, zugleich aber auch die Medien ihrer Untersuchung – Bilder im weitesten Sinne und andere Artefakte – zur Darstellung der eigenen Überlegungen nutzen kann. Diese unhintergehbaren (eigenen) Bedingtheiten mit den wahrnehmungs- und erkenntnistheoretischen Voraussetzungen und dem jeweiligen historischen Kontext zusammen zu reflektieren, die unaufhebbare Spannung zwischen wissenschaftlichem Anspruch und sprachlicher Umsetzung präsent zu halten – die multimediale ›Poetik des kunsthistorischen Wissens‹ als Hemmnis und Chance zu thematisieren –, sich jedenfalls weder der Fiktion absoluter Wissenschaftlichkeit noch der Versuchung poetischen Einfühlens und sprachlichen ›Nachschaffens‹ zu ergeben, stellt sich daher für die Kunstgeschichte in ganz besonderer Dringlichkeit.

Die Gefahren verdeutlicht Georges Didi-Huberman (1990/2000: 14–16). Benennt er doch zunächst genau die Versuchungen von nicht einlösbarer Wissenschaftlichkeit, scheinbaren Antworten und der sprachlichen Magie des »unkritischen Gebrauchs bestimmter philosophischer Begriffe«. Es bleibt dann freilich nicht bei der Schlussfolgerung, den »Zwang zum Nicht-Wissen« (nur) dialektisch mit zu denken, sondern gefordert wird, in der paradoxen Betörung beim Anblick eines künstlerischen Bildes den »konstitutiven und zentralen Riß zu verspüren: genau an der Stelle, wo die Evidenz zusammenbricht, sich aushöhlt und verdunkelt«. Wenn dieser betörend-verstörenden Schau vor dem Bild noch weiter nachgegeben wird, endet auch Kunstgeschichte als Wissenschaft (im Sinne eines nachvollziehbaren und beurteilbaren Feststellens, Urteilens und Deutens) und verschwindet entweder in diesem Riss oder wird vollends zur subjektiven poetischen Neugestaltung, mystischen Schau oder Verlautbarung aus einer »subsemantischen Unterwelt«.[77]

»Rahmenwechsel« der Kunstgeschichte? Bildwissenschaft und andere *turns*

Ist die Kunstgeschichte also doch nicht am Anfang, sondern tatsächlich am Ende? Wie anders sollte man es verstehen, dass sie nun seit mehr als zwei Jahrzehnten ihr Dasein und Selbstverständnis wieder allenthalben rechtfertigen muss? Jedenfalls ergibt sich der Eindruck einer tiefgreifenden disziplinären Krise, wenn man im Jahr 2007 liest, dass der Wandel hin zu einer Bildwissenschaft nichts Geringeres als die »Überlebensfrage« der gesamten Forschungsrichtung bedeute.[78] Bereits ein Jahrzehnt zuvor hatte Horst Bredekamp auf dem Deutschen Kunsthistorikertag in München 1997 einen grundlegenden »Rahmenwechsel« eingefordert, »wenn die Kunstgeschichte als intellektuelles Fach auf der Höhe der Zeit fortbestehen will«[79]. Dies geschah unter anderem in Auseinandersetzung mit Hans Belting, der, wie gesehen, 1983 die Frage nach dem Ende der (›klassischen‹) Kunstgeschichte aufgeworfen hatte und dieses Ende in seiner »Revision nach zehn Jahren« dann nicht nur als Tatsache feststellen sollte, sondern allein in einer »Aus-Rahmung« des Faches dessen Zukunftsperspektive sah.[80] Muss die Kunstgeschichte also konsequent den Ballast der ›Kunst‹ abstreifen, um sich endlich in echte (Bild-)Wissenschaft verwandeln zu können?

Festzuhalten ist zunächst, dass es sich dabei um eine Diskussion vor allem im deutschsprachigen Raum handelt. In anderen Ländern – voran der angloamerikanischen Forschung – werden zwar ebenfalls seit Jahrzehnten neue *turns* ausgerufen und erprobt (unter anderem wurde der Begriff des *pictorial turn* von W.J.T. Mitchell 1992 geprägt, siehe unten). Aber diese stell(t)en die Disziplin als solche nicht ähnlich umfassend infrage. So bezieht sich eine der am dramatischsten formulierten Reflexionen zur aktuellen Situation der US-amerikanischen Kunstgeschichte von Hal Foster (1996) allein auf die Kluft zwischen modernem Kunstschaffen, Kunstgeschichte und musealer Präsentation, für die gefragt wird, ob die *Visual Studies* sie überbrücken könnten – ohne damit die ›vormoderne‹ Kunstgeschichte zu behelligen: »not only has modernist art fallen into ruins, but art history departments and modern art museums are in flames, and the inferno is not only epistemological«[81]. Die aktuelle »crisis in Art History« resultiert in den USA aus anderen Gründen.[82]

Man könnte darauf verweisen, dass die US-amerikanische Diskussion bereits seit den 1970er Jahren an einer *New Art History* arbeitet; dass vor allem an nordamerikanischen Universitäten anders als in Deutschland die Kunstgeschichts-Departments seit Langem die Archäologien und außereuropäischen Kunstgeschichten mit umfassen. Und dass die Größe dieser Universitäten es erlaubt, etwa auch *Visual Studies* und *Material Culture Studies* als eigene Studienrichtungen anzubieten – die ›Aus-Rahmung‹ dort also einfach schon stattgefunden habe. Zugleich diskutiert diese global aufgestellte Kunstgeschichte die Probleme, die sich aus den westlichen Konzepten von Kunst, Werk, von Epochenbegriffen usw. ergeben, viel selbstverständlicher und selbstkritischer. Und dennoch scheint *Art History* als disziplinärer Sammelbegriff weithin unproblematisch: Bei einem Buch wie Whitney Davis' *A General Theory of Visual Culture* (2011) etwa kann ein Rezensent loben, dass es »one of the most ambitious and potentially foundational books on art history in recent decades« sei, das auf eine »conceptual reorganization of art history's fundamental terms of engagement with objects« abziele, und zugleich bemängeln, dass es die im Titel aufgerufenen *Visual Studies* selbst kaum adressiere, daraus jedoch keinerlei Konsequenzen für die etablierte Benennung und Zuordnung zur Disziplin *Art History* ziehen.[83]

Zurück zur deutschsprachigen Forschung: Hier versammelten sich die Bemühungen um einen methodischen und inhaltlichen ›Rahmenwechsel‹ des Faches seit den 1990er Jahren vor allem unter dem Schlagwort einer Bildwissenschaft. Allerdings wurden und werden damit so verschiedenartige Positionen bezeichnet, dass sich deren Gemeinsamkeiten vor allem ex negativo – über die gemeinsame Gegenreaktion auf die bisherige Kunstgeschichte – bestimmen lassen. Die Kritik richtete sich zum einen gegen den (vermeintlichen) Fokus auf die ›Hochkunst‹ bei Vernachlässigung aller anderen Artefakte bzw. Bilder. Wenn es, so die Hoffnung, nun nicht mehr um Kunst, sondern um Bilder im weitesten Sinne gehe, dann wären auch die aus der westlichen Kategorie ›Kunst‹ resultierenden Probleme mehr oder weniger obsolet. Zweitens wurde eine unangemessene Analyse des Visuellen durch Übertragung von sprachförmigen Vorstellungen und Kategorien auf formale Struktur und Bedeutungsgenerierung der Bilder sowie eine einseitige Bevorzugung von in Philosophie, Sprach- und Literaturwissenschaften entwickelten Theorien und Methoden kritisiert. Gegen die Jahrhunderte währende Dominanz von Schrift in der (westlichen) Kultur gelte es, die Macht des Visuellen, den Eigenwert und die Eigendynamik von Bildern und Artefakten (wieder) zu erkunden und in ihr Recht zu setzen. Hier treffen sich auch die Bestrebungen der Bildwissenschaft mit dem neuen Interesse am Globalen. Scheint doch in vielen Bereichen der nicht-westlichen Kunst(geschichte) bzw. in den Disziplinen, die sich mit nicht-westlicher Kunst beschäftigen, wie der Ethnologie, diese Macht des Visuellen noch viel stärker präsent. Eine dritte, wissenschaftspsychologische Motivation wurde dagegen kaum thematisiert: das in den 1980er/90er Jahren – in der Phase der Anlehnung vor allem an Philosophie, Sprach- und Literaturwissenschaften – akkumulierte ›Minderwertigkeitsgefühl‹ des Faches, das sich mithilfe des interdisziplinär interessanten Themas Bildwissenschaft wieder zu einer geisteswissenschaftlichen ›Leitdisziplin‹ aufzuschwingen hofft(e).[84]

Als W.J.T. Mitchell 1992 einen *pictorial turn* einforderte, ging es ihm bereits in aller Deutlichkeit um diese »postlinguistic, postsemiotic rediscovery of the picture«[85]. Schon zuvor hatte er in seiner Studie zu einer neuen Ikonologie (1986) die Bedeutung des ›Ikon‹ bzw. des Bildlichen gegenüber dem ›Logos‹ der Sprache herauszustellen versucht. Die epistemische Eigenständigkeit der Bilder versuchte Mitchell dabei im ›Eigenleben‹ der Bilder zu fassen – wie es der Titel seines Buches von 2005 *What Do Pictures Want* (deutsch als: *Das Leben der Bilder*) auf den Punkt bringt: Die visuelle Macht der Bilder resultiere in letzter Konsequenz nicht aus den Reaktionen, Gedanken und psychologischen Projektionen der Betrachtenden. Vielmehr agieren, so die Grundthese, die Bilder tatsächlich selbsttätig.[86] Ansätze in diese Richtung finden sich bei Rudolf Arnheim und George Kubler schon in den 1960er Jahren.[87] David Freedberg hatte 1989 in einer wegweisenden Studie die »Macht/Kraft der Bilder« (*The Power of Images*) noch aus den psychologischen Projektionen der Betrachter begründet. Begleitet wurde die Übertragung der Aktionskraft auf die Bilder und Objekte selbst durch die Actor-Network-Theory, die zu Beginn der 1990er Jahre der Soziologe und Philosoph Bruno Latour sowie der Anthropologe Alfred Gell dahingehend ausgebaut hatten, dass in einem solchen ›Netzwerk‹

nicht nur Lebewesen, sondern auch die Gegenstände in gewisser Weise als eigenständige ›Agenten‹ bzw. Aktanten zu verstehen sind.[88] Diese Idee fügt sich in den übergreifenden, ebenfalls von Latour maßgeblich mitformulierten Versuch einer grundlegenden Kritik des westlichen Denkens in Dichotomien von Lebewesen und Dingen, Natur und Kultur und einer Korrektur unserer Vorstellungen zur Moderne als Resultat von Aufklärung, logikgesteuertem Vorgehen und Fortschritt. Den ›Hybrid-Dingen‹ der Welt ist dieser Theorie folgend mit den scheinbar klar definierten Kategorien und Grundannahmen der Moderne nicht mehr beizukommen. Man kann Latour dahingehend missverstehen, dass auch Wissenschaft die ›Fesseln‹ der Logik und Sprache überwinden und etwa deswegen die (vermeintlich) eigengesetzliche Macht der Bilder nicht analysieren, sondern beschreibend nachempfinden muss.

Im deutschsprachigen Kontext gewann die Auseinandersetzung mit der Bilderfrage in Philosophie, Literaturwissenschaften und Kunstgeschichte ebenfalls um 1990 neues Interesse.[89] Wobei die philosophischen Auseinandersetzungen zwischen phänomenologischen und semiotischen Positionen, verkürzt gesagt: zwischen Theorien zur primär reinen Sichtbarkeit (dem Bild ›an sich‹) und zur primär zeichenhaften Lesbarkeit (dem Bild in seiner Beziehung auf anderes), stets auf ›das Bild‹ im Sinne einer alle denkbaren Bilder umfassenden und erklärenden (daher auch sehr allgemeinen) Theorie abzielen und so für das Verständnis spezifischer Werke, kunsthistorischer Situationen und Entwicklungen teils erstaunlich wenig konkrete Einsichten und Perspektiven eröffnen.

Eine Brücke zwischen den Disziplinen wurde dagegen durch den Philosophen und Kunsthistoriker Gottfried Boehm geschlagen. Boehm spricht 1994 erstmals von einem *iconic turn*. Ausgehend vor allem von Hans-Georg Gadamer arbeitet er an einer erweiterten Hermeneutik der Bilder, die auf die Frage abzielt, wie Bilder mittels ihrer formalen Elemente eigenständig – im Unterschied zu Sprache und Logik – Sinn erzeugen, ein Prozess, den Boehm als »ikonische Differenz« bezeichnet (s. S. 169). Dabei bleibt für Boehm, anders als für Mitchell, den vorrangig die bildliche Wirkmacht und der politische, wissenschaftliche und gesellschaftlich-populäre Bildgebrauch interessieren, das ›Kunst-Bild‹ weiterhin die höchste Herausforderung.

Deutlich anders gelagert ist dagegen das bildwissenschaftliche Interesse Hans Beltings. Dieser hatte zunächst die Wirkungs- und Rezeptionsgeschichte von (Ab-)Bildern (*Das Bild und sein Publikum im Mittelalter*, 1981) und dann die übergreifende Frage nach der »Geschichte des Bildes vor dem Zeitalter der Kunst« (*Bild und Kult*, 1990) untersucht. Ausgehend von diesen Rekonstruktionen historischer Konstellationen und Veränderungen der Bildgeschichte gelangt er zu der Frage nach menschlichen Konstanten des Bildverständnisses und -gebrauchs im geschichtlichen und geografischen Wandel (*Bild-Anthropologie. Entwürfe für eine Bildwissenschaft*, 2001). Dabei werden die Thesen zu Körper, Lebendigkeit und Tod, Zeit, Raum und Repräsentation anhand konkreter Beispiele und Visualisierungsmöglichkeiten aus einem breiten medialen, funktionalen und räumlichen Spektrum entwickelt – im Unterschied zu Boehm geht es hier nicht um eine systematische Bestimmung der ikonischen Differenz des Bildes, d.h. aller Bilder gleichermaßen, sondern Belting geht von einem anthropologischen Impuls des ›Bilder-Machens‹ aus, versteht das menschliche Produzieren aber pluralistisch.[90]

Die engste Auseinandersetzung mit Mitchells Positionen findet sich bei Horst Bredekamp. Dieser hatte zunächst in einer Buchtrilogie politische (*Thomas Hobbes' visuelle Strategien*, 1999), philosophische (*Die Fenster der Monade. Gottfried Wilhelm Leibniz' Theater der Natur und Kunst*, 2004) und naturwissenschaftliche (*Galilei der Künstler*, 2007) Bilder untersucht – immer auch und im letzten Fall programmatisch in ihrem Wechselverhältnis zu ›Kunst-Bildern‹. Bredekamp radikalisiert seinen historisch-exemplarischen Zugriff in der *Theorie des Bildakts* (2010): Das Bilder-Produzieren, verstanden im Sinne alles Gestaltens der menschlichen Umwelt, wird nun als anthropologische Konstante von den ersten Menschen bis heute verfolgt. Für jedes Artefakt sei seine »Doppelexistenz [...] als geschaffenes Objekt und autonomes Subjekt« entscheidend. Die damit zugestandene Autonomie und eigenständige Bildmacht wird in Abwandlung der bereits von Søren Kjørup auf Bilder erweiterten *speech act theory* sowie von Überlegungen Gells, Latours, Mitchells und philosophischer Verkörperungstheorien als ›Bildakt‹ zu fassen versucht, der sich nochmals in die drei Formen schematischer, substitutiver und intrinsischer Bildakte differenzieren lässt.

Vor allem an dieser Vorstellung von selbsttätiger ›Bildmacht‹, von *agency* und ›Bildakt‹, scheiden sich in den letzten Jahren die Geister: Einerseits wird ein entscheidender Beitrag für eine erweiterte Neubestimmung von Wahrnehmung, Bildepisteme und symbolischer Kommunikation gelobt[91]; andererseits ein nachdrücklicher *rappel à l'ordre* formuliert, nicht schon die (an sich legitime, ja unbedingt notwendige) Beschreibung der (historischen und/oder anthropologischen) Wirkung von Artefakten und Bildern, deren Wahrnehmungsweisen, Reaktionen und psychologische Projektionen – in stärkster Form eine Art Dingmagie und Animismus – mit wissenschaftlicher Analyse gleichzusetzen und zu verwechseln.[92] Kritisiert wurde zudem die Überbetonung des Bildes, das als Kategorie weder verlustfrei auf dreidimensionale Artefakte übertragen werden noch die ›bewegten Bilder‹ des Films oder die zunehmend dominierenden virtuellen Bildräume adäquat erfassen könne.[93]

In jedem Fall haben die Diskussionen um die Bildwissenschaft – und das ist nicht hoch genug einzuschätzen – entscheidend dazu beigetragen, die Bedeutung der Bilder im weitesten Sinne und die Notwendigkeit einer wissenschaftlichen Auseinandersetzung damit in einer größeren Öffentlichkeit und interdisziplinären Diskussion zu verankern. Zugleich bewirkten sie, dass die alten Grenzen der (deutschsprachigen) Disziplin Kunstgeschichte, die sich zumeist aus pragmatischen Gründen oder nur aus intellektueller Bequemlichkeit so ergeben hatten und gar nicht programmatisch begründet waren, endgültig aufgelöst und eine umfassende Perspektive wieder denkbar wurde: Kunstgeschichte heute geht von keiner Hierarchie der Medien und Gattungen aus oder fokussiert überhaupt nur ›Hochkunst‹. Sie umfasst alle mit ästhetischem Anspruch produzierten Artefakte – und hat dafür eine lange Tradition.[94]

Allerdings lässt sich nicht nur auf die hochstilisierte eine Lichtgestalt um 1900, Aby Warburg, verweisen.[95] Bereits die antiquarische Forschung vor Winckelmann hatte sich für antike Statuen ebenso wie für die Öllampen und andere Gebrauchsgegenstände des Altertums interessiert und diese wissenschaftlich zu erfassen und zu klassifizieren versucht. Gottfried Sempers wie dann Alois Riegls bahnbrechende Überlegungen zum Stil gehen von Textil, Keramik und Ornament aus. Walter Benjamin legt eine *Kleine Geschichte der Photographie* (1931) vor. Rudolf Arnheim schreibt über *Film als Kunst* (1932), Sigfried Giedion über *Die Herrschaft der Mechanisierung. Ein Beitrag zur anonymen Geschichte* (engl. 1948, dt. 1982). Und auch in der philosophischen Ästhetik argumentierte bereits John Dewey mit *Kunst als Erfahrung* (engl. 1934, dt. 1987) dafür, nicht von der ›Hochkunst‹, sondern von alltäglichen Kunstformen auszugehen. So sehr man die Epochenkunstgeschichte eines Wilhelm Pinder oder die Ikonografie/Ikonologie Erwin Panofskys kritisieren kann – für Pinder galten die Stilgesetze von der gotischen Kathedrale bis zum Schnabelschuh, Panofsky zog für seine Inhalts- und Kontextinterpretationen alle Bildformen heran. Nicht verschwiegen sei allerdings auch, dass etwa Julius von Schlosser, dessen Arbeiten zu den *Kunst- und Wunderkammern der Spätrenaissance* (1908) oder zur *Geschichte der Portraitbildnerei in Wachs* (1911) früh die engen Grenzen der Disziplin erweiterten, wie er selbst konstatierte, gleichwohl aufgrund seiner späten Beschäftigung mit Benedetto Croces Ästhetik daran festhalten sollte, dass das »eigentliche, tiefste Grundproblem aller Kunstgeschichte [...] in der Scheidung von ›Kunst‹ und ›Nichtkunst‹« bestehe.[96]

Die Kunstszene selbst thematisierte diese Fragen spätestens seit Marcel Duchamps *Ready-mades* (ab 1913/14) und Andy Warhols *Brillo Boxes* (1964). Mel Bochner stellte sie unter ganz eindeutigem Titel aus mit seinen *Working Drawings and Other Visible Things on Paper Not Necessarily Meant to be Viewed as Art* (1966; bezeichnenderweise ›re-enacted‹ 1998). Allerdings spielt dieser künstlerische Beitrag – ebenso wie die bereits 1968/69 formulierten und teils umgesetzten Forderungen nach einer »Transformation der Kunstgeschichte zu einer allgemeinen kritischen ›Bildwissenschaft‹« – in der Selbsthistorisierung und -genealogisierung der heutigen Bildwissenschaft keine große Rolle.[97] Schließlich beschäftigt sich Kunstgeschichte mit Artefakten zu allen Zeiten und an allen Orten – die Rückkehr zu einer globalen Perspektive, wie sie bis in die 1920er Jahre selbstverständlich von der Kunstgeschichte verfolgt worden war, ist ebenfalls längst überfällig gewesen (s. S. 125 ff.).

Bildwissenschaft – und das gilt laut Whitney Davis in vieler Hinsicht auch für die *Visual Studies* – anstelle oder auch (nur) als entscheidende ›Aus-Rahmung‹ der Kunstgeschichte bleibt so letztlich eine »Scheinalternative«.[98] Und dies nicht nur, weil die bildwissenschaftlichen Ziele eigentlich von Anfang an zu den

Anliegen einer reflektierten Kunstgeschichte zählten, wie umgekehrt Bildwissenschaft ohne ein methodisches kunsthistorisches Fundament kaum möglich ist. Sondern vor allem auch, weil zentrale Aufgaben: das Problem wissenschaftlicher Formanalyse, die Frage der Beurteilung ästhetischer Kategorien, der Umgang mit dem Konzept Kunst usw., als unumgehbare Herausforderungen jeder Auseinandersetzung mit Artefakten, Bildern und Architekturen in aller Dringlichkeit weiter bestehen bleiben. Ein wissenschaftlicher Ansatz, der sich gegen Kunst auf alle Bilder gleichermaßen richten will, bleibt gerade in einer Zeit, für die einerseits alles Kunst werden kann, die sich andererseits in neuer Weise über die Bildlichkeit hinaus für das Materielle, das Machen, das Zusammenspiel aller Sinne und die neuen immersiven Räume des Virtuellen interessiert, unbefriedigend.

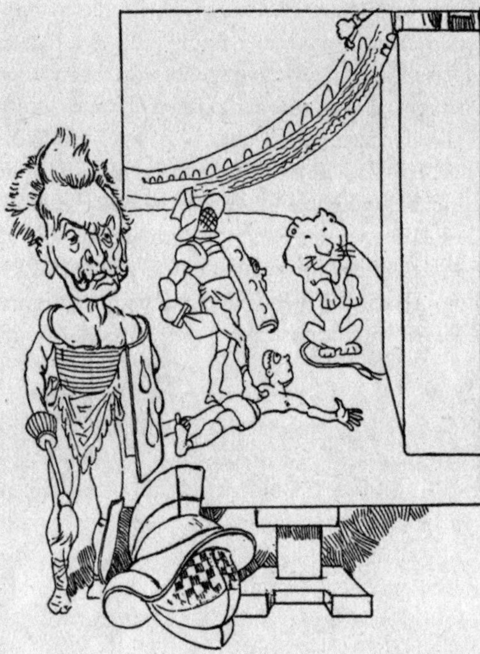

GÉROME (JEAN-LÉON). — Nouveau *Pollice verso.*

Caran d'Ache & Luque: *Peintres & Chevalets,* Paris [1887], S. 4.

2. Geschichte

So herausfordernd schon das Konzept von Kunst und seine Folgen sind, »das wissenschaftliche Basisproblem der Kunstgeschichte« potenziert sich noch beim Versuch, diese Vorstellung von (zeitlos gültiger) Kunst mit derjenigen von Geschichte und ihrem zentralen Interesse am Wandel zu verbinden. Die Schwierigkeit wurde in den Jahren um 1900 mehr oder weniger explizit erkannt. Sei es, dass man sie zunächst durch die Denkfigur und Formel ›Ars una – species mille‹ (eine Kunst, aber in tausend verschiedenen Erscheinungsformen) zu entschärfen versuchte. So wurde zugleich eine Weltkunstgeschichte mit ihren ganz unterschiedlichen Ästhetiken, Objekten und Entwicklungen denkmöglich.[99] Oder sei es, dass man sie später maximal zuspitzte: »Die Aufgabe, Kunst und Geschichte zu vermitteln, d.h. Kunst-Geschichte zu schreiben, endet in einem Paradox: entweder Kunst, dann aber keine Geschichte – oder Geschichte, dann aber keine *Kunst*geschichte.«[100] Der folgende Teil analysiert Problemstellungen, die sich aus diesem Bemühen um eine Geschichtsschreibung der Kunst ergeben. Ein dritter, ebenfalls um 1900 begonnener Versuch, die Disziplin von einer Kunst*geschichte* zu einer Kunst*wissenschaft* zu transformieren, da eben die Beschäftigung mit und Akkumulation von historischen Einzelfällen und Fakten nie zu einer übergreifenden systematisch-theoretischen Erkenntnisebene von Kunst führe, wird in Teil III. ›Wissenschaft‹ aufgegriffen.

Artefakte und/als Geschichtsquellen

Jedes Artefakt, jede Architektur, jedes Bild ist selbstverständlich immer eine Geschichtsquelle und hat einen historischen »Erinnerungswert«, wie schon Alois Riegl feststellte.[101] Die Frage, der dieses Kapitel nachgeht, ist daher enger zu verstehen: Wann und wie werden Artefakte und Bilder als Geschichtsquellen mit spezifischem Aussagewert, teils als einzige verfügbare Zeugnisse überhaupt verstanden, von der Schwesterdisziplin Geschichte auch als solche akzeptiert und produktiv in größere Argumentationszusammenhänge einbezogen? Oder anders formuliert: Wann und wie schaffen es Artefakte und Bilder, die Dominanz der Textquellen als vermeintlich wichtigstem Zugang zur Vergangenheit aufzubrechen? Besonders eindrücklich erkennen lässt sich, wie die Kunstgeschichte nicht nur zentrale Einsichten erzielte, sondern auch, wie sie diese teils in kürzester Zeit wieder vergessen konnte, ja ihre Gegenstandsbereiche und Erkenntnisansprüche durch selbst installierte »grenzpolizeiliche Befangenheit« vielfach eingeschränkt hat.[102]

Zunächst begann alles erstaunlich offen und mit umfassendem Anspruch: So bezog die neuzeitliche Geschichtsschreibung im Europa des 14. und 15. Jahrhunderts von Anfang an die (tendenziell gesamte) materielle Überlieferung aus der Antike mit ein. Petrarca studierte antike Münzen und Monumente. In der Chronik des Giovanni Mansionario wurden um 1320 dem Text erstmals einigermaßen systematisch Zeichnungen nach den Münzbildnissen beigefügt. Diese stehen so am Anfang der späteren Flut historischer Porträts, mit denen die Neugierde und zugleich die Idee befriedigt werden sollte, die Physiognomie verrate Entscheidendes über das Wesen einer Person. Um 1400 betonte der Byzantiner Manuel Chrysoloras, wie wichtig auf seiner Rom-Reise die *autopsia* – das Sehen der Relikte der Vergangenheit mit eigenen Augen – für sein Geschichtsverständnis sei. Das Bemühen um eine Gesamtrekonstruktion der antiken Kultur geordnet nach *mores et instituta*, wie sie Flavio Biondo entwickelte, führte bereits wenige Jahrzehnte später nördlich der Alpen – zwischen 1493 und 1497 in Augsburg und Nürnberg – zum (abgebrochenen) Projekt einer illustrierten Enzyklopädie der Antike, dem *Archetypus triumphantis Romae*. Im Folgenden wurde der dokumentarische Wert von Abbildungen nicht nur durch neue Darstellungstechniken wesentlich verbessert, sondern auch schon im 16. Jahrhundert sehr differenziert theoretisch diskutiert. Bereits um die Mitte des 15. Jahrhunderts hatte zudem Leon Battista Alberti betont, dass die ägyptischen Hieroglyphen als Bilder und ›natürliche Zeichen‹ im Unterschied zu konventionell-arbiträren Schriften den Vorzug hätten, zu allen Zeiten verstanden zu werden. Und der reisende Kaufmann und Antiquar Ciriaco d'Ancona maß den materiellen Relikten der Vergangenheit gleich insgesamt »mehr Glaubwürdigkeit und Zeugniswert« zu als den viel leichter manipulier- und korrumpierbaren Texten.

Im Gefolge der Erkundung und Kolonialisierung der Welt begann man sich in den Jahren um 1600 auch für die anthropologische Dimension und die globale Entwicklungsgeschichte von Artefakten und des Bildermachens zu interessieren. Ein Höhepunkt der Bemühungen stellt dabei die 1697 publizierte *Storia universale, provata con monumenti, e figurata con simboli degli antichi* des Astronomen und Historikers Francesco Bianchini dar. Dieser versuchte erstmals, über eine Zusammenstellung von (mythologischen) Bildzeugnissen aus verschiedenen Kulturen und Zeiten in Erinnerungsschichten des menschlichen Geistes und der Geschichte vor dem Einsetzen schriftlicher Überlieferungen zurückzugelangen und diese auf Grundlage des Visuellen zu rekonstruieren. Komplementär dazu wird Giambattista Vico wenige Jahre später erstmals konsequent die kulturelle Konditionierung der Sprachen herausarbeiten, wodurch frühe Stufen unmittelbarer Naturlaute, Metaphern und Bildfantasien überdeckt worden seien.[103] Das Vorhaben einer umfassenden Kulturgeschichte, wie es im Laufe des 18. Jahrhunderts entwickelt wurde, interessierte sich dann für alle Manifestationsformen des menschlichen Geistes. Bezeichnenderweise finden sich um 1700 auch erste Zeugnisse dafür, das aktuelle, erfolgreiche Argumentationsmodell für historische Artefakte auf die Geschichte der Natur oder »Natural Antiquary« zu übertragen.[104] Argumentieren ließ sich so, dass etwa eine (versteinerte) Muschelschale in einer Gesteinsformation die Veränderungen der Erdoberfläche viel eindeutiger und länger bezeuge als die sonst für die Frühzeit der Erdgeschichte (mit ihren knapp 5000 Jahren seit dem göttlichen Schöpfungsakt) exemplarisch herangezogenen Hieroglyphen und Pyramiden. Knapp zweihundert Jahre später wird sich dieses Verhältnis von Kultur- und Naturforschung dann ins genaue Gegenteil verkehrt haben: Die Evolutionslehre sollte ein neues Modell für das Ordnen und die Abfolge von Artefakten liefern (s. S. 189 f.).

Anders als es diese zunehmende Wertschätzung und Einsicht in die Bedeutung aller Artefakte, Architekturen und Bilder als Überlieferungsträger erwarten ließen, vollzogen die beiden nächsten, wirkmächtigen Schritte auf dem Weg zu einer ›wissenschaftlichen Begründung‹ der Kunstgeschichte eine radikale Kehrtwende: Winckelmann forderte, nicht mehr – wie die vorausgehende antiquarische Forschung, voran Bernard de Montfaucons Bilderenzyklopädie der *L'Antiquité Expliquée* (15 Bde., 1719–1724) – die gesamte materielle Kultur des Altertums, sondern allein ›wirkliche Kunstwerke‹ für die in Aussicht gestellte neuartige Stilgeschichte in den Blick zu nehmen. Mochte für die Erforschung der Kunst der (griechischen) Antike angesichts spärlich überlieferter Quellen und Fakten eine solche rein »ästhetische Kritik« als einzig gangbarer Weg erscheinen, so wurde doch die Perspektive des zukünftigen Faches Kunstgeschichte radikal auf ›Hochkunst‹ verengt.

Dagegen verlegte sich Carl Friedrich von Rumohr, dessen Interesse der viel reicher dokumentierten Kunst Italiens vom 14. bis 16. Jahrhundert – also dem von Vasari geschilderten Zeitraum der ›Wiedergeburt der Künste‹ – galt und dessen *Italienische Forschungen* (1827–1831) häufig als die eigentliche Verwissenschaftlichung der Kunstgeschichte angeführt werden, vor allem auf präzise historische Quellenarbeit zu einzelnen Werken und Künstlern. Nicht die materielle Überlieferung, sondern die Texte traten in den Vordergrund, denn (II, 1827: V): »Nicht selten setzen die Urkunden ein geschichtliches Verhältnis ungleich besser ins Licht, als die gelungenste Entwicklung.« Relativierend zu den forschungsgeschichtlichen Heroisierungstendenzen dieser beiden Gestalten ist allerdings gleich auch anzumerken, dass schon einige Zeitgenossen kritisierten, »daß, so groß Winckelmanns Gelehrsamkeit in den Altertümern war, so eingeschränkt war seine Kenntnis in den bildenden Künsten«; und dass schon über fünfzig Jahre vor Rumohr Christoph Gottlieb von Murr ganz ähnlich die »Urkunden für die sichersten Hülfsmittel zur Erklärung alter Monumente und insonderheit zur Kunstgeschichte« gehalten hatte.[105]

Man könnte nun meinen, dass im gleichen Zeitraum und korrigierend zu dieser kunsthistorischen Fokussierung auf ›Hochkunst‹ und Textquellen die Kulturgeschichtsschreibung einsetzte und damit das Interesse für sämtliche Medien und Formen kultureller Kreativität und symbolischer Sinnstiftung in der Nachbardisziplin gestärkt wurde: mit Publikationen wie Gustav Klemms weltumspannender, mit Illustrationen versehener *Allgemeiner Cultur-Geschichte der Menschheit* (1843–1852) und mit

Jacob Burckhardts wesentlich enger fokussierter *Cultur der Renaissance in Italien* (1860) als frühen Höhepunkten. Allein so wichtig gerade Burckhardts Arbeiten für beide Disziplinen auch waren, gelang es ihm bezeichnenderweise nicht, seine kunstwissenschaftlichen Forschungen in seine kulturgeschichtliche Gesamtdarstellung wirklich zu integrieren. Kaum überraschend favorisierte die sich formierende ›moderne‹ Geschichtswissenschaft im 19. Jahrhundert daher vor allem politische Personen- und Nationen-/Staatengeschichte als höchstes Erkenntnisziel, wobei sie eben ausgehend von ihren philologischen Wurzeln fast ausschließlich auf Text- und Quellenkritik setzte. Daneben wuchs zwar das Interesse auch an Kulturgeschichte, in die allerdings Artefakte, Bilder und Kunst – von wenigen Ausnahmen wie der *Sittengeschichte* des Eduard Fuchs (6 Bde., 1902–1912) oder Johan Huizingas *Herbst des Mittelalters* (niederl. 1919, dt. 1924) abgesehen – zunächst kaum anders denn ›illustrierend‹ einbezogen wurden.

Mit dem Verdikt der ›unwissenschaftlichen‹ antiquarischen Forschung der Frühen Neuzeit gerieten jedenfalls auch deren ehedem umfassende Objekt- und Bildinteressen wie die ansatzweise globale Perspektive wieder in Vergessenheit. Und so musste Moritz Thausing, als er 1873 zum außerordentlichen Professor für Kunstgeschichte an die Universität Wien berufen wurde, in seiner Antrittsrede das aus heutiger Sicht eigentlich Selbstverständliche eigens betonen, dass es zweierlei Quellen in seinem Fach gebe, nicht nur die Texte, sondern eben auch die Monumente bzw. Bilder.[106] Diese waren allerdings erst in diesem Moment auch wirklich vollgültig als Geschichtsquellen zu erkennen. Denn es bedurfte für ein solches konsequent historisierendes Verständnis auch der in diesen Jahren vor allem in der Wiener Schule der Kunstgeschichte, zwischen Thausing selbst und Alois Riegl, entwickelten Einsicht, dass Kunstwerke keine absoluten, zeitlosen Schönheitsnormen, sondern einzig kultur- und kontextbedingte, relative Qualitäten umsetzen (s. S. 56 f.).

Damit waren freilich das Verhältnis zwischen Artefakten und Textquellen und ihre jeweilige Bedeutung für die Disziplin keineswegs geklärt, vielmehr die teils heute noch nachwirkenden (Extrem-)Positionen nachdrücklich bezeichnet. Man kann die Interpretation von Kunstwerken in ihrem visuellen Befund als den ›eigentlichen‹, spezifischen Gegenstand des Faches verstehen, zu dem historische, philologische, soziologische und andere Ansätze quasi nur als Hilfswissenschaften hinzutreten – wie es etwa der amerikanische Kunsthistoriker Bernard Berenson 1902 tat: »In a sense, the works of art themselves are the only materials of the student of the history of art.«[107] Oder aber man begreift die Kunstgeschichte im großen Horizont der Kulturgeschichte, für die Texte und Artefakte gleichermaßen als Quellen dienen. Dafür kann Berensons Zeitgenosse Carl Frey einstehen, der nachdrücklich auf Artefakte und Texte als Geschichtsquellen verwies, gleichwohl den Textquellen und der philologischen Kritik der Kunstliteratur eine verlässlichere Bedeutung als den immer auch subjektiven Deutungen der formal-künstlerischen Aspekte von Artefakten zubilligte: »Die neuere Kunstgeschichte hat die Fühlung mit den übrigen historischen Disciplinen verloren, aus denen sie erwachsen ist. Eine engere Begrenzung der Studien hat Platz gegriffen, eine atomistische Behandlungsweise, eine den Naturwissenschaften entlehnte experimentelle Methode, vermöge deren das einzelne Kunstwerk, selbst das von Meistern zweiten und dritten Ranges, losgelöst aus seinem geschichtlichen Zusammenhange untersucht und nach seinen Merkmalen klassificirt wird. Neuere Kunstgeschichte ist aber in erster Linie Culturgeschichte. [...] Geschichte wird wahrhaft fruchtbringend erst betrieben werden können bei einer ausreichenden Kenntniß sämmtlicher Quellen, nicht bloß der schriftlichen, sondern auch der monumentalen.«[108]

Bei seiner Kritik an einer naturwissenschaftlich klassifizierenden Vorgehensweise scheint Frey darüber hinaus auf die Grundlegung einer ethnologischen »Culturwissenschaft« zu reagieren, mit der Edward B. Tylor sein knapp tausendseitiges Werk *Die Anfänge der Cultur. Untersuchungen über die Entwicklung der Mythologie, Philosophie, Religion, Kunst und Sitte* (engl. 1871, dt. 1873) eröffnet. Während die allermeisten vorausgehenden historischen Untersuchungen herausragende Leistungen und Persönlichkeiten feierten, betont Tylor die gemeinsamen anthropologischen Grundlagen und Gemeinsamkeiten des Fühlens, Denkens, Handelns und Herstellens, die nicht nur auf ›primitiven Entwicklungsstufen‹ übergreifenden, interkulturell vergleichbaren »Gesetzen« folgten, sondern es auch erlaubten, ›hochstehende‹ Kulturen auf »einige wenige typische Tatsachen« (1873: 11) zurückzuführen. Das »allgemeine Studium des menschlichen Lebens«, die historische Entwicklung der alle Angehörigen einer Kultur verbindenden (Völker- oder Sozial-)Psychologie ließ sich so als »Zweig der Naturwissenschaften« verstehen (1873: 2). Dabei interessierten bei Artefakten, die in der Ethnologie und Vorgeschichtsforschung ja zumeist ohne zugehörige Textquellen, ohne genaue Datierung und teils ohne jeden Kontext vorliegen, weniger einzelne künstlerische Meisterwerke als die Menge der Objekte, die sich wie in der Naturkunde nach einzelnen Objektgattungen klassifizieren und in Entwicklungsreihen ordnen ließen (dazu mehr S. 189 f.).

Nun hatten durchaus auch Vertreter der Kunstgeschichts- und Geschichtswissenschaft die zentrale Bedeutung, die den Artefakten insbesondere für die Erforschung schriftloser Kulturen und Zeiten zukam, frühzeitig erkannt. So betonte Eduard Dobbert, Professor an der Königlichen Akademie der Künste in Berlin und zugleich an der Technischen Universität, bereits 1886: »weil die Kunstdenkmäler in vielen Fällen die einzigen Ueberreste längst verflossener Culturzustände sind, gleichsam die in Stein gehauene Geschichte der Vorzeit, so bildet die Kunstforschung einen der allerbedeutendsten Theile der geschichtlichen Forschung überhaupt.«[109] Auch der »unermüdliche Vorkämpfer einer gänzlichen Umgestaltung der historischen Wissenschaft« Karl Lamprecht verwies um 1900 und im Zusammenhang des damals tobenden ›Methodenstreits‹ der Historiker nicht nur darauf, dass sich für »niedere Kulturen« deren »Phantasietätigkeit« allein aus den Relikten ihrer bildenden Kunst rekonstruieren lasse. Lamprecht betonte auch ganz im Sinne Tylors, dass die »kulturhistorische Methode [...] steht und fällt mit der Annahme einer absoluten Kausalität auch auf geistigem [und eben nicht nur naturwissenschaftlichem] Gebiete«. Für sein Projekt sollte Lamprecht um 1909 in Leipzig sogar ein eigenes Institut für Kultur- und Universalgeschichte gründen.[110] All dies änderte freilich zumindest im deutschsprachigen Bereich nichts daran, dass Artefakte und Bilder in der Geschichtswissenschaft ein Randthema blieben (trotz Ansätzen zu einer »Historischen Bildkunde« und einigen Arbeiten vor allem zu den Denkmälern mittelalterlicher Herrschergeschichte) und dass selbst bei der Kunstgeschichte sowohl die Kunst der Vorzeit, die Kunst der ›Primitiven‹ wie auch die ›Weltkunst‹ insgesamt nicht im Zentrum der Disziplin ankamen, vielmehr nach den 1920er Jahren wieder aktiv ausgegliedert und so nachdrücklich an andere Fächer ›abgetreten‹ wurden, dass man sie erst Jahrzehnte später neu als Herausforderung entdecken musste.

Ausgerechnet Josef Strzygowski, damals der *bad guy* der Disziplin, Leiter des »1. Kunsthistorischen Instituts der Universität Wien« und eine äußerst ambivalente Forscherpersönlichkeit, formulierte mit am deutlichsten, dass die Rückbindung an einen jeweiligen aktuellen Wahrnehmungshorizont und die damals neue Idee, Epochenbezeichnungen zugleich als Wesensbestimmungen zu verstehen, auch eine entscheidende Emanzipation des Artefakts bedeuten konnten: »Indem man die Schlagworte des wechselnden Zeitgeschmacks: Naturalismus, Illusionismus, Impressionismus, jetzt Expressionismus usw. auf die ›Antike‹ und ›Gotik‹ übertrug und erstere so dem heiligen Bezirke der stillen Einfalt und Größe entrückt wurde, stellte sich allmählich neben dem historischen und ästhetischen ein künstlerischer Maßstab ein. [...] Damit war ein Weg eröffnet, der mit der Zeit einen von der schriftlichen Quelle ablenkenden und ihre Zeugenschaft nachprüfenden Arbeitsweg ohne ästhetische Voreingenommenheit eröffnete, den nämlich vom Denkmal zum Kunstwerk als Tatsachenschatz höheren Ranges.« (1923: 54)

Die weitere Auseinandersetzung erinnert nachdrücklich daran, wie wichtig eine differenzierte Untersuchung verschiedener Forschungstraditionen und -kontexte ist. In Frankreich etwa sollten materielle Kultur, Bildwelten und Kunst ausgehend von den Arbeiten eines Marc Bloch, Lucien Febvre und Pierre Francastel nicht nur in der Mentalitätsgeschichte und Annales-Schule eine größere Rolle spielen. Bereits in einer 1961 publizierten Enzyklopädie zu Gegenständen, Fragen und Methoden der Geschichtswissenschaft, die sich an Spezialisten wie an ein breiteres Publikum gleichermaßen richtete, werden die visuellen/bildlichen Zeugnisse sogar vor den schriftlichen genannt.[111] Und auch das *musée imaginaire* einer Weltkunst blieb in der ehemals so wichtigen Kolonialmacht viel präsenter als in Deutschland.

Dagegen musste im deutschsprachigen Bereich das Interesse an ›Geschichtsbildern‹ (nach der Dissertation von Werner Hager 1939) bis zur 1968er-Revolte warten, als die neue Politisierung der Wissenschaften auch mit einer interdisziplinären Öffnung vieler Disziplinen und einem erweiterten Quellenbegriff in den Geschichtswissenschaften einherging.

Für die 1980er Jahre sind dann gleich drei besonders relevante Ansätze zu nennen: 1.) Auf kunsthistorischer Seite begründete Martin Warnke eine dezidiert »politische Ikonographie«, und der Historiker Rainer Wohlfeil versuchte unter dem Schlagwort einer »Historischen Bildkunde«, visuelles Quellenmaterial in seiner Disziplin wieder stärker zu verankern. Ausgangspunkt waren beidesmal Erwin Panofskys methodische Grundlegung der Ikonografie/Ikonologie, aber auch Bemühungen der Historiker um Artefakte und Bildquellen beginnend mit der auf dem Internationalen Historikertag 1928 in Oslo gegründeten Commission iconographique bis hin zu Reinhart Kosellecks Programm *Zur pol[itischen] Ikonologie.*[112] 2.) Dabei kam ›Massen-Medien‹ wie den druckgrafischen Flugblättern der Frühen Neuzeit oder illustrierten Zeitungen, Plakaten, Fotografien und (verspätet) dem Film eine neue Aufmerksamkeit zu – nicht nur als (vermeintlich) besonders authentischen Zeitzeugnissen, sondern auch, weil sie teils andere historische Akteure ins Bild setzten und zu fassen erlaubten. Und sicher kein Zufall ist, dass sich auch die junge Medienwissenschaft seit den 1980er Jahren zunehmend um Bilder kümmerte. 3.) Vor allem von Louis Marin wurden zudem Erkenntnisse des *linguistic turn* und der Diskursanalyse im Gefolge Foucaults zur unhintergehbaren, konstruktivistischen Bedingtheit des menschlichen Denkens durch Sprache um die Dimension des Visuellen und der Bildwerke erweitert: Paradigmatisch entwickelt Marin dies in seinem Buch zum *Porträt des Königs* (frz. 1981, dt. 2005), das die Repräsentationsformen des absolutistischen Herrschers – vom Hofzeremoniell über verschiedenste Texte bis hin zu Kartografie, Malerei und Architektur – analysiert. Gerade das Porträt tritt dabei als eigenständige dritte Erscheinungsweise neben die beiden schon von Ernst Kantorowicz beschriebenen Körper des Königs, den *body natural* und den *body politic.*

1993 schließlich folgte mit Francis Haskells *Die Geschichte und ihre Bilder* eine erste große Darstellung des historischen Umgangs mit Artefakten und Bildquellen von Petrarca bis Huizinga, d.h. vom 14. bis ins frühe 20. Jahrhundert. Allerdings blieben die neueren Entwicklungen in Haskells Buch ebenso ausgeblendet wie die zentrale Bedeutung der Ethnologie für diese Fragen. Wenn dann Peter Burke, der 1992 mit *The Fabrication of Louis XIV* (dt. 1993) unmittelbar an Überlegungen Marins angeschlossen hatte, ein weiteres Buch zu *Augenzeugenschaft. Bilder als historische Quellen* (engl. 2001, dt. 2003) vorlegt, wird – trotz aller Hinweise Burkes darauf, dass historische Wirklichkeit und Darstellung im Bild zwei verschiedene Dinge sind – deutlich, wie hartnäckig sich bis in jüngste Zeit Vorstellungen davon halten, welche Bilder aus dem Pool der gesamten Produktion in besonderem Maße als historische Quellen dienen können.[113] Und dies gilt auch nach dem 46. Deutschen Historikertag zu »Geschichts-Bildern« 2006, trotz aller Bemühungen im Gefolge des *visual turn* und der Bildwissenschaft, die Historische Bildkunde methodisch in eine *Visual History* zu überführen, und trotz aller selbstkritischen Analysen der Bebilderung von historischen Werken und Schulbüchern: In der Geschichtswissenschaft interessieren Bildquellen, Artefakte, Ästhetik immer noch zu wenig als eigenständige Ausdrucks- und Überlieferungsformen. Man greift auf sie als (möglichst unmittelbare) Zeugnisse von historischen Ereignissen oder Zuständen zurück, im Hinblick auf ihren ›Inhalt‹, wenn auch nicht mehr als unmittelbar »fernen Spiegel« der Vergangenheit. Es geht um ›aussagekräfte Bilder‹, nicht um die historischen Umstände des Bildermachens, der ästhetischen Kategorien und der Kunst insgesamt.[114]

Eine Ausnahme stellt vor allem die Zeitgeschichtsforschung dar. Und dies nicht nur, weil Bilder als Kommunikationsmittel seit dem 19. Jahrhundert und dann nochmals in den letzten Jahrzehnten rein quantitativ ungeahnte Bedeutung erlangten. Zentrale historische Ereignisse der Gegenwart: von den Attentaten von 9/11 über den zweiten Golfkrieg bis zum Kampf gegen den »unsichtbaren Feind« der Corona-Pandemie 2020, sind auch qualitativ in neuer Weise Bildereignisse, »Bilderkriege«.[115] Werden Ereignisse doch nun nicht nur im Nachhinein durch Bilder gedeutet, sondern zielen teils selbst schon sehr differenziert darauf ab, sich in Bildern zu inszenieren, Wahrnehmung zu manipulieren, Wirklichkeit zu erschaffen, sich in ein kollektives Bildgedächtnis mit der a priori ›richtigen Deutung‹ einzuschreiben.

Der Anspruch der Kunstgeschichte – wie im Übrigen der Ethnologie und der in den letzten Jahren so erfolgreich mit ›epistemischen‹ Bildern und Artefakten befassten Wissenschaftsgeschichte – kann jedenfalls nicht nur sein, dass auf den ersten Blick ›historisch relevante‹ Artefakte und Bilder in einer umfassenden Geschichte berücksichtigt werden. Deutlich werden muss, wie ansatzweise bereits um 1900 diskutiert, dass alle kunsthistorischen Fragen, auch jene die Form und die Ästhetik betreffenden, zentral für ein historisches Verständnis sind.

Zeit und Zeitgenossenschaft der Künste

Die »Unreinheit der Zeit« kann in der Kunstgeschichte nicht stark genug betont werden.[116] Denn materielle Artefakte sind durch ihre physische Präsenz in der Historie in besonderer Weise (anders und stärker als etwa Texte oder Musik) ›anachron‹, gehören immer mehreren, nicht notwendig streng sukzessiv wahrzunehmenden Zeitkontexten an: Neben den Phasen ihrer Entstehung und ihrer jeweils aktuellen Wahrnehmung haben sich in unterschiedlicher Weise auch alle zwischenzeitlichen Zusammenhänge, Rezeptionsweisen und tatsächlichen materiellen

Veränderungen ›angelagert‹ und teils unablösbar integriert. Mehr noch: Artefakte, speziell Kunstwerke entstehen nicht nur vor dem Hintergrund früherer Werke und dienen für nachfolgende als Referenzpunkte. Sie verändern mit ihrem In-Erscheinung-Treten das Gesamtgefüge rückwirkend. Die Wahrnehmung und Bewertung vorausgehender sowie gleichzeitiger Ideen und Produkte ist durch sie nicht mehr die gleiche. Künstlerische Bezugnahmen wie Betrachterassoziationen gehorchen dabei in ihrer Auswahl, Akzentuierung, Sprunghaftigkeit nicht unbedingt einer logischen Abfolge und können ganz neue Verbindungen, Zeitbezüge und -geflechte herstellen. Insgesamt lässt sich behaupten, dass insbesondere Kunstwerke nicht einfach in den Strom der Zeit gestellt sind, sondern dass sie ihre Zeit (und ihren Raum) selbst erzeugen oder zumindest beeinflussen.[117]

Auch wenn diese Anachronismen der Kunst immer vorhanden sind, gibt es doch historische Momente, in denen sie besonders intensiv wahrgenommen und thematisiert wurden. Dazu zählt die Zeit zwischen dem 14. und dem 16. Jahrhundert, als die neuzeitliche Kunstliteratur entstand, als das Interesse an Name und Persönlichkeit herausragender Maler, Bildhauer oder Architekten deutlich anwuchs und als mit der ›Entdeckung der Stile‹ die formale Gestaltung in neuer Weise zur bewussten Wahlmöglichkeit und gezielten Entscheidung wurde. Diese Zeit der ›Wiedergeburt der Künste‹ kennzeichnet in besonderer Weise – darauf haben Alexander Nagel und Christopher Wood mit ihrem kontrovers diskutierten Buch *Anachronic Renaissance* (2010) hingewiesen – das Spannungsverhältnis von (namenlosem) Arbeiten in und mit Traditionen versus individueller künstlerischer Leistung und signierter Neuerfindung.[118] Dazu zählt die Zeit um 1800, als zahlreiche Kunst- und Bildtraditionen ihre Verbindlichkeit verloren hatten, als zugleich eine neuartige kunsthistorische Literatur und reproduktionsgrafische Repertorien den Künstlern immer deutlicher vorführten, dass sie sich in diese Text- und Bildnarrative einschreiben können und müssen, wollten sie wirklich erfolgreich sein. Dieses kunsthistorische Wissen erhob allerdings auch das »In-welchem-Style«-Arbeiten in neuer Weise zum zentralen Problem.[119] Dazu zählen insbesondere die Avantgarden des späten 19. und beginnenden 20. Jahrhunderts mit ihren fundamentalen künstlerischen Innovationen wie ihrer Fiktion, sie könnten einen radikalen Bruch mit allen Traditionen herbeiführen (unter anderem durch Rekurse auf künstlerische Anfangssituationen und ›primitive Kunst‹) und die Erfindung von absolut Neuem auf Dauer stellen, die tatsächlich für diesen Bruch und dieses Neue aber sofort wieder lineare ›Genealogien‹ konstruierten.[120] Und dazu zählt die Postmoderne und unsere Gegenwart. Unter anderem finden sich seit den 1960er Jahren nicht nur Künstler_innen, die gegen jede Historisierung und Kontextualisierung ihrer Kunst anarbeiten und offensiv Strategien dauernder Aktualisierung verfolgen, sondern auch Akteure wie Jeremy Deller, Francis Alÿs, Tacita Dean oder Anri Sala, die als eine Art ›Künstler-Historiker‹ etablierte Modelle der Geschichtsschreibung revidieren, Bedingtheit und Konstruiertheit der eigenen Wahrnehmungen, Zeitvorstellungen, Kategorisierungen und Geschichtsnarrative aufzeigen und Alternativen dazu entwickeln wollen.[121]

Vor dem Hintergrund des bislang Gesagten ist klar, dass die Zeitgenossenschaft des Kunsthistorikers, der Kunsthistorikerin ein unhintergehbares Kriterium darstellt. Sie lässt sich – gerade auch im Bereich des Sehens – auf keinen Fall ausblenden, muss vielmehr kontinuierlich kritisch und produktiv mit reflektiert werden: »Jede Gegenwart ist durch diejenigen Bilder bestimmt, die mit ihr synchronistisch sind: jedes Jetzt ist das Jetzt einer bestimmten Erkennbarkeit.«[122] Und Zeitgenossenschaft umfasst selbstverständlich auch die zeitgenössische Kunst, ob man sich nun aktiv mit ihr auseinandersetzt oder sie nur als Element der Gegenwart am Rand des eigenen Gesichtsfeldes wahrnimmt. Umgekehrt involviert uns selbst die Untersuchung von Jahrhunderte alten Artefakten unweigerlich eben auch als Zeitgenossen. Hans-Georg Gadamer hat dieses ausgleichende Zusammenführen von historischer und eigener Zeit als »Horizontverschmelzung« beschrieben. Allerdings glaubte Gadamer (1960: 275–283) weiter, »die hermeneutische Bedeutung des Zeitabstandes« stark machen zu müssen. Auch in der Kunstgeschichte gab es daher die Überzeugung, dass es einer historischen Distanz zu den Untersuchungsgegenständen bedürfe und man sich nicht wissenschaftlich mit Gegenwartskunst beschäftigen könne.

Eine solche wissenschaftliche Auseinandersetzung mit Gegenwartskunst stellt zweifellos besondere Herausforderungen. Nicht nur, dass in der Fülle der Ideen, Produkte und Szenarien, der begleitenden und kommentierenden Kontexte und ›Para-Texte‹ Entscheidungen darüber, was wichtig, was unwichtig ist, besonders schwer zu überblicken sind. Sondern die Kunsthistoriker_innen sind immer auch aktiver Teil des ›Kunstfeldes‹. Ob sie die Künstler persönlich kennen oder nicht, ihr Schreiben beeinflusst deren Wahrnehmung und damit auch den Markt- oder Museumswert. Die eine Begründung für die Forderung nach historischer Distanz baut daher darauf, dass sich im Rückblick die erfolgreichen, bedeutsamen Ansätze, die relevanten Quellen, Zusammenhänge und Kontexte leichter analysieren lassen. Die andere Begründung zielt darauf, dass ein persönliches Involviertsein mit zeitlicher Distanz (weitgehend) aufhöre und auch kein interessengeleitetes Uminterpretieren durch die Künstler selbst wie andere beteiligte Personen mehr erfolge. Alle diese Argumente sind deshalb wenig überzeugend, weil sie nur graduelle Abstufungen aufrufen können: Wann sieht man historische Entwicklungen klarer, nach zehn, zwanzig, fünfzig oder hundert Jahren?

Und natürlich entfällt ein *bias*, wenn der Künstler, die Künstlerin bereits verstorben ist und man sie nicht mehr persönlich kennen kann – den Wert auf dem Kunstmarkt kann ein kunsthistorischer Beitrag dennoch weiterhin entscheidend beeinflussen. Vor allem aber lösen sich die Aporien der Rezeption, das Verhaftetsein des eigenen Wahrnehmens in der eigenen Gegenwart und im eigenen Ich durch noch so große historische Distanz eben nie auf.

Die vielleicht größte Verführung der Auseinandersetzung mit Gegenwartskunst besteht darin, diese automatisch als »lebendige Kunstwissenschaft« im Unterschied zur Beschäftigung mit alter, ›toter‹ Kunst zu verstehen. Dagegen konnte Stefan Germer zu Recht betonen, dass Nachträglichkeit der Grundmodus aller Kunstgeschichte ist: »Mortifizierung ist dem kunstgeschichtlichen Gewerbe inhärent; anders als die Kunsttheorie, die ihren Gegenstand für zeitlos, und im Unterschied zur Kunstkritik, die ihn für gegenwärtig hält, stellt sich die Kunstgeschichte ihre Objekte – unabhängig vom tatsächlichen Datum ihrer Entstehung – gewöhnlich als vergangen (und deshalb der historischen Rekonstruktion so zugänglich wie bedürftig) vor.«[123] Allerdings gilt es gegen diese wenig attraktiv klingende Charakterisierung zu betonen, dass die Herausforderung eben genau darin besteht, sich selbst Gegenwartskunst als vergangene bewusst zu machen. Spätestens ab dem Moment der Fertigstellung und ersten Präsentation (und das gilt *mutatis mutandis* auch, wenn es sich nicht um ›Werke‹ im klassischen Sinne handelt) beginnen sich nicht nur Rezeptionsschichten anzulagern, sondern es verändert sich die Wahrnehmung von Künstler_in und Publikum. Konrad Fiedler hat dies 1876 beschrieben: »Das Bewusstsein, welches sich im Kunstwerk vollendet und in ihm zur Erscheinung kommt, ist nur dieses einzige Mal vorhanden, [... es muss] in jedem späteren Momente mehr oder weniger willkürlich und rätselhaft erscheinen.« (1991: I, 42) Auch wenn dies zunächst meist (aber keineswegs immer) nur kleine und kleinste Transformationen betrifft – es bedarf einer historisch rekonstruierenden Anstrengung, wenn wir etwa die mit dem Objekt verfolgten Intentionen erschließen wollen. Nicht die unumgehbare historische ›Mortifizierung‹, sondern die – teils von den Künstler_innen selbst lancierte – Fiktion dauernder ›Gegenwärtigkeit‹ ist das Problem, die Behauptung, Gegenwartskunst würde für einen längeren Zeitraum einfach in ihrem Ursprungszustand verharren und erschließe sich allein schon deshalb, da wir ja zeitgleich mit ihr leben würden.

Ein solches ›präsentisches‹ Denken mag im Übrigen zusätzliche Attraktivität gewonnen haben durch die seit den späten 1960er Jahren in der Kunstwissenschaft zunehmend rezipierte Phänomenologie. Lautet deren Grundannahme doch, dass eine bewusste ›Reduktion‹ unseres Sehens dergestalt möglich sei, dass es hinter jede Assoziation, hinter jede intentionale Beziehung auf Gegenstände, hinter jede zeitliche Verstrickung und kulturelle Konditionierung von Wahrnehmung auf eine reine Beschreibung der Formrelationen zurückgehen könne. Wer dies glaubt, für den ist Zeitlichkeit in der Tat zunächst kein Problem, und Kunstwerke sind einfach gegenwärtig.

Die Auseinandersetzung mit Gegenwartskunst erinnert die Disziplin aber noch an weiteres Prinzipielles: Anstatt auf die Vereinfachung der Deutung durch historische Distanz zu hoffen, sollte darauf insistiert werden, dass nicht nur heute, sondern auch schon zu anderen historischen Zeitpunkten für die jeweiligen Zeitgenossen eine zunächst weitgehend undurchschaubare und unbewertbare Koexistenz und Pluralität gestalterischer Ideen und Möglichkeiten existieren konnte, bei der nicht wirklich absehbar war, was sich warum langfristig durchsetzen würde. Anstelle von Entwicklungslinien sollten mindestens so oft diese komplexen Gemengelagen im Fokus stehen. Das eigentliche Problem ist gerade nicht die Zeitgenossenschaft, sondern die Fixierung auf eine Kunstgeschichte des Fortschritts. Um nur ein Beispiel zu nennen: Im Florenz des gleichen Jahres 1423 vollendete Lorenzo Ghiberti die nördliche Bronzetür des Baptisteriums. Daneben begann Donatello eine glatzköpfige Marmorstatue für den Campanile des Doms. Der Maler Masolino und sein knapp zwanzig Jahre jüngerer Kompagnon Masaccio fertigten gemeinschaftlich ein Tafelbild der *Hl. Anna Selbdritt.* Und Gentile da Fabriano lieferte mit der *Anbetung der Heiligen Drei Könige* das wichtigste Ausstattungsstück für die Kapelle des Bankiers Strozzi in S. Trinità. Alle diese Werke sind – jedes auf seine Art hinsichtlich Erfindung und Ausführung – Ausnahmestücke. Dass John Pope-Hennessy in seiner dreibändigen, bis 1996 mehrfach nachgedruckten *Einführung in die italienische Skulptur* (engl. 1955–1963) Ghiberti als letzten Vertreter der Gotik behandelt, den Zeitgenossen Donatello dagegen im nächsten Band als einen Höhepunkt der Frührenaissance, dass Gentile da Fabriano und Masolino als ›Spätgotiker‹ gelten, wogegen Masaccio sämtliche Neuerungen der Renaissance-Malerei zugeschrieben werden, wie es Roberto Longhi tendenziell in seiner Studie *Fatti di Masolino e di Masaccio* darstellt (ital. 1940, dt. 1992), geht nicht nur an der historischen Wahrnehmungssituation 1423, so weit wir diese rekonstruieren können, vollkommen vorbei, sondern auch an allen Wahrscheinlichkeiten von Werkstattzusammenhängen, künstlerischem Austausch und Publikum in der Arnostadt.

Die Kunstgeschichte hat jedenfalls lange Zeit alles dafür getan und das Wesen ihrer Wissenschaftlichkeit gerade darin gesehen, die Komplexität von Zeit und Zeitgenossenschaft auszublenden. Aus einer verbindliches Bewerten ermöglichenden historischen Distanz heraus sollten die Fülle der Daten und die »Unreinheit der Zeit« möglichst bereinigt werden durch lineare historische Narrative und vordergründig beherrschbare, komplexitätsreduzierende Ordnungs- und Erklärungskonzepte: Stilentwicklungen, Epochengliederungen, Zentren und Peripherien, Traditionslinien, Einflüsse, Rezeption und Fortschritt. Allein die herausragenden Meister und Meisterwerke konnten die historischen Kontexte überragen und zeit- und kontextlose ›Inseln‹ wahrer, genialischer Kunst im Strom der Geschichte bilden: Auch in diesem Modell verbinden sich Kunst und Geschichte aber nicht zu einer Kunstgeschichte.[124]

Nun wird die Problematik dieser linearen kunsthistorischen Denkweisen und Begriffe spätestens seit den 1980er Jahren vielfach thematisiert. Dennoch geht weiterhin eine doppelte Gefahr davon aus: Die eine besteht darin, dass zwar die alten Kategorien eigentlich dekonstruiert sind, sie sich mangels ausgearbeiteter Alternativmodelle für diese komplexen Sachverhalte, aber auch aufgrund ihrer schieren Erwähnungshäufigkeit und andauernden Wiederholung in der älteren Literatur doch wieder allenthalben einschleichen. Das andere Extrem besteht darin, insbesondere vor Gegenwartskunst die »Unreinheit der Zeit« als Lizenz dafür zu nehmen, ganz den »überbordenden Assoziationen, die vom/am Werk hervorgerufen werden, stattzugeben wie in einer ›verflochtenen Korrespondenz‹«[125]. So wichtig in einem ersten Schritt der neugierig-verstehenden Annäherung solche individuellen Assoziationen sind – wenn das Bestreben aufgegeben wird, ihre Fülle in eine selbstkritisch reflektierte, methodisch nachvollziehbare und durch weitere Indizien und (historische) Quellen gestützte und distanzierte Darstellungsform zu überführen, verfällt Kunstgeschichte der oben benannten Fiktion zeitloser Gegenwart und verliert als empirisch-historische Wissenschaft ihre Berechtigung. Es gilt auch in diesem Fall, eine paradoxe Spannung aus- und aufrechtzuerhalten und die eigene Gegenwart gerade im Blick auf Kunst als im nächsten Moment schon vergangen und der historisch-kritischen Analyse bedürftig zu erkennen.[126]

Die Macht des Biografischen und die *Triple Oppression*

Giorgio Vasari ist nicht an allem schuld! Zwar sollten seine Biografien von Künstler_innen im Italien des 14. bis 16. Jahrhunderts – *Le vite de' più eccellenti pittori, scultori e architettori*, erstmals 1550 publiziert, in erweiterter Fassung und mit Holzschnittporträts der Künstler_innen 1568 und dann in vielen weiteren Auflagen – spektakulär erfolgreich sein. Allein damit lässt sich jedoch noch nicht erklären, warum in der Kunstgeschichte die bis heute dominierende Darstellungsform, sei es als Buch, sei es als Ausstellung, ›Leben und Werk‹ eines Künstlers, einer Künstlerin behandelt.[127]

Das Phänomen reiht sich zunächst in den allgemeinen und anhaltenden Boom aller Arten von Biografien auf dem Buchmarkt und in den Medien insgesamt ein. Die »biographische Illusion« (Pierre Bourdieu) scheint auch in Zeiten noch so diverser, pluraler und schnell wechselnder Persönlichkeitskonzepte ungebrochen: Die Vorstellung von einem ›Lebenslauf‹ suggeriert eine zusammenhängende, zielgerichtete, sinnhafte Geschichte.[128] Und einzig ein individuelles Schicksal befriedigt offenbar in diesem Maße (voyeuristische) Neugierde, nachvollziehendes Verständnis, wenn nicht Identifikations- oder Verehrungsbedürfnis für das Genie, den Star oder aber den verkannten Künstler. Dies galt schon für Vasaris Künstlerviten, die zu einem Zeitpunkt erschienen, als im 16. Jahrhundert das Genre der (mit Bildnis illustrierten) Biografie zu florieren begonnen hatte. Dies galt für das 19. Jahrhundert mit seiner Verehrung großer Männer – so betitelte etwa der Maler und Direktor der Düsseldorfer Kunstakademie Friedrich Wilhelm von Schadow seine novellistisch-kunsttheoretischen *Erinnerungen aus dem Künstlerleben* nicht umsonst mit *Der moderne Vasari* (1854). Und dies gilt noch für unsere Gegenwart mit ihrem Celebrity-Kult (den im Übrigen der Kunstmarkt in Rekordpreise zu übersetzen weiß, s. S. 224 ff.).

Allein für den anhaltenden Erfolg der Darstellungsform ›Künstler und Werk‹ sind aber noch andere Gründe entscheidend. Zwar hatten Vasaris *Vite* über Jahrhunderte und ganz Europa hinweg das wichtigste literarische Modell der Kunstgeschichtsschreibung etabliert: Einzelbiografien, die sich zu einer übergreifenden chronologischen Abfolge des künstlerischen Fortschritts ordnen. Vasaris Informationen, seine Auswahl und ästhetischen Kriterien lenken teils heute noch den kunsthistorischen Blick. Dabei wurden seine patriotische Bevorzugung von Künstlern zwischen Florenz und Rom und seine Fixierung auf die Zeichnung unter Vernachlässigung der Farbe sofort auch kritisiert. Aber eben selbst Gegenentwürfe wie Carlo Ridolfis Lebensbeschreibungen der venezianischen Maler (1648) oder aber Karel van Manders niederländische Künstlerviten (1604, ^{2}1618) griffen letztlich Vasaris biografisch-chronologische Grundstruktur und sein Modell von Zentrum und Peripherie auf und arbeiteten sich an dessen Kriterien ab. 1821 dürfte dann Joseph Heller mit seinem Buch zu Cranach erstmals die Formulierung von »Leben und Werk« im Titel eingeführt haben.

Allerdings existiert spätestens seit Winckelmanns *Geschichte der Kunst des Alterthums* (1764) auch ein Gegenmodell: die Schilderung stilgeschichtlicher Entwicklungen ausgehend von den Werken, bei der Künstlernamen höchstens eine sekundäre Rolle spielen. Und mit Gustav F. Waagens Untersuchung *Über Hubert und Johann van Eyck* (1822) »unter dem ›Paradigma‹ Geschichte«, mit der ersten wissenschaftlichen Künstlermonografie, Johann D. Passavants *Rafael von Urbino und sein Vater Giovanni Santi*

(1839–1858) und mit Franz Kuglers *Handbuch der Geschichte der Malerei* (1837) bzw. dem *Handbuch der Kunstgeschichte* (1842) stand der modernen Disziplin Kunstgeschichte dann eigentlich von Anfang an ein ganzes Spektrum unterschiedlicher Darstellungsformen – nicht nur Biografien – zur Verfügung.[129] Wobei gleich der erste Ordinarius des Faches in Deutschland, Anton Springer, die Macht des Biografischen kritisierte: »Wir beherbergen viel zu viele Künstler in unseren kunsthistorischen Büchern; wir füllen die letzteren mit so vielen Namen aus, dass für die Sache, nämlich die Schilderung der stetigen Kunstentwicklung und für die Erzählung der grossen Schicksale in unserem vergangenen Kunstleben, kein Platz übrig bleibt. [...] Die ›Kunstgeschichte‹ kennt [dabei] nur Persönlichkeiten, in welchen sich die herrschende Richtung typisch widerspiegelt, oder welche auf den Gang der Entwicklung Einfluss geübt haben.«[130]

Neben dieser (alten) Vasari-Tradition ging ein zweiter und mindestens so entscheidender (neuer) Impuls für den bis heute anhaltenden Erfolg künstlerbiografischer Untersuchungen aber vom modernen Verständnis von Kunst und Kreativität aus, wie es um 1900 entwickelt wurde: Wenn Kunst nicht mehr als eine wie auch immer definierte Naturnachahmung, als Annäherung an ein überindividuelles Schönheitsideal oder als Abglanz eines Transzendenten verstanden wird, sondern als primärer Ausdruck des Seelenlebens, des Inneren eines Künstlers oder einer Künstlerin – als deren anschaulich gewordenes Denken, Empfinden, Erleben und Fantasieren –, dann liefert deren Persönlichkeit auch den zentralen, wenn nicht den einzigen Schlüssel zum Verständnis der Werke. Surrealismus und Expressionismus sind die künstlerischen Richtungen par excellence für dieses Verständnis. Natürlich gibt es auch dafür Vorstufen: Bereits Leonardo da Vinci hatte (als Gefahr) beschrieben, dass »jeder Künstler [nur] sich selbst male«. Vasari baut seine Biografien in vielerlei Hinsicht auf Parallelen von Leben und Werk auf. Und mit der Romantik werden der Ausdruck des Genies und die Empfindungen von Produzenten wie Rezipienten zu zentralen Kriterien – für Novalis etwa ist das Kunstwerk »sichtbares Produkt des Ich«. Allein es bleiben – anders als dann um 1900 – ›absolute‹ Referenzpunkte (Gott, Natur, Schönheit usw.) außerhalb der subjektiven Individualität.

Mit der Psychologisierung und teils Pathologisierung des Künstlersubjekts und dem avantgardistischen Bruch mit künstlerischen Normen und Traditionen ab dem mittleren 19. Jahrhundert beginnt der Aufstieg des Ichs als eigentlicher ›Letztgrund von Kunst‹ (Gockel 2010). In Friedrich Theodor Vischers zumindest im deutschsprachigen Raum weithin beachteter *Ästhetik oder Wissenschaft des Schönen* (1846–1858, hier Bd. 3.1, 1851: 10–14, §491) wird Kunst exklusiv als Fähigkeit der veräußerlichenden Wiedergabe »innerlich gesetzte[r] Sinnlichkeit«, als »das in Tätigkeit übersetzte Wesen der Phantasie selbst«, als »Vollstreckung der Phantasiebilder« verstanden. Hier schließen alle noch weitergehenden Aussagen an, erst die Künstler gäben uns die Welt neu und eigentlich zu sehen. Caran d'Aches Karikaturen der 1880er Jahre von Künstlern (und einer Künstlerin) vor ihren Staffeleien setzen diese Idee frühzeitig ins Bild: Die Malenden sind hier ihren Werken nicht nur in Kleidung, Accessoires und Habitus, sondern bis in Geisteshaltung, Stimmung und Körpermerkmale hinein angeglichen.[131] In eine ähnliche Richtung zielen das neue Interesse und die ersten Studien zu bildnerischer Kreativität und Fantasie von Kindern (Corrado Ricci: *Kinderkunst*, ital. 1887, dt. 1906), von »Geisteskranken« (Hans Prinzhorn, 1922), von Urzeitmenschen und von ›primitiven Völkern‹ der Welt in diesen Jahrzehnten: Auch deren Bildproduktion darf, so die neue Argumentation aller dieser Studien, nicht an irgendwelchen künstlerischen Standards gemessen werden, sondern sie seien als vollgültiger, unmittelbarer und unverbildeter Seelenausdruck dieser Personen zu begreifen (ob dies dann emphatisch als ›eigentliche Kunst‹ gefeiert wurde oder nur als eine Vorstufe dazu, spielt hier keine Rolle). Dabei ließ sich zwar nur bei den »Geisteskranken« nach den individuellen Lebensumständen fragen, während die Bildzeugnisse der Kinder-, Urzeit- und ›primitiven‹ Kunst zumeist mangels Künstlernamen und Kenntnis von Biografien nur als Indikatoren für bestimmte allgemeingültige ›Seelenlagen‹ und ›Kulturstufen‹ der Menschheit gedeutet wurden. Dennoch galt auch hier: Kunst muss zunächst als Ausdruck des Inneren begriffen werden. Die letzte Steigerung dieser Ideen lieferte zum einen Sigmund Freud mit seinen psychoanalytischen Versuchen der Deutung und Indienstnahme von Kunst, die aus der Künstlerseele resultiere und diese zugleich in ihren unbewussten Tiefen zu erschließen helfe (etwa *Eine Kindheitserinnerung des Leonardo da Vinci*, 1910); zum anderen die unendlich erfolgreiche (pseudo-)wissenschaftliche Verbindung von Körperbau und Charakter (Ernst Kretschmer, 1921), die zu einer physiognomisch-biologistischen Kunstgeschichte oder auch zu Lehren von *Menschentypen und Kunst* (Ottmar Rutz, 1921) führte.

Dieses neue Verständnis von Kunst als Charakter- und Seelenausdruck schlug sich in der Kunstgeschichte nicht nur in populärwissenschaftlichen Publikationen zum *Künstler und seiner Seele* (Wilhelm Hausenstein, 1914) oder zu *Schöpferischen Konventionen* (Kasimir Edschmid, 1920) nieder. Nun gewinnen Selbstzeugnisse und insbesondere Selbstporträts verstärktes Interesse – zuerst bei den Künstlern selbst. Wenn dann Wilhelm Waetzoldt 1908 die erste umfassende deutschsprachige Darstellung zum Porträt von der Antike bis in seine Gegenwart vorlegt, behandelt das längste Kapitel die »Psychologie der Selbstdarstellung«. Ernst Benkard untersucht 1927 das *Selbstbildnis vom 15. bis zum Beginn des 18. Jahrhunderts*. Und anders als im 18. Jahrhundert, da bereits Künstlerbriefe aus kunsttheoretischem Interesse publiziert worden waren, gilt nun die Aufmerksamkeit möglichst persönlichen *Künstlerbekenntnisse[n]* der jeweiligen Gegenwart (Paul Westheim, 1925; zu verweisen ist auch auf die zunehmende Zahl an selbst oder im Auftrag verfasster Lebenserinnerungen von Künstlern seit Giovanni Dupré, Ludwig Richter, Jean-Léon Gérôme oder Anselm Feuerbach). Fotos von Künstlern im Atelier und bei der Arbeit, ›dokumentierende‹ Filme über Künstler, wie es sie für Alte Meister (etwa bereits Curt Oertels *Michelangelo – Das Leben eines Titanen*, 1940) ebenso wie für Picasso, Pollock oder Basquiat gibt, schließlich Romane und Spielfilme über Künstlerheroen (die Indienstnahme Rembrandts für deutsch-nationale und nationalsozialistische Ideologien von Julius Langbehns Erfolgsroman *Rembrandt als Erzieher* von 1890 bis Hans Steinhoffs Rembrandt-Film von 1942 zeigt exemplarisch die Verfälschungspotenziale) oder auch ›Homestorys‹ (in ihrer neuen Form auf Facebook und Instagram) haben die Macht des Biografischen im allgemeinen Verständnis von Kunst weiter zementiert.[132]

Nun hat die Kunstgeschichte seitdem – wohl mehr angeregt durch Überlegungen wie die des Literaturwissenschaftlers Stephen Greenblatt zum *self-fashioning* in der Frühen Neuzeit (1980) als durch die kritischen Überlegungen der frühen Genderforschung im eigenen Fach zum Umgang mit Biografie – ihr kritisches Analyse-Instrumentarium für Selbstbildnisse, Formen künstlerischer Selbstreflexivität in den Werken und alle anderen Arten von Ego-Dokumenten wesentlich verfeinert. Das Leben des Künstlers, der Künstlerin ist vielfach als (selbstgeschaffenes) Kunstwerk erkannt. Und dennoch bleibt das alte Dilemma weiterhin bestehen, gegen das sich bereits Catull in einem seiner Liebesgedichte (*Carmen* 16, 5f.) gewandt hatte: Trotz aller Versuchung kann es keine sicheren Rückschlüsse von der künstlerischen Fiktion, dem künstlerischen Ich auf die Wirklichkeit, auf Leben, Moral und Empfinden des Künstlers, der Künstlerin und umgekehrt geben (s. S. 193 zum Versuch der Psychoanalyse, diese Schwierigkeit zu lösen). Aus dieser uneingestandenen Vorannahme und Hoffnung resultiert die ›biografische Falle‹. Diese lässt sich (leicht modifiziert) mit dem Literaturwissenschaftler Peter von Matt so beschreiben: »Sie liegt darin, daß die Qualität des [Werkes] mich zur Suche nach der Person des [Künstlers] zwingt, die Person des [Künstlers] aber wiederum die Qualität des [Werks] verändert. Diese nämlich wirkt sich erneut auf mein Bild vom [Künstler] aus, und das so veränderte [Künstler]bild wieder auf das [Werk]. [...] Diese biographische Falle darf nicht mit dem hermeneutischen Zirkel verwechselt werden. Der hermeneutische Zirkel spielt zwischen dem [betrachtenden] Kopf und dem Kunstwerk. Die biographische Falle aber spielt zwischen dem Kunstwerk und meinem Bild vom Künstler.«[133] In dieser Perspektive lässt sich etwa ein Beitrag wie Maurice Merleau-Pontys *Der Zweifel Cézannes* (1945; Boehm 1994: 39–59), der als Schlüsseltext für die phänomenologische Analyse von Kunst und die Frage nach dem Bild herangezogen wird, auch als Musterbeispiel für das Ringen mit biografischen Fallstricken verstehen.

Peter von Matts Formulierung ausschließlich in männlicher Form ist hier bewusst übernommen. Denn bei allem Nutzen von Darstellungen zu ›Leben und Werk‹ und bei allen Gefahren von biografischer Illusion und biografischer Falle: Auf den noch viel tiefer sitzenden blinden Fleck hat die Genderforschung bereits früh hingewiesen, ohne dass diese gewichtige Kritik bislang viel an der Form und Beliebtheit von Künstlermonografien geändert hätte. 1971 konstatierte Linda Nochlin in ihrer Reaktion auf die Frage »Warum hat es keine großen Künstlerinnen gegeben?«, dass eben schon durch den Versuch einer Antwort darauf die Rahmenbedingungen einer männlich diktierten, ›genialisch-heroischen‹ Kunstgeschichtsschreibung akzeptiert würden. Die wissenschaftliche Publikationsform aber, die diesem Denken besonders entspreche, sei »die Künstler-Monographie, die die Vorstellung vom großen Künstler als wichtigste Kategorie für gegeben nimmt und die sozialen und institutionellen Rahmenbedingungen, in denen er lebte und arbeitete, als nur sekundäre ›Einflüsse‹ oder ›Hintergrund‹«[134]. In der Folge haben die Diskussionen und Forschungen zur *Gender-Class-Ethnicity*-Unterdrückung wie dann auch die Bemühungen um eine globale Kunstgeschichte (mit dem Problem der Übertragung westlicher Kriterien) entscheidende Fragen zum Personenkanon der Disziplin und der immer noch impliziten Dominanz von Künstlerkonzepten des Genialischen gestellt.

Dass es für diese Einsichten zunächst Kunsthistorikerinnen wie Linda Nochlin oder Griselda Pollock bedurfte, erinnert auch nochmals daran (s. S. 67 f.), wie zentral die Macht des Biografischen nicht nur das Denken über die Gegenstände kunstwissenschaftlicher Untersuchung selbst im Griff hat, sondern auch, wie entscheidend biografisch motivierte Elemente der Untersuchenden für deren wissenschaftliches Denken und Arbeiten sind. Hier sei exemplarisch nur auf die Erforschung der italienischen Malerin Artemisia Gentileschi verwiesen: Die erste monografische Untersuchung zu Artemisia von Mary Garrard 1991 präsentiert sich – trotz aller feministischen Kritik am Format Monografie – schon hinsichtlich Umfang und Aufmachung, Untertitel (*The Image of the Female Hero in Italian Baroque Painting*) und Widmung (nämlich an Artemisia selbst) als Manifest einer ersten, ›heroischen‹ Phase feministischer Kunstgeschichte, die die vergessenen Protagonistinnen mit Nachdruck in die Reihe der Buchrücken zu Künstlern einfügen wollte. Es geht um »die Macht feministischer Kunst«, zu deren Manifestationsformen ab 1970

Garrard im Anschluss eine Ausstellung mitkonzipierte (1994). Zunehmend bewusst wurde seitdem, dass rückblickend nicht einfach numerisch eine Geschlechtergerechtigkeit hergestellt werden kann und vielmehr die systematische Behinderung von Künstlerinnen, ihre Lebens-, Denk- und Arbeitsbedingungen zu untersuchen sind (wie von Lu Märten schon 1919 gefordert, s. S. 34). Auch der Vergewaltigungsprozess der jungen Artemisia gegen einen Kollegen ihres Vaters, Agostino Tassi, zu dem sich die Akten erhalten haben, wurde nach der ersten, aufsehenerregenden Publikation sehr differenziert auf seine schwierige Interpretierbarkeit hin untersucht. Dabei lassen die Werke Artemisias und andere Textzeugnisse zumindest vermuten, dass diese ihre Karriere im männerdiktierten System auch im Wissen um ihre weiblichen Reize und die immer noch sehr außergewöhnliche Rolle als Malerin gestaltete. Die Forschung hat schließlich in einem dritten Schritt erkannt, dass – um nicht selbst Gendermythen zu perpetuieren – alle Geschlechter- und Körpersteretoype gleichermaßen kritisch zu analysieren sind, also vor allem auch hegemoniale Männlichkeitsvorstellungen. Wenn freilich Mieke Bal 1999 anhand der zeitgenössischen Auseinandersetzung mit Caravaggio gezeigt hat, wie sich Künstler_innen mit westlichen Kategorien von Kunst, Kunstgeschichte, Körper und Gender auseinandersetzen, dann erinnert schon der ironisch-polemische Titel eines von ihr 2005 herausgegebenen Sammelbandes daran, dass Kunstgeschichte weiterhin auch als Mittel im Kampf gegen die *Triple Oppression* verwendet werden kann: *The Artemisia Files. Artemisia Gentileschi for Feminists and other Thinking People.*

Die Magie von Material und Machen

Auf dem Weg vom Handwerk (*ars mechanica*) zur Kunst (*ars liberalis*) mussten die Maler, Bildhauer und in geringerem Maße auch die Architekten der Frühen Neuzeit zunächst einmal mit allem Nachdruck unter Beweis stellen, dass ihre Tätigkeiten vor allem intellektuell, nicht bloß manuell waren: Erfindung, nicht praktische Ausführung, lautete das Zauberwort. Seit dem frühen 15. Jahrhundert wurden daher zunehmend kunsttheoretische Werke verfasst, wogegen praktische Werkstatt- und Rezeptbücher immer weniger Beachtung fanden. Symptomatisch dafür ist gleich der Auftakt. 1435 legte der Humanist und in den Künsten dilettierende Leon Battista Alberti den ersten theoretischen Malereitraktat der Frühen Neuzeit vor (*De pictura/Della pittura*). Fast gleichzeitig erweiterte der toskanische Maler Cennino Cennini seine vermutlich über lange Zeit hinweg gesammelten Werkstattanweisungen und -rezepte um eine Reihe eher theoretischer Überlegungen und Kapitel. Angesichts der neuen Tendenz schien ihm offenbar sein gegen Lebensende redigierter *Libro dell'arte* nur in dieser erweiterten Gestalt noch als künstlerisches Vermächtnis dienen zu können. Gegen Ende des 16. Jahrhunderts kam dann selbst für die Niederländer, deren Malerei aus Sicht der Italiener häufig die intellektuelle Durchdringung vermissen ließ, die Vorstellung auf, sie hätten quasi ihren Kopf in der Hand. Dagegen wurden die Eigengesetzlichkeiten des Materials, Zufälle bei der Herstellung oder Möglichkeiten und Grenzen künstlerischer Techniken zwar vereinzelt angesprochen, spielten aber insgesamt eine nachgeordnete Rolle.

In der Folge sollte das Stofflich-Konkrete im Gegensatz zum »Geistige[n] in der Kunst« (Kandinsky) – also Materialien, Herstellungsprozesse, Werkzeuge und Orte der künstlerischen Arbeit – offenbar immer dann wieder verstärktes Interesse erregen, wenn die materiell-manuellen Aspekte besonders weit von der Alltagserfahrung der Rezipienten entfernt schienen. So bestand keine Gefahr, dass die Künste durch das Interesse an Material und Machen an Status einbüßten.

Das war in den Jahren um 1700, insbesondere im Frankreich unter Ludwig XIV. als dem Zentrum höfischer Kunstproduktion so, als erstmals nicht nur die Kunsttheorie, sondern auch die praktisch-manuellen Herstellungsprozesse von Malerei, Skulptur und Architektur für die adeligen, gut betuchten, gebildeten Kunstliebhaber in Buchform präsentiert wurden. Den Auftakt dieser teils aufwendig mit Ansichten von Arbeitssituationen und Überblickstafeln zu den Werkzeugen illustrierten und entsprechend teuren Publikationen bildete 1676 André Félibiens *Des Principes De L'Architecture, De La Sculpture, De La Peinture*. Nun hatte es zwar Kommentare zu Werkzeugen und Arbeitsmaterialen – teils mit einzelnen Abbildungen dazu – schon zuvor gegeben, und zwar in den seit Beginn des 17. Jahrhunderts gedruckten Anleitungen zum Zeichnen und Malen für Dilettanten. Im Unterschied zu diesen Lehrbüchern geht Félibien davon aus, dass ein umfassendes Verständnis der Künste (auch ohne Absicht, sich selbst darin praktisch zu versuchen) und noch weiter gefasst: ein umfassendes Wissenssystem, eben auch ein Basiswissen auf der ›handwerklichen‹ Produktionsseite verlangt. Die Gegenreaktion ließ nicht lange auf sich warten. Der Abbé Jean-Baptiste Dubos betonte in seinen überaus erfolgreichen *Kritische[n] Betrachtungen über die Poesie und Mahlerey* (frz. 1719, dt. 1760) das genaue Gegenteil: »Wir haben einen Sinn, welcher fähig ist zu unterscheiden, ob der Koch nach den Regeln seiner Kunst verfahren hat. Man kostet den Ragout, ohne einmal diese Regeln zu wissen, und so wird man innen, ob er gut schmeckt. So ist es gewisser maassen auch mit den Werken des Geistes und mit Gemählden, als deren Endzweck es ist, uns zu rühren und zu gefallen.«[135] Intuitive Reaktion und Geschmack des Rezipienten werden hier zur letzten Instanz der Beurteilung erhoben. Von den Produktionsprozessen oder den Regelwerken der Kunst braucht dieser eigentlich nichts zu wissen, sofern das Kunstwerk wie eine gute Speise ›schmeckt‹, d.h. eine angenehme oder rührende Wirkung entfaltet.

Allerdings sollte diese Lizenz für eine freiere Kunstübung, die sich nicht mehr sklavisch an die Regeln halten muss, nicht dazu führen, dass die Rezipienten alles Interesse an den ›niederen‹ Aspekten der Herstellungsprozesse verloren. Auf das 1750 überlieferte Bonmot Falconets wurde schon verwiesen, es gebe und brauche eine »malerische Intelligenz« (*intelligence pittoresque*) – die Vorstellung vom ›Kopf in der Hand‹ wird hier nochmals auf eine spezifische Denkweise zugespitzt.[136] Gegen Ende des 18. Jahrhunderts stiegen dann die Künstlerateliers und -werkstätten zu bevorzugten Orten der künstlerischen Selbstinszenierung und der Begegnung des Genies mit dem Publikum auf. Der Ruhm des Bildhauers Bertel Thorvaldsen begründete sich auch daraus, dass er im Rom des frühen 19. Jahrhunderts seine hochgestellte Klientel in immer größeren Werkstatthallen empfing, wo durch eine im Vergleich zur Malerei ungleich intensivere körperliche Arbeit und Kraftanstrengung, durch viel größeren Material-, Technik- und Mencheneinsatz aus den unförmigen Massen von Ton, Gips und Marmor demiurgisch eine ideal-schöne Parallelwelt der Statuen erschaffen wurde. Und doch wird zeitgleich auch wieder die Material und Machen maximal entgegengesetzte Vorstellung einer negativen Produktionsästhetik vorangetrieben. So beklagt 1772 in Gotthold Ephraim Lessings bürgerlichem Trauerspiel *Emilia Galotti* (I, 4) der Maler Conti nicht nur in langer Tradition, was auf dem Weg von Auge und Gehirn zu Hand und Pinsel – also von der Idee zur praktischen Umsetzung – alles verloren gehe. Er formuliert auch erstmals für Raffael die Idee, dass dieser, selbst wenn er »ohne Hände« zur Welt gekommen wäre und also nie ein Werk ausgeführt hätte, dennoch allein aufgrund seiner Kunst im Kopf das größte Künstlergenie aller Zeiten bliebe.[137]

Die »Verwandlung der Welt« (Jürgen Osterhammel) im Laufe des 19. Jahrhunderts brachte zwei entscheidend neue Faktoren ins Spiel: Die Leistungsschau der Weltausstellungen (seit der *Great Exhibition of the Works of Industry of All Nations*, London 1851) führte neben den formalen und inhaltlichen Gestaltungsweisen der Welt auch das Spektrum verschiedener Materialien und Techniken vor Augen. Gottfried Sempers materialistisch-technischer Erklärungsansatz für die Entstehung und Genese der Künste in *Der Stil* (1860/63) verdankt sich maßgeblich diesem Eindruck. Die Industrialisierung der Warenproduktion – die Entfremdung der Arbeit – ließ andererseits das Bedürfnis und die Sehnsucht nach einem material- und menschengerechten Herstellen entstehen. Die Arts-and-Crafts-Bewegung mit ihrem Rekurs auf handwerkliche Arbeitstraditionen entstand so in England mehr oder weniger parallel zum Projekt der Weltausstellung. Ihre Leitideen wurden europaweit bis in die 1920er Jahre rezipiert, vom Jugendstil bis zum Bauhaus. Für die Kunstgeschichte brachte dies zum einen den geschärften Blick auf die Spezifik des Objekts. So wird John Ruskin in seiner dreibändigen Publikation *Die Steine von Venedig* (engl. 1851–53, dt. 1903–1906) erstmals verschiedenste Profile, Bögen, Steinformen usw. am Beispiel der Lagunenstadt mit ihren byzantinischen, gotischen und Renaissance-Elementen nicht im Sinne einer (normativen) Systematik, sondern als Ausdruck der Bandbreite mittelalterlich-handwerklichen Produzierens und eines »ehrlichen« Umgangs mit Materialien, Formen und Strukturen vorstellen. Das Mittelalter und speziell die in diesen Jahrzenten besonders populäre Gotik (*gothic revival*) dienten dabei als historisches Musterbeispiel für Ruskins übergreifendes ethisches und gesellschaftsreformerisches Projekt, die verschiedenen Bereiche des Lebens und der Arbeit wieder im Geist Gottes zusammenzubringen (s. dazu schon *Die Sieben Leuchter der Baukunst*, engl. 1849, dt. 1904).

In diesem Zusammenhang sind auch die englischen Übersetzungen und Neuausgaben mittelalterlicher und frühneuzeitlicher Werkstatttraktate zu verstehen, die Mary P. Merrifield vorlegte: 1844 Cenninis *A Treatise on Painting* (der 1821 erstmals in Italien im Druck publiziert worden war), 1849 die zweibändige Zusammenstellung der *Original Treatises, dating from the XIIth to XVIIIth centuries on the arts of painting, in oil, miniature, mosaic, and on glass*. Schließlich führte die Sensibilisierung für Material und Machen auch mit Blick auf die außereuropäische Kunst dazu, dass Ende des 19. Jahrhunderts etwa nicht mehr die eigens für den Export in den Westen produzierte Keramik, sondern die eigentliche japanische Gefäß- und Glasierkunst, für die Beschaffenheit und Eigendynamik des Materials, das Machen und seine Zufälle entscheidend sind, in ihrer Bedeutung erkannt und zunehmend geschätzt wurde.[138]

Und doch scheint just in diesen Jahren die Geschichte der Disziplin Kunstgeschichte nicht die aktuellen Einsichten der Künste, sondern deren vorausgehende Geschichte des Aufstiegs zur Kunst zu wiederholen: Im Bemühen des jungen Faches, als gleichwertiger Mitspieler im Konzert der Universität anerkannt zu werden, waren Quellenarbeit, Formanalyse oder kunstwissenschaftliche Theoriebildung entscheidend. Wissenschaftliche Seriosität schien nicht durch ein Interesse für Materialien und handwerkliches oder industrielles Machen erlangbar. Nachdem Riegls »Kunstwollen« (s. S. 144) Sempers Fokus auf Material und Technik entthront hatte, blieb es auf weiten Strecken des 20. Jahrhunderts im Prinzip bei dem bereits in einer der ersten Einführungen in das Studium der Kunstgeschichte formulierten Lippenbekenntnis: »Nicht weniger erspriesslich ist ein Einblick in die Technik der Künste im Allgemeinen. Man versteht Vieles im Kunstwerk leichter, wenn man mit den Gesetzen bekannt ist, unter deren Herrschaft es ausgeführt werden musste; [...]« (Förster 1862, S. VI).

Nun bestätigen Ausnahmen auch hier die Regel. In der Kunstgeschichte werden Farben und Licht in einer (hochspezialisierten) Diskussion seit dem späteren 19. Jahrhundert thematisiert – allerdings handelt es sich in gewisser Hinsicht um die ›unmateriellsten‹ Materialien des künstlerischen Produzierens. Zudem richtete sich das Interesse häufig auf Farbtheorie, -systematik oder -symbolik, weniger auf die physischen Eigenschaften der Pigmente. In einer anderen Forschungsrichtung, der Prähistorie, wurden dagegen bereits seit dem späten 19. Jahrhundert praktische Experimente genutzt, um Erkenntnisse über frühe Werkzeugherstellung, Hausbau und Felsmalerei zu gewinnen (etwa von Frederik Sehested oder Max Verworn: *Die Anfänge der Kunst*, 1909). Allein die Kunstgeschichte griff – wie auch bei anderen Überlegungen – die Anregungen dieser noch jüngeren Disziplin nicht auf.

Sigfried Giedions *Die Herrschaft der Mechanisierung. Ein Beitrag zur anonymen Geschichte* (engl. 1948, dt. 1982) hätte dann eigentlich den Auftakt zu einer intensiven Erforschung von industrieller Fertigung, Industriedesign und Materialwahl markieren können. Harald Szeemanns Ausstellung in Bern 1969 *When Attitude Becomes Form* hätte – wäre da nicht der Titel – zum Manifest eines neuen Bewusstseins (niederer) Materialien werden können. Im gleichen Jahr veröffentlichte Günter Bandmann einen Aufsatz mit »Bemerkungen zu einer Ikonologie des Materials«; schon 1964 hatte Robert Klein Überlegungen zu »Kunst und die Aufmerksamkeit für die Technik« publiziert.[139] Michael Baxandalls (1980) Analyse süddeutscher Lindenholz-Skulpturen um

1500 geht entscheidend von Eigenschaften und Ästhetik dieses Holzes und seinen technischen Bearbeitungsmöglichkeiten aus. Svetlana Alpers' neue Annäherung an die niederländische Malerei des 17. Jahrhunderts als einer Kunst der Beschreibung (1983) basiert auf den fiktiven Materialtäten gemalter Oberflächen. C. Edson Armi spürte der »neuen Ästhetik« von Cluny III. anhand von Meißel- und anderen Arbeitsspuren nach, die er mit bestimmten Steinmetzen und Werkstätten verbindet (*Masons and Sculptors in Romanesque Burgundy. The new aesthetic of Cluny III*, 1983). Und Dieter Kimpel und Robert Suckale (1985) haben gezeigt, dass die Veränderungen des hochgotischen Kirchenbaus maßgeblich nicht nur aus technischen Innovationen, veränderten religiösen Anforderungen, dem Willen zu Symbolik oder dem Wettstreit der Auftraggeber, sondern auch aus einer effizienten Umstrukturierung des Baustellenbetriebs resultierten.

Und dennoch fristeten Material und Machen in der Kunstgeschichte des 20. Jahrhunderts so lange ein Nischendasein, bis der Aufstieg des Digitalen in den 1990er Jahren wieder eine scheinbar unüberbrückbare Distanz eröffnete: Werden im Computer doch alle Artefakte und Bilder zunächst einmal auf einen virtuellen binären Code und ein ähnliches Bildschirmformat reduziert (wobei allerdings noch darauf hinzuweisen sein wird, dass erst die digitale Fotografie mit fast beliebigen Mengen an aufgenommenen Details und Vergrößerungsmöglichkeiten den ›Nahblick‹ auf Objektoberflächen von *material turn* und *Object Studies* ermöglicht, s. S. 246). Zudem bewegten sich auch die Hauptforschungsinteressen der letzten Jahre des 20. Jahrhunderts in anderen Bereichen, richteten sich auf Fragen künstlerischer Selbstreflexion und gemalter Kunsttheorien oder auf Ansätze einer Bildwissenschaft, deren frühe Leitfrage ›Was ist ein Bild?‹ kaum auf die physische Beschaffenheit des Bildträgers zielte.

In dieser Situation größter Distanz erfolgte die kunsthistorische Wiederentdeckung des Materials: 1994 erschien – noch ganz auf Bedeutungsfragen fokussiert – Thomas Raffs *Die Sprache der Materialien. Anleitung zu einer Ikonologie der Werkstoffe*. Die ersten Beiträge von Monika Wagner stammen ebenfalls aus dieser Zeit. Ihr Buch *Das Material der Kunst. Eine andere Geschichte der Moderne* erschien dann zwar erst 2001. Durch das seit 1996 installierte Archiv zur Erforschung der Materialikonographie am Kunstgeschichtlichen Seminar der Hamburger Universität gab sie schon zuvor entscheidende Impulse für diese Forschungsrichtung im deutschsprachigen Bereich.

Das kunsthistorische Interesse am Material wurde flankiert vom neuen *material turn* der Sozial- und Kulturwissenschaften, der mitverantwortlich dafür sein dürfte, dass dann auch die Kunstwissenschaft den Blick vom Material auf alle Aspekte des Machens erweitert hat. Untersucht der *material turn* doch Artefakte umfassend auf ihre Bedeutung und Aussagekraft für menschliche Kulturen und Geschichte. Dies umfasst zentral auch praxeologische Überlegungen, die nach dem menschlichen Körper in seinem Verhältnis zu und im Umgang mit Objekten fragen. So schließt sich der Kreis zur Akteur-Netzwerk-Theorie oder auch der von James J. Gibson ausgehenden Affordanz-Theorie, die von den ›Angeboten‹ spricht, die Gegenstände Menschen (und Tieren) machen. Relevant ist hierbei aber auch der Aspekt des impliziten Wissens oder *tacit knowledge*. Dieses verinnerlichte (Körper-)Wissen, speziell die ›Könnerschaft‹, ein durch Übung oder Begabung agierendes Know-how, das nicht bewusstgemacht, in Worte gefasst oder erklärt werden muss, scheint insbesondere auch für handwerklich-künstlerische Produktionsvorgänge interessant, lässt sich hiermit doch ein Wissen jenseits der eigenen literarischen Gesetzen gehorchenden Kunstliteratur fassen.[140]

Galionsfigur einer Forschung, die diese Aspekte für europäische Kunstobjekte der Frühen Neuzeit zusammenzubringen versucht, ist die Wissenschaftshistorikerin Pamela H. Smith. Für sie hat die Beschäftigung mit der Alchemie der Frühen Neuzeit den entscheidenden Denkanstoß geliefert: Die Texte dieser chemischen Wissenschaft thematisierten – anders als die Kunstliteratur – einerseits minutiös Materialien und Herstellungsvorgänge, als zumindest partielle Geheimwissenschaft stellte sich andererseits die Frage nach *tacit knowledge*. In *The Body of the Artisan. Art and Experience in the Scientific Revolution* (2004) werden dann ein ›Körperwissen‹ der Handwerker und die Herstellungsprozesse der Artefakte auf eine historische Episteme des Materiellen hin untersucht. Von Smith in der Folge herausgegebene Bände bauen diese Überlegungen nicht nur in Richtung des impliziten, empirischen Wissens aus. Diese Überlegungen verbinden sich auch mit Ansätzen, die eine Kunstgeschichte globaler Mobilitäten anhand der ›Wanderungen‹ von Materialien, Artefakten und implizitem Wissen durch verschiedene Räume und Zeiten zu entwickeln versuchen.[141] Aber auch andere Fragestellungen der Wissenschaftsgeschichte liefern entscheidende Anstöße, insofern sie für ein Verständnis des in Bildern oder Artefakten kodierten Wissens verstärkt nach deren Materialität/Medialität und Herstellungsprozessen fragen (Daston/Galison 2007; Rheinberger 2009).

Es hat diesen langen Weg benötigt, damit der Ratschlag von Ernst Förster aus dem Jahr 1862, dass »ein Einblick in die Technik der Künste« »erspriesslich« sei, wieder ernst genommen wird: Heute versuchen Kunsthistoriker_innen, etwa durch Werkstattbesuche bei Druckern, Glasbläsern, Gießern, Töpfern und anderen, eine Vorstellung von den Praktiken und Möglichkeiten dieser Handwerke und der verwendeten Materialien zu gewinnen. Erweisen muss sich noch, ob das Digitale doch nicht den größtmöglichen Gegenpol zu Material und Machen darstellt, sondern ob gerade durch das Potenzial des Digitalen die neue wissenschaftliche Hands-on-Mentalität und der Nahblick auf das Material erstmals wirklich produktiv mit allen anderen Frageperspektiven der Disziplin zu verbinden sind.

Glokale Räume

Die Räume der Kunstgeschichte sind immer Machträume. Geografien der Kunst müssen daher – wie andere Raumvorstellungen auch – nicht als Zustand, sondern als sozial konstruiert verstanden werden. Sie geben mindestens so sehr (dominierende) Standpunkte, Interessen und Voreingenommenheiten zu erkennen, wie sie Kunsttopografien, kulturell-künstlerische ›Identitäten‹, Austauschprozesse oder »Wanderstraßen der Kultur« erfassen.[142] Vor diesem Hintergrund lässt sich auch die heute angestrebte globale Perspektive der Kunstwissenschaft nicht einfach als Erfolgsgeschichte der letzten zwei, drei Jahrzehnte darstellen. Sie ist mindestens so sehr als Geschichte von Verlust und Versagen während mehr als einhundert Jahren zu schreiben – zumindest wenn, wie hier, die deutschsprachige Forschung im Zentrum steht.

Der Eurozentrismus der Kunstgeschichte war eigentlich spätestens 1923 in vollem Umfang erkannt. Der Entwurf einer neuen, umwertenden »Welt-Kunstgeschichte« wurde damals in aller Deutlichkeit formuliert: »Sinn und Absicht dieser Schrift ist nicht etwa die Skizze zu einer ›Weltkunstgeschichte‹, für die heute – und wer weiß wie lange noch – die Voraussetzungen fehlen. Wir begnügen uns vielmehr mit dem Versuch, den Weltkunstgedanken zu entwickeln [...]. Der Weltkunstgedanke, das ist das Sichauftun eines universalen Kunsthorizonts und die Erkenntnis, daß es dringend Pflicht ist, über die Mauern Europas hinauszuspringen, um mit jenen riesigen Kunstprovinzen sich auseinander zu setzen und in lebendige Beziehung zu treten, die außerhalb unseres westlichen Erdteils existieren.«[143] Als die vier entscheidenden »Begrenztheiten« der Disziplin benennt der damals 33-jährige Oskar Beyer treffend das (stilgeschichtlich-lineare) »Entwicklungsdogma«, die immer noch dem Antik-Klassischen verpflichteten ästhetischen Werturteile, den Kult um herausragende »Künstlerpersönlichkeiten« und »nationalistische Voreingenommenheit«. Dass Beyers Überlegungen zu einer solchen »Welt-Kunstgeschichte« aus allen folgenden Diskussionen komplett ausgeblendet wurden, lässt sich nur so erklären, dass er ein Außenseiter der Disziplin blieb.[144]

Außenseiter blieb auch Josef Strzygowski, wenngleich als einer der Wiener Ordinarien für Kunstgeschichte eigentlich institutionell zentral im System verankert. Im gleichen Jahr 1923 legte er sein (ebenfalls weitgehend wirkungsloses) Programm zur Erfassung und Erforschung der Kunstdenkmäler aller Zeiten und Völker vor, unter anderem mit der Prophezeiung: »Die Wissenschaft, die zuerst das Ganze des Erdkreises, den Menschen im ganzen Verlaufe seines Auftretens und in allen seinen gesellschaftlichen Schichten erfaßt, dazu dem Allgemeinen, das heißt den inneren Werten ihrer Wesenheit nachgeht, wird den anderen Geschichtswissenschaften voranleuchten. Diese Wissenschaft könnte, scheint auch mir, tatsächlich die Forschung über Bildende Kunst sein.« (1923: 31) Allerdings sah er die Disziplin, die bei Kugler und Schnaase bewunderswert noch den »Gesamtkreis der Erde« einbezogen hätte, seit Längerem im Abstieg begriffen: »Seit den siebziger Jahren [des 19. Jahrhunderts] erst ist es dann üblich geworden, sich auch als Kunstforschung von vornherein in einem kleinen, womöglich rein europäischen Gebiete geschichtlich einzuspinnen, [...].« (1923: 44) Strzygowskis späterer Absturz in kunsthistorische Rasse- und Blut-und-Boden-Fantasien verdeutlicht nicht nur die intellektuellen Gefahren solcher Kunstgeografien, sondern unterstreicht die Bedeutung von Beyers Entwurf einer weitgehend vorurteilsfreien »Welt-Kunstgeschichte« nur noch mehr. Schließlich publizierte wiederum 1923 der später als Prähistoriker tätige Herbert Kühn die erste umfassende Darstellung zur *Kunst der Primitiven*, die sich als weiteres Angebot hätte begreifen lassen, die Kunstformen von der Steinzeit bis in die Südsee wieder in die Disziplin zu holen.

Wie Strzygowski zu Recht betonte, ist die Kunstgeschichte eigentlich seit Langem ›global‹: Bereits in der Frühen Neuzeit gab es Ansätze, die Kunstproduktion der Menschen weltweit anthropologisch zu erfassen. Und die Kunstgeschichtsschreibung des 19. Jahrhunderts – von den Publikationen eines Franz Kugler (1842) über Carl Schnaase (1843–1864) bis Karl Woermann (1900–1911) – behandelte dezidiert die »Geschichte der Kunst aller Zeiten und Völker«. Um eine solche globale Perspektive von dem, was Oskar Beyer vorschwebte und was die Disziplin heute anstrebt, abzugrenzen, ist eine terminologische Differenzierung von Hans Belting hilfreich.[145] Dieser schlägt vor, zwischen einer ›Weltgeschichte der Kunst‹, die additiv oder im Sinne von Entwicklungsstufen die Kunstproduktion aller Zeiten und Völker nebeneinanderstellt (von Kugler bis Hugh Honours *Weltgeschichte der Kunst*, engl. 1982, dt. 1983), einer ›Kunstgeschichte globaler Kunst‹, die sich allein mit der modernen und zeitgenössischen, bereits im Hinblick auf eine weltweite Rezeption produzierten Kunst beschäftigt, und einer ›globalen Kunstgeschichte‹ zu unterscheiden. Auch letztere sieht sich mit der Gefahr konfrontiert, die Welt westlichen Konzepten zu unterwerfen, bemüht sich aber darum, ihre Standpunkte und Vorannahmen zu reflektieren.

Dabei ist diese globale Perspektive nur dann wirklich umfassend zu verstehen, wenn sie in ihrem Wechselverhältnis mit den jeweiligen Wahrnehmungen und Dynamiken des Lokalen und Regionalen untersucht wird (in einem Wort: als Prozess der ›Glokalisierung‹).[146] Der Blick in die Welt verändert das Verhältnis zum eigenen Umfeld, das Fremde die Vorstellung vom Vertrauten oder gar der ›Heimat‹.[147] Zeigen lässt sich, dass gerade auch im deutschsprachigen Bereich die vielbeschworene »Entzauberung der Welt« (Max Weber), die zunehmende Rationalisierung und Beherrschung aller Bereiche seit dem späteren 19. Jahrhundert, als Gegenreaktion eine starke Sehnsucht nach der vermeintlich verlorenen ursprünglichen Einheit, einer ›heilen‹ Heimat und »Umwelt« (so der von Jakob Johann von Uexküll 1909 lancierte Begriff) hervorriefen: Die Bemühungen verschiedener Disziplinen wie Volkskunde, Ethnologie, Biologie, Landschafts- und Denkmalpflege oder eben Kunstgeschichte in diesen Jahren reagieren auf diese Tendenzen.[148] Auch dass das ältere Konzept der Anthropogeografie, der Untersuchung der Wechselwirkungen zwischen den Naturgegebenheiten der Welt und den Menschen (bereits Winckelmann hatte den Einfluss des Klimas auf die Blüte der Künste in Griechenland postuliert), nun mit den Arbeiten Friedrich Ratzels Ende des 19. Jahrhunderts zum Durchbruch gelangte, gehört in diesen Zusammenhang. Schließlich folgt auch die Faszination am ›Primitiven‹ bei Literaten und Künstlern der Jahrzehnte um 1900 den Dynamiken der Glokalisierung: Für Gauguin war zunächst der Weg in die bretonische Provinz als Ort des ›ursprünglich Französischen‹ und dann nach Polynesien als Ort des ›absolut Ursprünglichen‹ insofern konsequent, als beides eine Abwendung von der Großstadt Paris signalisierte.

Selbst das neue Interesse dieser Jahre an einem post-euklidischen – körperlich erfahrenen, gelebten, erinnerten – kunsthistorischen Raumbegriff ist vor diesem Horizont im Rückblick auch als implizite Selbstvergewisserung hinsichtlich der eigenen Position zu verstehen: Nachdem in der Kunstliteratur seit dem frühen 15. Jahrhundert ›Raum‹ allein unter dem Aspekt (zentral-)perspektivischer Darstellung thematisiert worden war, als neuzeitlicher »Systemraum« im Unterschied zum mittelalterlichen »Aggregatraum« (Panofsky 1924), versuchten im gleichen Jahr 1893 August Schmarsow das *Wesen der architektonischen Schöpfung* als Raum-Kunst zu definieren (mit einer optischen und einer taktil-haptischen Komponente der Rezeption) und der Bildhauer Adolf von Hildebrand in *Das Problem der Form in der bildenden Kunst* den Anschauungsraum und seine gestalterischen Möglichkeiten jenseits der Perspektive zu bestimmen.

Musterbeispiel für den weiteren Umgang mit der kunsthistorischen Raumkategorie ist die Forschungsgeschichte zur gotischen Kathedrale im 20. Jahrhundert: Hans Jantzens formalästhetische Wendung einer »diaphanen [Wand-]Struktur« (1927), bei der eine »körperplastisch geformte« vordere Schicht durch die lichtdurchflutete »optische Zone« eines »Raumgrundes« hinterlegt ist, erscheint wie die nachgereichte historische Fundierung zur im Jahr zuvor publizierten Bauhaus-Handreichung von Siegfried Ebeling mit selbsterklärendem Titel (*Der Raum als Membran ist ein analytisch-kritischer Beitrag zu Fragen zukünftiger Architektur, die über das nackte Bedürfnis hinausgeht und hiermit sich legen möchte in die gestaltende Hand aller Wissenschaft*, 1926). Hans Sedlmayrs Lesart der Kathedrale als Baldachinstruktur und steingewordenes Sinnbild des Himmlischen Jerusalem (1950) evoziert nach dem Krieg die Hoffnung auf einen utopisch-heilen Ort (in diese Richtung zielt, bei aller Opposition zu Sedlmayr, letztlich auch Otto von Simson mit seinem Kathedralen-Buch 1962). Günter Bandmann hatte 1951 nicht nur mittelalterliche Architektur als »Bedeutungsträger« vorgestellt, sondern auch größere Stadt-, Sakral- und Herrschaftstopografien untersucht. Darauf und auf die gesellschaftskritischen Diskussionen nach 1968 bauend, sollten dann Dieter Kimpel und Robert Suckale (1985) unter anderem den verschiedenen Formen der Zugänglichkeit und Nutzung des gotischen Kirchenraums nachgehen.

Aber auch für andere Kunstformen wurde die Kategorie Raum entscheidend weiterentwickelt: sei es für die Untersuchung von Bild- und Erzählräumen (Kemp 1996), sei es für die Kartografie oder aber für die Raumkonzepte der modernen und zeitgenössischen Kunst, die von der immersiven Dimension des Virtuellen bis zum Weltraum reichen (Grau 2001). Allein die wenigen Arbeiten mit systematischem Anspruch wie Hans Jantzens *Über den kunsthistorischen Raumbegriff* (1938) oder Kurt Badts *Raumphantasien und Raumillusionen* stellen zwar fest: »Das allgemeinste Thema der modernen Kunstgeschichte ist die Frage nach der Raumbehandlung. In vielen Fällen gilt sie auch für die wichtigste.« (1963: 11 f.) Allerdings verhinderte dabei wohl gerade die vermeintliche »Allgemeinheit und Abstraktheit« des Raumbegriffs, dass die Bedingtheiten des eigenen (kulturellen) Standorts der Forschenden und die Machtdispositive eingehender reflektiert wurden.[149]

Denn: In Verbindung mit einer teils missverstandenen, trivialisierten Völkerpsychologie und Kulturtopografie, im schlimmsten Fall angereichert durch Volks- und Rasseideologien und aggressive geopolitische Machtinteressen, entstanden seit den Jahren um 1900 auch kunstgeografische und kunsträumliche Modelle, die verheerende Beispiele dafür lieferten, was fehlende kritische Selbstreflexion produzieren kann. Es überrascht kaum, dass diese Art von Schriften besonders im Zusammenhang mit dem Ersten Weltkrieg und dann massiv unter den Nationalsozialisten propagiert wurden. Die beiden ersten methodisch-theoretischen Arbeiten zu einem kunstgeografischen Ansatz von Kurt

Gerstenberg (*Ideen zu einer Kunstgeographie Europas*, 1922) und Paul Pieper (*Kunstgeographie*, 1936) präsentierten sich zumindest nicht gleich im Titel chauvinistisch. Allein eine chronologische Auflistung einiger der Buchpublikationen von Paul Schultze-Naumburg lässt dann aber erahnen, wie sich Vorurteile, Geo- und Rassenpolitik mit Kunst- und Kulturgeschichte zusammentun können: *Die Gestaltung der Landschaft durch den Menschen* (1922), *Kunst und Rasse* (1928), *Kunst aus Blut und Boden* (1934), *Nordische Schönheit* (1937) usw.

Aber auch in weniger offensichtlichen und kruden Kontexten führen vermeintlich naturgegebene geografische oder in langer Tradition erworbene kulturelle Eigenheiten (bis hin zur aktuellen Behauptung von Leitkulturen) zur Erstarrung von Denkmöglichkeiten, Herangehensweisen und Interessen: Eine Fragestellung nach dem Prinzip »Was offenbart uns die Kunst vom Wesen der Deutschen?« (Georg Dehio, 1918) oder auch noch so vermeintlich neutral-wohlwollende Versuche, etwa das »Englische in der englischen Kunst« zu bestimmen (bezeichnenderweise von Dagobert Frey 1942 und dem deutsch-jüdischen Emigranten Nikolaus Pevsner, engl. 1956, dt. 1974), liegen als Grundannahme den meisten Bemühungen zugrunde, nationale Kunstgeschichten zu schreiben (und es ist interessant zu sehen, dass etwa nach dem Zerfall der UdSSR die Akademien der Nachfolgestaaten als eine ihrer ersten Aufgaben immer noch ›nationale Kunstgeschichten‹ angegangen sind). Wie und wo diese nationalen Kunstgeschichten historisch beginnen, was sie umfassen und auswählen, welche Zentren, welche Peripherien, welche Grenzen sie postulieren, welches leitende und welches abgeleitete Kriterien sind und welche Zusammenhänge sie aufzeigen, deckt häufig mehr über die Autor_innen und die Zeit der Abfassung auf als über nationale Kunst.[150] Für Deutschland etwa war, nachdem die Erfindung der Bauaufgabe ›gotische Kathedrale‹, wie sie

Goethe 1773 in Straßburg noch als Meisterleistung »deutscher Baukunst« rühmen konnte, durch die Forschung des 19. Jahrhunderts endgültig an Frankreich ›verloren‹ gegangen, als ›eigene Leistung‹ nur eine »deutsche Sondergotik« (Kurt Gerstenberg, 1913) übrig geblieben. Dafür ›entdeckte‹ man in den 1930er Jahren die ottonische Kunst als »die erste große Epoche« deutscher Malerei. Die Romanik stieg zu einem Lieblingsstil der Nationalsozialisten auf, die im Bamberger Reiter und der sogenannten Uta von Naumburg das Ideal des ›arisch-deutschen Herrenmenschen‹ verkörpert sahen.[151]

Dagegen bieten die beiden Versionen der vielbändigen *Propyläen-Kunstgeschichte* ein schlagendes Beispiel dafür, wie im 20. Jahrhundert mit größter Wirkmacht globale Perspektiven konstruiert wurden.[152] Die erste Ausgabe eröffnete einmal mehr im Jahr 1923 Eckart von Sydows Band *Die Kunst der Naturvölker und der Vorzeit.* Es folgten die Kunst des alten Orients, der Antike, Asiens und des Islams, dann die westlichen Kunstepochen. Das Editionsprojekt endete mit dem 16. Band *Die Kunst des 20. Jahrhunderts* (Carl Einstein, 1926). Zudem behandeln zwölf Supplementbände vor allem Architektur, Kunstgewerbe und Druckgrafik. Die vollkommen neu konzipierte, zweite Version der *Propyläen-Kunstgeschichte* in 18 Bänden (1966–1985) beginnt dagegen mit der Kunst der Griechen. Sie belässt nur die *Kunst des Islam* als Band 4 an gleicher Stelle wie die erste Ausgabe, nämlich vor dem europäischen Mittelalter, da dieses unter anderem vom Wissenstransfer arabischer Übersetzungen antiker Texte profitierte (die Kunst des Islam ist damit zugleich in ihrer Bedeutung auf ›Mittelalter‹ festgeschrieben). Alle anderen außereuropäischen Bereiche werden erst nach der westlichen Kunst behandelt. *Die Kunst des 20. Jahrhunderts* (Giulio Carlo Argan, 1977) deckt den Zeitraum 1880 bis 1940 ab. *Die Kunst der Gegenwart, 1940–1980* (Edward Lucie-Smith, 1985) wird erst als Supplementband geliefert, ebenso die *Kunst der Naturvölker* (Elsy Leuzinger, 1978). Dafür findet man erstmals *Die Geschichte der Photographie. Die ersten hundert Jahre* (Helmut Gernsheim, 1983) als Sonderband (die späteren, preisgünstigen Sonderausgaben umfassen dann allerdings wiederum nur die zwölf ›Kernbände‹ europäisch-westlicher Kunstgeschichte). Das Unternehmen liefert in der Terminologie Beltings jedenfalls eine additive »Weltgeschichte der Kunst«. Raum dient als topografisches Ordnungskriterium und wird nicht hinterfragt. Bezüge und Bewegungen im Raum sind kaum erkennbar. Es ist bezeichnend, dass dagegen der bislang ambitionierteste neue Ansatz, eine globale Sicht auf die Kunst zu schreiben, den Raum wieder zum zentralen, anthropologisch fundierenden Untersuchungskriterium erhebt (David Summers: *Real Spaces. World Art History and the Rise of Western Modernism*, 2003).

Es sind vor allem vier Autoren, allesamt keine Kunsthistoriker, die die Bedingtheiten auch der kunstgeschichtlichen Raumkonzepte offengelegt haben. Michel Foucault verwies 1975 in *Überwachen und Strafen* (dt. 1976) auf gebaute Macht- und Überwachungsanlagen und damit auf die prinzipielle Notwendigkeit, Raumstrukturen und Blickregime zu hinterfragen. Edward Said legte in seinem Buch *Orientalismus* (engl. 1978, dt. 1979) die Fantasien und Projektionen des europäischen Standpunktes über die arabische Welt offen, die zugleich Legitimation und Ermächtigung für (Um-)Deutung und Herrschaft lieferten. Die Vorstellung, dass beim Aufeinandertreffen von Menschen aus unterschiedlichen Kulturen und Wissensbereichen nicht einfach (passive) ›Einflüsse‹ oder (aktive) Transferprozesse in die eine oder andere Richtung stattfinden, sondern eine Art hybrider »Dritter Raum« entsteht, entwickelt der Literaturwissenschaftler Homi K. Bhabha (*Die Verortung der Kultur*, engl. 1994, dt. 2000). Allerdings überzeugt auch das Konzept der Hybridität, das feste

›Ausgangskulturen‹ impliziert, nicht vollkommen, und es wird weiterhin intensiv diskutiert, wie solche Kontaktzonen, Künstler_innen, Ideen und Artefakte mit mehreren kulturellen Referenzbezügen adäquat zu erfassen und zu analysieren sind. Im Jahr 2000 eröffnete schließlich der Historiker Dipesh Chakrabarty mit der Forderung, Europa zu »provinzialisieren« (*Provincializing Europe*, engl. 2000, dt. 2010), insofern eine neue Perspektive postkolonialer Geschichtsschreibung, als er das westliche historische Denk- und Kategoriengerüst mit seinen vermeintlich neutralwissenschaftlichen Kategorien wie Aufklärung, Moderne oder Nationalstaat insgesamt, nicht nur offensichtlich eurozentrische Konzepte wie den Orientalismus, als Hemmnis für ein angemessenes Verständnis und eine Geschichtsschreibung anderer geografischer Bereiche und Zusammenhänge der Welt kritisierte.

Vor diesem Horizont arbeitet die Kunstgeschichte verstärkt seit den Jahren um 2000 an einer zukunftsträchtigen globalen Perspektive. Dabei können unterschiedliche Aspekte im Fokus stehen: Mit Blick auf eine verbreiterte, idealerweise umfassende geografische Einbeziehung, Überwindung bisheriger Kanonbildungen und Zentrum-Peripherie-Dichotomien wird ein »spatial turn« und eine »horizontale Kunstgeschichte« gefordert.[153] Geht man von dem allen Menschen gemeinsamen Sinn für Ästhetik, Gestaltung und Bildermachen aus, steht ein »anthropological turn« im Fokus.[154] Die sich im Raum bewegenden Menschen, Artefakte und Ideen legen einen »migratory turn« nahe.[155] Immer geht es aber um gemeinsame Grundherausforderungen: Wie lassen sich Kontaktzonen und Austauschprozesse, Multi- und Transkulturalität ebenso wie die Spezifika von Orten oder Personengruppen verstehen – ohne in alten und neuen Asymmetrien zu denken? Sind kulturelle ›(Nicht-)Übersetzbarkeit‹, Übernahme- und Hybridisierungsphänomene präziser zu fassen? Und was passiert, wenn (räumliche und zeitliche) Distanz nicht nur als unumgehbare Gegebenheit, als zu überwindender Widerstand, sondern als aktiv wirkende Größe konsequent mitgedacht wird?[156] Zeigen muss sich, ob eine globalisierte Gesellschaft auch Kunst und Kultur auf einer strukturellen Ebene anders denken kann – oder ob sich nur die binären Parameter des ›Hier‹ im Unterschied zum ›Überall anders‹ neu ausrichten.

Einmal mehr tritt so die Anfangssituation der Kunstgeschichte zutage, gilt doch weiterhin, was Oskar Beyer schon 1923 formuliert hat: »die Absicht [...] ist nicht etwa die Skizze zu einer ›Weltkunstgeschichte‹, für die heute – und wer weiß wie lange noch – die Voraussetzungen fehlen.« Noch geht es erst um einen überzeugenden »Versuch, [überhaupt] den Weltkunstgedanken zu entwickeln [...].«

»Des Pudels Kern«: Antriebskräfte, Entwicklungen, Ziele

Oskar Beyers »Versuch, den Weltkunstgedanken zu entwickeln« postuliert – und das ist wohl die interessanteste Idee dieses heute vergessenen Buches – ein grundlegend anderes epistemisches Analyse- und Ordnungsmodell für die Kunstwissenschaft insgesamt:

> »Es muss nicht minder deutlich festgestellt werden, daß die Methode: durch geschichtliche oder philologische Forschung, also auf intellektuellem Wege an die Kunst heranzukommen, ein phantastischer Irrweg ist, da der Kunstwert [...] immer ein Unmittelbares nur im Erlebnis Faßbares sein kann. Nur vom Erlebnis dieses unmittelbaren, gegenwartsträchtigen Kunstwertes aus darf also jede stil- und entwicklungsgeschichtliche Bemühung künftig inneres Recht gewinnen. Andernfalls bleibt sie Philologie und kann mit Kunst, dem Schöpferisch-Lebendigen, nichts mehr zu schaffen haben. Deshalb wird man in Zukunft alle Kunstgebiete wie auf einer riesigen Ebene nebeneinander ausgebreitet liegen sehen, und ihre

Kennzeichnung, das heißt die Beschreibung ihrer wesentlichen Merkmale, wird sich vermutlich als viel wichtiger erweisen denn ihre Geschichte; ja ihr Geschichtliches wird nur noch insofern interessieren, als es der Kennzeichnung, der Aufrichtung eines möglichst plastischen Vorstellungbildes dient.« (1923: 14)

Zwar ruft Beyer zunächst das präsentisch-zeitlose Ideal von Kunst auf, die nur im unmittelbaren Erlebnis zu erfassen sei. Daraus schließt er dann aber in neuer Konsequenz und globaler Perspektive, dass die entscheidende Methode der Kunstwissenschaft nicht in historischen Entwicklungsnarrativen, sondern im morphologisch vergleichenden Nebeneinander von Kunstwerken bestehe.

Wenig später wird Ludwig Wittgenstein in seinen *Bemerkungen über Frazer's ›The Golden Bough‹* (1930/31) ganz ähnlich feststellen: »Die historische Erklärung, die Erklärung als eine Hypothese der Entwicklung ist nur eine Art der Zusammenfassung der Daten – ihrer Synopsis. Es ist ebensowohl möglich, die Daten in ihrer Beziehung zu einander zu sehen und in ein allgemeines Bild zusammenzufassen, ohne es in Form einer Hypothese über die zeitliche Entwicklung zu machen.« Wittgensteins Auseinandersetzung mit James G. Frazers klassischer Studie *Der goldene Zweig* (engl. 1890, dt. 1928) verdeutlicht, dass die Konjunktur des horizontal-morphologischen Vergleichs entscheidend aus der Situation der Ethnologie dieser Jahre resultierte. Diese sah sich vor der Schwierigkeit, mit einer großen Zahl meist undatierter und ›undatierbarer‹ Artefakte von häufig schriftlosen Kulturen zurechtkommen zu müssen (für die Orientierung an naturwissenschaftlich-morphologischen Ordnungsmodellen s. S. 189 f.).[157] Dafür war ein entscheidend anderer Ansatz notwendig; der diachrone Evolutionismus der frühen Ethnologie trat in den 1920er Jahren gegenüber einem synchronen Funktionalismus zurück. Erinnert sei auch daran, dass bereits die antiquarische Beschäftigung mit Artefakten in der Frühen Neuzeit vor Winckelmanns Forderung nach einer ›echten‹ Kunst- und Stilgeschichte auf ein systematisches Zusammenstellen aller mit einem bestimmten Sachverhalt und Stichwort verbundener Objekte zielte, nicht auf eine vor allem chronologische Schilderung ›relevanter‹ Fakten und Zusammenhänge.[158]

Gilles Deleuze und Félix Guattari werden jedenfalls auch ausgehend von diesen Diskussionen in den 1970er Jahren in Anlehnung an das Rhizom von Pflanzen das Modell einer geflechtförmigen Wissensorganisation entwickeln. Anstelle des historisch angelegten Narrativs, das unausweichlich einen Machtdiskurs bedient, das bestimmte Personen, Orte, Entwicklungen und Kategorien bevorzugt und häufig – insbesondere auch in der Kunst- und Architekturgeschichte – im Bild eines mit der Zeit wachsenden ›Baums‹ der Ereignisse oder des Wissens vorgestellt wurde, soll das Modell des Wurzelgeflechts viel mehr und alternative Möglichkeiten, Zusammenhänge und Dynamiken eröffnen. An die Stelle der vertikalen historischen Entwicklung mit ihrer (Richtungs-)Gebundenheit und ihrem impliziten Dominanzgestus soll ein horizontales, offenes, gleichberechtigtes, plurales Bezugssystem treten.

Noch scheinen sich die aktuellen Diskussionen über globale Kunstgeschichte und *Horizontal Art History* höchstens ansatzweise mit dem skizzierten Potenzial und der Theorie eines solchen rhizomatischen, morphologischen Vergleichens zu beschäftigen. Wenn jedoch in den letzten Jahren ein zunehmend schwindendes ›Geschichtsbewusstsein‹ in der Kunstgeschichte konstatiert wurde, dann ist dies möglicherweise eben nicht (nur) als Verlust an historischem Interesse und Wissen zu verstehen, sondern auch als Indiz für eine bereits stattfindende (unbewusste) Abwendung vom historisch-linearen hin zum horizontal-morphologischen

Ansatz. Ein weiteres Indiz dafür scheint, dass die an globalen Zusammenhängen interessierte Kunstgeschichtsforschung heute mit als erste Darstellungsform die (stets horizontale) Kartografie für sich entdeckt hat (John Onians [Hg.]: *Atlas of World Art*, 2004). Damit ist nicht gemeint, dass eine *Horizontal Art History* ab und zu Karten als Orientierungshilfen benötigt. Es geht darum, dass kartografische und diagrammatische Bildformen als zentrale Argumentationsmittel eingesetzt werden, um kulturelle Phänomene in ihrer geografischen Verteilung und Verschiebung zu verdeutlichen (wobei das Digitale und die *Big-Data*-Analyse eine solche räumlich-horizontale Sichtbarmachung von Daten noch befördern). Dieses kartengestützte kulturgeografische Visualisierungsverfahren war um 1900 in der (deutschsprachigen) Ethnografie um Friedrich Ratzel und Adolf Bastian entwickelt worden.[159] Mag man aus kunsthistorischer Perspektive zunächst intuitiv auch an Aby Warburgs Atlas-Projekt und seine Skizzen zu den »Wanderstrassen der Kultur« denken, so treten diese Ansätze doch weit zurück angesichts so ausgearbeiteter und differenzierter Publikationen wie Leo Frobenius' *Atlas Africanus* (1921–1931) oder seiner Überlegungen, *Karten als Sinnbilder der Kulturbewegung* (1922) zu verstehen.

Von solchen (zumindest bislang) Außenseiterpositionen einmal abgesehen, dominiert in der Kunstgeschichte aber seit jeher die Denk- und Darstellungsform der zeitlichen Sukzession, die nach Anfängen, Entwicklungen und Fortschritten, nach dem Zusammenhang von sich wandelnden Funktionen und Anforderungen, teils auch nach Zielen für die Künste fragt, kurz: nach Antriebskräften und Veränderungen. Denn so sehr die Meisterwerke der Kunst als zeitlos gepriesen werden konnten, genauso sehr galt auch: »Das Wesen der Geschichte ist die Wandlung.«[160]

Sofern man sich dieser Frage nicht dadurch zu entziehen versucht, dass man ausschließlich einzelne Werke und Kontexte in den Blick zu nehmen vorgibt, lassen sich zumindest fünf prinzipielle Denkmodelle zur Entwicklungsgeschichte der Künste unterscheiden: ein zyklisches, ein lineares, ein dialektisches, ein voluntaristisches und ein kataklysmisches. Dabei waren die Jahrzehnte um 1900 die Zeit der großen Theorieentwürfe. Bis in die 1980er Jahre folgten wichtige Studien zu bestimmten Epochenumbrüchen und historischen Konstellationen. Seitdem wird die Frage, warum sich die Künste und ästhetische Phänomene verändern, in der kunsthistorischen Forschung kaum mehr systematisch angegangen – Großtheorien zu Veränderungen im Feld der Kunst scheinen allein noch Thema der Soziologie. Gleichwohl liefert das historische Entwicklungsdogma mangels Alternativen weiterhin die mehr oder weniger selbstverständliche Matrix. Zwar hatte schon Alois Riegl, der mit dem ›Kunstwollen‹ dann eines der wirkmächtigsten Schlagwörter zur Entwicklung der Künste formulieren sollte, die Frage nach den Anfangsmotivationen und ersten Etappen des menschlichen Kunstschaffens als unbeantwortbar ausgeklammert: »Wir wollen diesen Schritt gar nicht thun, um schliesslich eingestehen zu müssen, dass wir des Pudels Kern doch nicht zu erkennen vermögen.« (Stilfragen, 1893: 32) Die heutige Kunstgeschichte scheint aber nun streckenweise ganz vergessen zu haben, dass sich die Frage nach des Pudels Kern überhaupt stellt.

Bereits in der Antike war das Kunstschaffen (einschließlich der Architektur) unterschiedlich begründet worden: aus der Not, aus Neugierde und dem Drang nach Neuem, aus Streben nach Ruhm, Lust am Spielerischen, Ästhetischen, zur Befriedigung menschlicher Fantasien oder auch aus einem angeborenen Trieb zu bauen, abzubilden oder zu schmücken. Anstelle solcher Anfänge und daraus folgender Entwicklungen ließen sich aber auch Endpunkte postulieren, auf die im Sinne einer Höherentwicklung alles zustrebe: das Ideal-Schöne, die Wahrheit perfekter Naturnachahmung oder das Gute einer richtigen Botschaft (hinter der die formale Gestaltung zurückstehen konnte). Katastrophen, Kriege und Bilderstürmer konnten die Entwicklungen wieder zurückwerfen. Oder aber die Prozesse wurden quasi naturgesetzlich mit zyklischen Wachstumsmetaphern und den Abläufen von Aufkeimen, Blüte, Verfall und möglicher Wiederbelebung parallelisiert. Vasaris Künstlerviten von 1550/68 sind ein Musterbeispiel dafür, wie sich Vorstellungen kombinieren ließen: Während die Gesamtgeschichte der Künste einen immer wiederkehrenden Lebenszyklus darstellt, streben das 14., 15. und 16. Jahrhundert, die Vasari konkret schildert, in einer linearen Fortschrittsbewegung auf ihren Höhepunkt mit Michelangelo und der Hochrenaissance zu.

Der Aufstieg der Kunstgeschichte zur universitären Disziplin Mitte des 19. Jahrhunderts verlangte dann nach elaborierteren Modellen und Theorien. Dabei war zum einen entscheidend, wie man das Verhältnis zur allgemeinen Kultur- und Geistesgeschichte verstand. Sah man die Künste als Teil derselben, bestand die Gefahr, dass man das Problem einfach auslagerte: Die Veränderungen von Malerei, Skulptur und Architektur folgen in dieser Vorstellung dem allgemeinen Wandel der Zeit, der Kultur und des Denkens – allerdings gilt es diese dann zu begründen. Zudem unterlief dieser Ansatz das Bestreben der Kunstgeschichte, sich aus interdisziplinären Abhängigkeiten und insbesondere von den Geschichtswissenschaften und den Philologien zu lösen, um eine wirklich eigenständige Wissenschaft zu werden (s. S. 151 f.). Den Befürwortern einer kulturgeschichtlichen Einordnung standen daher nicht weniger dezidierte Verfechter der Eigenständigkeit und innerkünstlerischen Veränderungslogik gegenüber: »Die Entwicklung der Kunst ist in erster Linie selbständig und wird von ihren eigenen Notwendigkeiten geregelt. Jedes Stadium der Entwicklung ist durch vorherige Zustände der Kunst bedingt und begründet, und was sich an äußeren Einflüssen und Umständen geltend macht, bleibt auf die sekundäre Rolle auslösender Kräfte oder anregender Faktoren beschränkt.«[161] Zum anderen war klar, dass der Formbegriff und die diesem zugrunde liegenden formenden Kräfte entscheidend auch die Vorstellungen zu den Antriebs- und Entwicklungsdynamiken der Künste insgesamt bestimmten (s. S. 40 ff.). Im Folgenden können zu den einzelnen Denkmodellen nur exemplarische Stichworte geliefert werden.

Zyklentheorien boten sich im 20. Jahrhundert vor allem für kulturpessimistische Argumentationen an. Damit ließ sich quasi naturgesetzlich begründen, dass es wie schon zuvor in der Geschichte auch mit der Gegenwart irgendwann bergab gehen würde – so in Oswald Spenglers *Der Untergang des Abendlandes* (2 Bde., 1918–1922) oder Hans Sedlmayrs verschiedenen Attacken gegen die moderne Kunst.

Noch älter und mindestens so verbreitet sind *lineare Denkmodelle* vom Fortschritt der Künste. Diese erfuhren im 19. Jahrhundert gleich zwei wegweisend neue Reformulierungen: Bei der ersten handelt es sich um den konsequent materialistisch-technischen Erklärungsansatz, den der Architekt Gottfried Semper 1860/63 in einer zweibändigen Publikation *Der Stil in den technischen und tektonischen Künsten, oder Praktische Aesthetik* entwickelt. In seiner Kunstgeschichte der Produktionsbedingungen der Künste ausgehend von den verwendeten Materialien und den daraus resultierenden immanent-formalen Gestaltungsmöglichkeiten bildet das Prinzip des Textilen mit seiner gewebten Struktur, die Semper aus den Schutzwänden einfachster, aus Ästen zusammengeflochtener Behausungen ableitet, »gleichsam als Urkunst« (1860, I: 13) den Ausgangspunkt aller menschlichen Kunsttätigkeit (mit der keramischen Kunst, der Tektonik und Stereotomie als den drei anderen, aus den Eigenschaften ihrer jeweiligen Werkstoffe abgeleiteten Klassen). Vor allem aber stiegen Charles Darwins biologische Evolutionslehre und die zeitgleichen, nur teilweise von Darwin angestoßenen Überlegungen zur soziokulturellen Evolution eines Herbert Spencer und anderer zur neuen Leittheorie in vielen Bereichen auf (s. S. 188 ff.). Eine der am sorgfältigsten entwickelten Theorien zu den so verstandenen Antriebskräften menschlichen Kunstschaffens legte Ernst Grosse (1896) mit seiner Untersuchung zu den Anfängen der Kunst bei den »primitiven Völkern« vor. Grosse verbindet nicht nur Überlegungen zu Umwelteinflüssen, zur Bedeutung der Produktionsformen im Sinne des Marxismus (Jäger, Hirten, Ackerbauern) und zu Evolutionsvorstellungen (die »sociale Funktion der Kunst [...] im Kampfe um das Dasein«), sondern argumentiert insgesamt dafür, dass »auf der untersten Kulturstufe« die Kunst »nur als ein sociales Phänomen« »zur Erhaltung und Entwicklung des socialen Organismus« erscheine (300). Die Probleme, die eine Übertragung der Vorstellungen von Selektion und des »Überlebens der Stärksten« auf Gesellschaft und Kulturproduktion allerdings auch mit sich bringen können, haben die 1930er und 1940er Jahre dramatisch vor Augen geführt. Gleichwohl lieferte dieser Ansatz bis heute produktive Einsichten. So führt der Ethnologe Edward B. Tylor 1871 (dt. 1873) das Konzept der »Überlebsel« (*survivals*) ein: kulturelle Elemente, die scheinbar ohne Sinn in neue Kontexte übertragen werden. Bei aller späteren Kritik daran erlaubt es mit Blick auf Artefakte, doch ansatzweise zu verstehen, warum Formgebungen und Ornamente ohne Notwendigkeit ›weiterleben‹ können, etwa die neue Eisenarchitektur im 19. Jahrhundert alte Säulenordnungen imitierte. Auch Warburgs These von den »Pathosformeln« – feststehenden, über die Jahrhunderte immer wieder verwendeten Prägungen des menschlichen Bildgedächtnisses – findet unter anderem hier eine Begründung.

Dialektische Modelle von der Entwicklung der Künste postulieren zwei gegensätzliche Pole formaler, psychologischer, sozialer oder ökonomischer Natur, zwischen denen sich dann das gesamte Geschehen in zumeist regelmäßigen »Pendelbewegungen« abspielt: von einem optischen oder haptischen Zugang zur Welt über Formen von Abstraktion und Einfühlung bis hin zu Jäger- und Bauernkulturen. Alle erläuternden Texte dazu basieren auf grober Vereinfachung: »Die Kunstentwicklung stellt sich uns nunmehr im allgemeinen als eine zwischen den parallelen Richtungen der individuellen Begabungstypen fortlaufende unregelmäßige Wellenlinie dar, die sich anfangs eine längere Strecke der Seite der plastischen Anschauungsweise enger anschließt, um sich allmählich von ihr zu entfernen und in ihrem späteren Verlauf derjenigen des malerischen Typus immer mehr zu nähern. Den einzelnen Pendelschwingungen in diesem Kampf der polaren Kräfte fällt immer die gleiche Sonderaufgabe zu. Die Ausschläge nach der plastischen Seite bringen der Kunst eine Bereicherung an neu hinzugewonnenen Sehvorstellungen und Sehformen, welche dann durch Rückschläge in das Malerische (beziehungsweise Reliefmäßige) dem Bildzusammenhange des Lichtraums eingebettet werden.« (Wulff 1917: 70) Wenn die Modelle trotz ihrer Simplifizierungen Überzeugungskraft entwickelten, dann nicht zuletzt, weil die Entwürfe von schönlinigen grafischen Darstellungen begleitet wurden. Georg G. Wieszner etwa wird seine Überlegungen zum *Pulsschlag deutscher Stilgeschichte* (1929) und einer bis 2100 vorhersagbaren »Stilrhythmik« zwischen den beiden Polen des Kollektiven und Individuellen nicht nur mit Erfolg am Weimarer Bauhaus vortragen, sondern auch von László Moholy-Nagy grafisch umsetzen lassen.

Das *voluntaristische Konzept*, das die menschliche Psyche ebenso wie den bewussten Willen als Begründung heranziehen kann, erlaubt sehr unterschiedliche Argumentationsweisen. Die Verabsolutierung von Sempers materialistischen Ideen provozierte bereits 1876 den Widerspruch Konrad Fiedlers (1991: I, 37) und 1901 schließlich Alois Riegls radikalen Gegenentwurf eines abstrakt-geistigen, überindividuellen »Kunstwollens«, das den Stil einer Zeit vereinheitliche – ein Begriff, der vereinzelt schon zuvor, erstmals wohl 1856 von dem Archäologen Heinrich Brunn verwendet worden war. Es ist dies Riegls mit Abstand am schlechtesten begründete These, basierend auf einer Mischung von Elementen aus Hegels Denken, Völkerpsychologie und der Lebensphilosophie seiner Zeit, wobei Riegl selbst die Frage nach Anfang und Antriebskräften – »des Pudels Kern« – wie gesehen ausklammerte. Dass dieses Schlagwort dennoch so positiv aufgenommen und weithin diskutiert wurde, hat damit zu tun, dass es einer allgemeinen Sehnsucht nach dem »Geistige[n] in der Kunst«, wie sich dann Kandinsky 1912 ausdrücken sollte, entgegenkam. Wilhelm Worringer versuchte, dieses Kunstwollen durch die Verbindung mit einem dialektischen Modell genauer zu bestimmen: als a priori »innere Forderung«, die sich als »Wille zur Form« zwischen den Polen von *Abstraktion und* [naturalistischer] *Einfühlung* (1907/1911: 9 und 53) manifestiere (bei Kandinsky wird daraus 1912 in mystifizierend-biologistischer Wendung die »geistige Form«, die als »weisser befruchtender Strahl« die »materielle Form« zwischen Abstraktion und Realistik erzeugt).[162] Hans Tietze (1913: 42–50) wendet die Idee nochmals anders, indem das Kunstwollen gar keinen allgemein verbindlichen Gestaltungstrieb meine, sondern nur die in der Rückschau des Kunsthistorikers erkennbare (auf unerklärliche Weise entstandene) stilistische Einheit einer Zeitstufe – eine Idee, die dann Erwin Panofsky 1920 als ohne historischen Erklärungswert zurückwies (1998: Bd. 2, S. 1019–1034). Heinrich Wölfflins Alternativvorschlag im Übrigen, dass der Wandel der Stilformen aus einer tiefer liegenden, sich wandelnden Geschichte des Sehens resultiere, dass die »innere optische Entwicklung« sich aus »der psychologischen Natur des Menschen« quasi »gesetzlich« ableiten lasse, ließ sich genauso wenig begründen und verschiebt das Problem nur. Wobei festzuhalten ist, dass gerade im Bereich der historisch sich verändernden Vorstellungen und Einstellungen zum Sehen (der Künste) in den letzten Jahrzehnten entscheidende Einsichten und Differenzierungen erarbeitet wurden.[163]

Viel konkreter war die Erklärung, die Jacob Burckhardt für die Veränderung künstlerischer Formen im Nachgang zu seiner Kulturgeschichte der italienischen Renaissance lieferte: Die Künstler arbeiteten an immer besseren Lösungen für bestimmte formale und funktionale Aufgaben (etwa das Altarbild oder das Porträt). Burckhardt soll eine solche »Kunstgeschichte nach Aufgaben« sogar als sein wichtigstes Vermächtnis bezeichnet haben.[164] Kulturhistorischer Kontext und kunstimmanente Dynamiken ließen sich in diesem Modell jedenfalls zusammenbringen. Auch die kritischen Hinweise anderer Forscher konnten produktiv integriert werden, und etwa der allzu lineare »Gänsemarsch der Stile« oder die »Gleichzeitigkeit des Ungleichzeitigen« (wie sie unterschiedliche Generationen, Reflexionsstufen bzw. Bereitschaften, eine Problemlösung anzugehen, mit sich brachten) war solchermaßen zu adressieren.[165] Gleiches galt für Ideen zu Geschmackswandel, zu kulturellen und künstlerischen »Ermüdungserscheinungen«, die eine Problemstellung obsolet werden und deshalb nach Neuem suchen ließen, oder Überlegungen dazu, dass das Kunstgeschehen offen für Wahlfreiheiten und Selbstwiderspruch sei.[166]

Der Erfolg dieses Ansatzes hält im Prinzip bis heute an – sicher auch, da in der Geschichtsphilosophie Arnold J. Toynbee ein ähnliches, noch umfassenderes Modell von Entwicklung als Folge von Herausforderungen und Reaktionen formuliert hatte (*A Study of History*, 12 Bde., 1934–1961). Ernst H. Gombrichs

Argumentation im international erfolgreichsten Kunstgeschichtsbuch aller Zeiten (*Die Geschichte der Kunst*, engl. 1950, dt. 1952) basiert ganz auf der Denkfigur vom dreifachen Motor der 1.) Problemlösungen aus einer historisch-sachorientierten Situationslogik heraus, kontrolliert vom Prinzip des *trial and error*, 2.) künstlerischen Versuchen gegenseitiger Überbietung und 3.) einer »Logik der Mode« auf Seiten der Auftraggeber und Rezipienten.[167] 1962 macht George Kubler in *Die Form der Zeit* (dt. 1982) im Gefolge von Henri Focillon einerseits das ›Eigenleben‹ der Formen stark. Andererseits verweist er anstelle mehr oder weniger einheitlicher Stilentwicklungen in den Künsten auf einzelne, überzeugende Problemlösungen und daraus resultierende Replikationsreihen. Im Unterschied zu Burckhardt, für den die historische Entwicklung mehrheitlich zu immer besseren Lösungen einer Herausforderung führt, steht bei Kubler (ähnlich wie schon in Paul Frankls *System der Kunstwissenschaft*, 1938) die ›Lösung‹ durch ein herausragendes Primärobjekt eines Ausnahmekünstlers am Anfang. Diese »prime objects« liefern dabei nicht nur Lösungen, sie stellen in gewisser Weise überhaupt erst Probleme für die nachfolgende Kunst auf, indem sie in der Lage sind, grundlegend Neues und radikalen Wandel herbeizuführen (nicht weiter erläutert wird, wie es zur Erfindung dieser genialischen Ausgangsobjekte kommt, vielmehr soll ein biologistischer Vergleich die Leerstelle überdecken: Es handele sich quasi um genetische Mutanten, 1982: 79 f., s. S. 186 f.).[168]

Aby Warburgs Vorstellung vom Voranschreiten der Künste basiert dagegen auf der Annahme, dass sich die Menschen durch die ›Verbildlichung‹ einen zunehmenden psychischen »Distanzraum« zu ihrer Umwelt geschaffen haben, der es ihnen erlaubte, ihre Angst vor dieser zunehmend zu kontrollieren. Auch diese Idee war kein Einzelfall. So bestimmte etwa Wilhelm Worringer das »Angstgefühl [...] als Wurzel des künstlerischen Schaffens«, das etwa durch den Abstraktionsdrang die »ungeheure geistige Raumscheu« (1907: 19 f.) beruhigen wolle.

Schließlich gibt es eine Reihe von positiven Überwältigungs- oder negativen Katastrophentheorien, quasi *Kataklysmen*. Diese gehen von punktuellen außerkünstlerischen Ereignissen aus, die so starke unmittelbare Wirkung auf Sehen, Fühlen oder Denken einer Zeit entfaltet hätten, dass sich die Künste – sei es auf der Ebene der Formen, sei es der Inhalte, sei es der Funktionen, sei es der Rezeptionsweisen – einschneidend veränderten. Begründen lässt sich damit immer nur ein spezifischer Wandel – allerdings werden Verallgemeinerungen vermieden. Auf diese Weise etwa wurden teilweise die Renaissancen der antiken Kunst verstanden, wenn davon ausgegangen wird, dass die Künstler so begeistert von den antiken Relikten gewesen seien, dass sie gar nicht anders gekonnt hätten, als diese zu rezipieren. Expliziter sind Katastrophentheorien: Die Bilderstürme beendeten ganze Kunstrichtungen. Die Pest von 1348 soll in Italien zu einem hierarchischen, archaisierenden Malstil geführt haben. Der Sacco di Roma 1527 sorgte für Verunsicherung und zugleich Verbreitung des römischen Stils in ganz Europa. Die Krise der Reformation bedingte den Umschwung der klassisch-idealen Kunst zum Manierismus. Die Revolutionsarchitektur spiegelt die (übersteigerten) gesellschaftspolitischen Utopien des ausgehenden 18. Jahrhunderts. Nicht nur die diversen Krisen der Moderne – voran die Weltkriege und die Herrschaft totalitärer Regime – haben den Gang der Künste in andere Richtungen gelenkt. Die Avantgarden selbst arbeiteten daran, die Institutionen der Kunst radikal zu stürzen (Bürger 1974). Auch Wissenschaftsstile, Themen und Methoden der Kunstgeschichte reagierten möglicherweise darauf: etwa indem die Katastrophe von Nationalsozialismus, Krieg und Vertreibung durch intensive Beschäftigung mit Renaissancekunst und Humanismus oder durch Verweis auf gemeinsame europäische Wurzeln wieder ›geheilt‹ werden sollte; oder aber wenn eine rein formalistische Kunstbetrachtung vermeintlich unpolitische Wissenschaft ermöglichen sollte.

Überraschend ist dagegen, dass der historische Materialismus, der Zusammenhänge von gesellschaftlichen und wirtschaftlichen Strukturen und die daraus resultierenden Dynamiken und sozialen Konflikte, wie sie die Arbeiten von Karl Marx und Friedrich Engels ebenfalls in der zweiten Hälfte des 19. Jahrhunderts als zentrale Faktoren vorstellten, untersuchte, keine wichtigere Rolle in der Kunstgeschichte spielt, die sich doch eigentlich auch zentral mit Fragen der Produktionsformen sowie dem Verhältnis von geistigem »Überbau« und sozialer Realität beschäftigt. Arnold Hausers *Sozialgeschichte der Kunst und Literatur* (2 Bde., engl. 1951, dt. 1953) ist das vielzitierte Musterbeispiel für diesen Ansatz. Ein Problem dabei war die starke Ideologisierung marxistischer Überlegungen von Anfang an;[169] ein anderes, dass, wie Jutta Held und Norbert Schneider zusammenfassen, »marxistische Theorien der Künste von der Position der künstlerischen Produktion aus geschrieben wurden und nicht primär Modelle der historischen Forschung vorgeben wollten. Diese Theorien konnten daher in der Kunstgeschichte [...] nicht einfach umgesetzt werden, sondern konnten nur als Orientierung und Anregung dienen. Marxistisch inspirierte Untersuchungen haben sich in der Kunstgeschichte vor allem auf die folgenden Bereiche konzentriert bzw. haben diese Bereiche konstituiert: Ideologiekritik der Künste und der eigenen Disziplin der Kunstgeschichte; Realismuskonzepte; neue und randständige visuelle Medien.«[170] Wie zu erwarten, trugen diese Ansätze besonders in den Jahren nach 1968, teils vermittelt durch Kritische Theorie und die Positionen französischer Philosophen, zu einer Revision der Kunstgeschichte bei.[171] Eine ›Erneuerung der marxistischen Kunstgeschichte‹ wird auch ganz aktuell in mehreren Publikationen versucht. Letztlich aber hat das Projekt einer *Radical Art History* (Otto Karl Werckmeister) zu keiner im Sinne des Marxismus weitreichenden Transformation der Disziplin geführt.

So hat die Disziplin – ähnlich wie die Geschichtswissenschaft – der soziologischen Systemtheorie mit ihren Überlegungen zum Kunstfeld derzeit kein Theoriemodell entgegenzusetzen, das mit einem auch nur annähernd so umfassenden und ausdifferenzierten Anspruch auftritt (zu Bourdieu und Luhmann s. S. 181 f.).[172] Allerdings wäre zu überlegen, ob dies in der jetzigen Situation nicht gerade als Vorteil zu verstehen ist. Erst diese mehr oder weniger bewusste Abkehr von Totalerklärungen und verallgemeinernden Theorien erlaubt der Kunstgeschichte ihre derzeitige Öffnung und ihr teils radikales Infragestellen vieler lange gültiger Grundannahmen. Des Pudels Kern läge dann – ganz egal, ob man historisch-vertikal oder morphologisch-horizontal interessiert ist – darin, anstatt auf Gesamterklärungen auf möglichst differenzierte Analysen einzelner Konstellation und ihrer Faktoren zu zielen. Es ginge nicht um eine komplexitätsreduzierende Theorie für alle Konstellationen, sondern um die Analyse aller Komplexitäten einer Konstellation. Die Gefahr bei des Pudels Kern bleibt allerdings bestehen, aus der Notwendigkeit heraus, Kunstgeschichte auch weiterhin teilweise als Entwicklungsgeschichte schreiben zu müssen, auf die alten, simplifizierenden Denk- und Erklärungsmuster von Fortschritt, immanenten Formgesetzen, Einflüssen oder Weltanschauungen zurückzufallen.

Fig. 16.

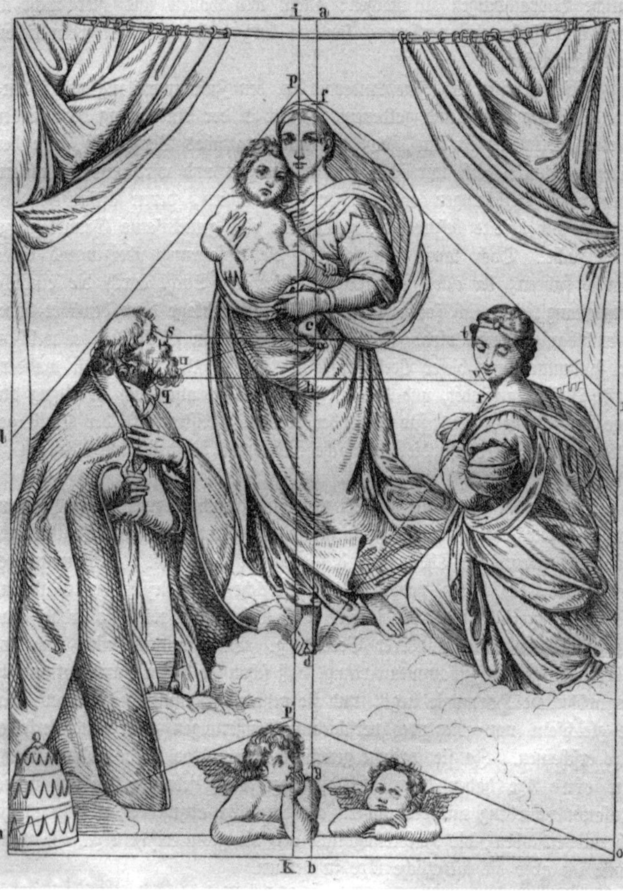

Herman Riegel: *Grundriss der bildenden Künste. Eine allgemeine Kunstlehre*, Hannover 1865, S. 86.

3. Wissenschaft

Wie ist Kunstgeschichte als Wissenschaft möglich?[173] Die Disziplin bemüht sich seit ihrer Etablierung an den Universitäten, gleich mehrere Vorwürfe zu entkräften: dass eine Beschäftigung mit dem Ästhetischen und den Formen der Kunst Liebhaberei, bestenfalls Kennerschaft, nicht aber Wissenschaft bedeute; dass die Kunstgeschichte keine eigene Methodik habe; und dass das Anhäufen historischer Einzelfakten ohne systematische Dimension keine tieferen Einsichten erlaube – wobei die Systematik jedoch in den Bereich der philosophischen Ästhetik falle. Dies machte und macht das »Aschenbrödel unter den modernen Wissenschaften«[174] offenbar besonders empfänglich für die Versprechungen streng wissenschaftlich erscheinender Fragestellungen und Methoden. Diese können aus Geschichte, Literaturwissenschaften oder Soziologie stammen, noch besser aber von den Natur-, Technik- und Digitalwissenschaften. Daran hat die von Wilhelm Dilthey und anderen etablierte Trennung in Natur- und Geisteswissenschaften nichts geändert – und daran dürften die aktuellen Diskussionen, die teils wieder für eine Aufhebung dieser Unterscheidung plädieren, ebenfalls nichts ändern.

Dabei war die 1872 formulierte Diagnose vom »Aschenbrödel« zunächst eigentlich hoffnungsvoll. Die Kunstwissenschaft ziehe nämlich »großen Vortheil aus der sonst vielfach für sie nicht glücklichen Thatsache, daß sie fast die jüngste der Wissenschaften ist. Sie hat keine ›verfallenen Schlösser‹ abgelebter Systeme und Methoden, sie stützt sich rechts und links auf die größtentheils neuen erweiterten und verbesserten Lehrgebäude der anderen Wissenschaften und zappelt nicht noch – wie viele ihrer älteren Schwestern – auf Tritt und Schritt in dem üppigen Schlingkrautgeranke vorweltlicher Theoreme und Terminologien. Sie hat von Anbeginn die gesunde Methode des modernen Forschens und Denkens sich zu eigen gemacht, nur mit klaren Begriffen und deutlichen Ausdrücken zu operieren, [...].«[175] Dieser Optimismus trug nicht lange. Seit den letzten Jahren des 19. und bis zur Mitte des 20. Jahrhunderts wurde intensiv diskutiert, wie die Kunstgeschichte in eine Kunstwissenschaft überführt werden könne, wie ›echte‹, ›strenge‹ oder ›reine‹ Kunstwissenschaft möglich sei: über eine systematische Verbindung von Kunst und Geschichte, über Grundbegriffe, über eine Konzentration auf eigens entwickelte, rigide Methoden der Stil- und Strukturanalyse sowie der vergleichenden Reihen- und Typenbildung oder über die ›objektiven‹ Daten technisch-naturwissenschaftlicher Untersuchungen.[176]

Der Eindruck, der sich daraus ergibt, entspricht in vielerlei Hinsicht nicht nur dem, was schon am Anfang der Debatten 1906 vermutet worden war: »Das Gebiet ist eben zu groß und die Interessen sind zu verschieden.«[177] Zu fragen ist auch, ob die interdisziplinäre Ausrichtung und Anschlussfähigkeit der Kunstgeschichte, die offenbar anderen Disziplinen den Eindruck vermittelt, sich ebenfalls problemlos mit Artefakten, Bildern und Kunst beschäftigen zu können, durch ein stärkeres Insistieren auf den spezifischen Methoden und Herausforderungen einer ›Augenwissenschaft‹ zu flankieren wäre.

Stil: Vergleichen, Zuschreiben, Ordnen

Anton Springer, erster ordentlicher Professor der Kunstgeschichte in Deutschland (seit 1860 an der Universität Bonn, s. S. 234), ging sofort zum Angriff über. Begnügte er sich doch keineswegs damit, nur die Wissenschaftlichkeit seiner neuen Disziplin gegenüber den anderen altehrwürdigen akademischen Fächern zu versichern. Die Kunstgeschichte erfüllte für Springer im Prinzip als einzige Geisteswissenschaft die Anforderungen, auf Grundlage von Beobachtung und Analyse der gegebenen Einzelelemente zuverlässig empirisch-induktive Erkenntnisse zu gewinnen. In den Erinnerungen des ab 1888 in Bonn studierenden Harry Graf Kessler liest sich dies so: Springer wollte die Kunstgeschichte

»zu einer Wissenschaft erheben, die in Laboratorien Tatsachen ebenso einwandfrei registriere wie die Biologie oder Chemie. Gerade sie sei die einzige Geisteswissenschaft, die mit Ausnahme vielleicht der experimentellen Psychologie wirklich wissenschaftlich arbeiten könne; denn weder die politische Geschichte noch die der Literatur seien im wahren Sinne Wissenschaften. Dagegen die Kunstgeschichte verfüge über Dokumente, die ebenso unanfechtbar seien wie Schädelformen oder Gesteinsarten, nämlich die ›Handschriften‹ der Künstler und Kunstschulen. Wie keine zwei Eichen dieselben Äste oder Blätter trügen, so formten auch nie zwei Künstler oder Kunstschulen einen Ohrlappen, eine Gewandfalte genau gleich. Aus einem Kunstwerk diese einmaligen Formen herausziehen, die wie Fingerabdrücke seinen Urheber, den Ort und die Zeit seiner Entstehung anzeigen, sie zu Steckbriefen zusammenzustellen und an ihrer Hand die Überlieferung nachprüfen, das war für ihn Ausgangspunkt und sichere Grundlage der Kunstwissenschaft. Alles andere: die Einfühlung in die Kunst als solche, die Bewertung des einzelnen Kunstwerkes nach ästhetischen oder weltanschaulichen Gesichtspunkten, kam hinterher und lag außerhalb der Wissenschaft. Was er vortrug, war also weniger eine Einführung in die Kunst als eine Untersuchung ihres Formwandels, eine Morphologie der Kunst. Auf ein Bild von Dürer oder Rembrandt angewendet, erschien diese Methode im ersten Augenblick pedantisch, ja fast grotesk: in Wirklichkeit führte sie in den Kern jeder Kunst, denn sie zwang, die Aufmerksamkeit auf die Form zu konzentrieren und nicht an sogenannten ›Inhalten‹ klebenzubleiben oder in luftigen philosophischen Fantasien zu schwelgen.«[178]

Für Springer musste Kunstgeschichte zuallererst in ihrem ganz spezifischen Bereich des visuell Gestalteten, der menschlichen Artefakte wirkliche Form-Wissenschaft werden (wie es vor allem die Biologie schon war). Allein die analysierende Beobachtung formaler Elemente ohne vorgefasste Theorien sollte über Vergleiche zu einer valide geordneten Grundlage der Individual-, Orts- und Zeitstile führen.

Wissenschaftliches Beobachten und Vergleichen war spätestens mit der Schrift des Schweizer Botanikers Jean Senebier zur neuen Herausforderung geworden (*Die Kunst zu beobachten*, frz. 1775, dt. 1776). Johann Heinrich Pestalozzi und Johann Friedrich Herbart hatten zu Beginn des 19. Jahrhunderts aus pädagogischer und psychologischer Sicht wesentlich zu einem genauen Beobachten beigetragen. Vor und neben der Kunstgeschichte mühte sich die Archäologie um eine strenge ›Sehschule‹. Und auch für die neue Überwissenschaft vom Menschen, die Soziologie, hatte Auguste Comte bereits 1844 Beobachtung, Experiment, Klassifikation und historische Methode als Vorgehensweisen in Anspruch genommen, die er als »Vergleichung der geschichtlich einander folgenden Zustände der Menschheit« definierte, wobei diese Vergleichung »das wichtigste wissenschaftliche Hilfsmittel der Soziologie« darstelle (*Die Soziologie*, 1974, S. 109). Die sich neu als Wissenschaft konstituierende Ethnologie stellte im Gefolge von Edward B. Tylor und James G. Frazer dem historischen den ethnologischen Vergleich gegenüber, der nicht auf eine zeitlich-kausale Reihung, sondern auf morphologische Parallelen über Zeiten und Räume hinweg zielte. Ende des Jahrhunderts schrieben sich dann so verschiedene Disziplinen wie Physik und Kunstgeschichte »Vergleichung [als ...] das mächtigste innere Lebenselement der Wissenschaft« gleichermaßen auf ihr Banner.[179]

Seitdem ist der vergleichende Blick zur fundamentalen methodischen Operation der Kunstgeschichte aufgestiegen. Aber auch für ihn gilt, dass er wissenschaftsgeschichtlich erst in den letzten Jahren genauer untersucht worden ist – und kritische Ansätze, die statt des uneingeschränkten Lobs des vergleichenden Sehens auch problematische Fälle von »Gleichheit aus Versehen« feststellen, noch selten sind.[180] Wann ein Vergleich nicht mehr methodisch nachvollziehbar und überzeugend ist, bewegt sich bis heute in einer Grauzone. Und auch für interkulturelle Vergleichsverfahren der Kunstgeschichte besteht weiterhin großer Diskussionsbedarf. So argumentiert etwa jüngst Carlo Ginzburg (2019) dafür, eine globale Perspektive der Artefakt- und Kunstgeschichte auf dem Vergleich zu begründen und *connoisseurship* in einem erweiterten Sinne auf jedes Interesse für Gestaltungsweisen zu beziehen. Unbestritten dürfte aber sein, dass – wenn man sich keine ›totale Vergleichbarkeit‹ über alle Räume und Zeiten hin erhofft – ein induktiv vergleichendes Vorgehen, ausgehend von konkreten Einzelbeobachtungen, weiterhin »gute Voraussetzungen [bietet], das heuristische Potenzial des Vergleichs [...] optimal zu nutzen: Singularitäts- und Universalitätsbehauptungen kritisch zu überprüfen, Verhältnisbestimmungen zwischen ›Struktur‹ und ›Ereignis‹ zu präzisieren und [...] den historischen und aktuellen Möglichkeitssinn für alternative Entwicklungen und Handlungsoptionen zu schärfen« (Rees 2002: 39).

Anton Springers methodisches Anliegen vor 1900 war freilich nicht nur gegen andere geisteswissenschaftliche Fächer in der Fakultät, voran die Philologien und die Geschichtswissenschaft, und gegen eine kulturgeschichtliche oder einfühlungsästhetische

Vereinnahmung der Kunstwerke gerichtet. Mindestens so wichtig war ihm, sich von der älteren, weiterhin mächtigen Tradition der Kunstkenner oder Connoisseure abzusetzen. Diese hatten bereits Mitte des 16. Jahrhunderts und ausgehend von der Untersuchung antiker Münzen, für die große Nachfrage und von denen daher auch vermehrt Fälschungen existierten, Kriterien zu entwickeln begonnen, um Echtheit und Herkunft eines Artefakts zu bestimmen (der neuzeitliche Stilbegriff wird in Anlehnung an antike Rhetoriklehren schon im 14./15. Jahrhundert entwickelt). Im Verlauf des 17. Jahrhunderts sollten Giulio Mancini mit seinen als Arzt geschulten Augen und Filippo Baldinucci im Rekurs auf Methoden der Diplomatik die Verfahrensweisen in der Theorie verfeinern. In der Praxis erzielten dann der Padre Sebastiano Resta oder – um die Mitte des 18. Jahrhunderts – Pierre-Jean Mariette entscheidende Fortschritte in der Durchdringung und Ordnung des kunsthistorischen Materials (vor allem Zeichnungen) nach Zeiten, Schulen und Personen. Jonathan Richardson spricht daher 1719 auch erstmals von einer »Wissenschaft des Connoisseurs«.

Alle diese Kennerschaft aber beruhte bei noch so intensiver Erfahrung und systematischem Vergleichen letztlich immer auch auf subjektiven Faktoren wie einem ›begabten Auge‹, ›Bauchgefühl‹ und ›intuitivem Verständnis‹. Die Erfolge dieses kennerschaftlichen Vorgehens sind dennoch beachtlich. Im Zusammenhang mit dem berühmten sogenannten Holbein-Streit wurde dann 1871 erstmals eine Ausstellung organisiert, um die beiden bekannten Versionen von Hans Holbeins d.J. *Madonna des Bürgermeisters Meier* (1526) in Dresden und Darmstadt nebeneinander von den besten Kunstgelehrten der Zeit vergleichen zu lassen.[181] Die Abstimmung erbrachte das richtige Ergebnis: Dresden – wogegen es sich in Darmstadt um eine frühbarocke Kopie handelt. Dieses für heutige Augen vollkommen selbstverständliche Ergebnis erinnert zum einen an die historische Beschränktheit und Wandelbarkeit des Blicks, der mit Sicherheit auch wir weiterhin unterliegen. Zum anderen verdeutlicht es ein bis heute nicht überwundenes Strukturmerkmal kunsthistorischer Zuschreibungen: Entschieden wird vor allem durch Autoritäten oder Mehrheiten, weniger durch unumstößliche, wissenschaftliche Argumente.

Dagegen stellte ab 1874 der italienische Arzt, Politiker und Kunsthistoriker Giovanni Morelli (zunächst unter dem Pseudonym Ivan Lermolieff) eine radikal szientistische Methode vor (bei der er Ansätze von Luigi Crespi [1751] und François-Xavier de Burtin [1802] aufgriff): Gerade nicht die zentralen Partien eines Werkes und der künstlerische Gesamteindruck seien für eine sichere Attribution heranzuziehen, sind diese doch absichtsvoll gemacht und ließen sich daher auch absichtsvoll ändern oder fälschen, sondern die unbewussten, quasi automatisch und deshalb immer gleich ausgeführten nebensächlichen Details wie Ohren und Finger. Die bei allen Fehlern immer noch beeindruckende Zahl von Um- und Neuzuschreibungen Morellis bestätigte die Richtigkeit der Idee.[182] Allerdings schränkte bereits der so sehr um ein quasi naturwissenschaftlich-analysierendes Sehen bemühte, Morellis Einsichten begeistert aufgreifende Springer ein: »Die analytische Methode, mechanisch angewendet, reicht nicht aus. Der Künstler hat sich nicht allein eine bestimmte Zeichen- und Formweise angewöhnt, er drückt auch seinen Werken unwillkürlich das eigenthümliche Gepräge seiner geistigen Natur auf, enthüllt in denselben das Wesen und den Kern seiner besonderen Persönlichkeit.«[183] Spätere Kenner wie Bernard Berenson, Wilhelm von Bode und Max J. Friedländer beharrten ebenfalls auf einer Mischung von Morelli'schen Kriterien und aus Erfahrung gewonnenem Gesamteindruck von Künstler und Werk.[184]

So nachvollziehbar dieses Insistieren auf einem ganzheitlichen Blick für die Beurteilung von Kunstwerken scheint: Die Konsequenz ist, dass Zuschreibungen weiterhin subjektiv gefärbt bleiben und ihre Überzeugungskraft häufig neben erklärenden Vergleichen immer noch auf der Akkumulation von autoritativen Meinungen beruht. So hat auch der einzige konsequente Versuch, Morellis Ansatz für die Zeichnungsforschung weiterzudenken – Alexander Perrigs Studien zu den Michelangelo-Zeichnungen –, wenig Resonanz erfahren (natürlich auch, weil keine Sammlung bei zu großer kritischer Schärfe statt mit einem Werk des Meisters nur noch mit dem Blatt eines Imitators dastehen will).[185] Ähnliches gilt für die Überlegung, ›Morelli'sche‹ Bearbeitungs- und Meißelspuren an mittelalterlichen Skulpturen für die Zuschreibung zu nutzen.[186] Dafür findet zunehmend und wann immer möglich eine Auslagerung der Verantwortlichkeit an technisch-naturwissenschaftliche Untersuchungen statt: Was die Augen und Argumente der Kunsthistoriker_innen nicht schaffen, soll die Durchleuchtung auf Vorzeichnung hin, sollen materiell-chemische Analysen, Dendrochronologie und Ähnliches mehr leisten (s. S. 195 ff.).

Die kunstwissenschaftliche Textform, die dieses Zuschreiben und Ordnen hervorbringt und befördert, sind Kataloge und ihre Einträge – zum Gesamtschaffen einzelner Künstler (*catalogue raisonné*), zu Museumsbeständen, zu bestimmten künstlerischen Gattungen und Werkgruppen oder aber anlässlich von Ausstellungen bzw. Verkäufen und Versteigerungen. Kataloge aus diesem Spektrum gibt es mindestens seit dem 17. Jahrhundert. Gleichwohl lässt sich auch für sie mit dem 19. Jahrhundert ein entscheidender Sprung bei wissenschaftlichem Anspruch, Informationsgehalt und Argumentation ausmachen (Abmessungen, materieller Bestand, Provenienz, Zuschreibung, Ikonografie, Bibliografie usw., in jüngster Zeit auch immer umfangreichere naturwissenschaftlich-technische Untersuchungsergebnisse). Zusammengestellt werden nicht mehr nur die bekannten Werke bekannter Künstler, sondern gerade Um- und Neuzuschreibungen sind zur kunsthistorischen Königsdisziplin aufgestiegen. Ein Resultat davon ist auch, dass man seit den Jahren um 1850 beginnt, möglichst die gesamte frühere Literatur zu einzelnen Werken aufzulisten, und damit eine Art von ›Abstimmung‹ über die Zeit hinweg vorführt. Mit Adam von Bartschs *Le Peintre-Graveur* (1802–1821) wird die Druckgrafik nach Personen, Schulen, Zeiten und Geografien geordnet. Johann David Passavants Raffael-Monografie von 1839–1858 liefert das künftig geltende Modell von Leben und Werkkatalog. Berenson wird die Florentiner Zeichnungen (1903) und italienischen Malerschulen (1894-1907) zur Zeit der Renaissance, Raimond van Marle die italienischen Schulen der Malerei einschließlich der Renaissance (1923–1938), Richard Offner ab 1930 die Florentiner Malerei des Mittelalters bis zum 14. Jahrhundert, Friedländer die altniederländischen Maler (1924–1937), Alfred Stange die deutsche Malerei der Gotik (1934–1961) katalogisieren.

Alle diese Forscher waren auch – notwendigerweise schon deshalb, um Informationen über Werke in Privatbesitz zu bekommen – in den Kunstmarkt ihrer Zeit involviert. Offensichtlich ist, dass jede Zuschreibung, ja allein schon das bloße Faktum, dass ein Werkkatalog erstellt wird, den Rang und materiellen Wert eines Künstlers, eines Artefakts verändert. Der Skandal 2010/11 um von Wolfgang Beltracchi gefälschte und vor allem auch mit einer erfundenen Provenienz versehene Max-Ernst-Gemälde, die der weltweit anerkannte Max-Ernst-Experte Werner Spies aus welchen Gründen auch immer als echt beglaubigt und dafür große Summen erhalten hatte, oder die Diskussionen um Leonardo da Vincis *Salvator Mundi* haben jüngst alle genannten Probleme der Zuschreibung zwischen Wissenschaft, Autoritäten und der Verführung des Geldes erneut vor Augen geführt (s. S. 224 ff.).

Am Ende triumphiert aber doch Morelli: Die neuen Möglichkeiten digitaler Bilderkennung und automatisierter Bildanalyse als letzte Steigerung technisch-mechanischer, zugleich wissenschaftlich vollkommen neutraler, von kleinsten Details ausgehender Analysen und Vergleiche setzen seine Idee in ungeahnter Konsequenz um.[187] Absehbar ist, dass dies in Zukunft die erste Option für alle Zuschreibungs- und Zuordnungsfragen werden wird. Wobei die eigentliche Innovation darin besteht, dass dann die Suchfunktionen in den Bilderpools leichthin andere formale Bezugsnetze und Ordnungszusammenhänge eines Artefakts jenseits des klassischen Œuvre-Katalogs und der historischen Entwicklung werden erstellen können.

(Be-)Deutung und Sinn

»Müssen denn Kunstwerke erklärt werden?« 1921 startete der Leipziger Seemann Verlag eine ambitionierte, von Hans Tietze herausgegebene *Bibliothek der Kunstgeschichte*. Vorgesehen waren fünfhundert Bändchen, die in bunter und schneller Erscheinungsfolge moderne Problemstellungen des Faches von *Chinesischen Steinschnitten* über *Die Pietà* bis *Paul Cézanne* vorstellen sollten (tatsächlich erschienen sind 84 Titel). Am Anfang des Publikationsprojekts, im ersten Satz des einzigen systematisch angelegten Bandes 1, *Das Erklären von Kunstwerken*, stellte Heinrich Wölfflin die oben zitierte Frage. Auf wenigen Seiten diskutiert er dann die Spannung zwischen der überzeitlichen, unmittelbar ansprechenden Präsenz des Kunstwerkes und der Notwendigkeit, die ›Sprache‹ des Werkes und seinen kulturellen, historischen Kontext zu kennen. Eine ›Sprache‹ im Übrigen, von der Wölfflin überzeugt war: »man wird ein Bildwerk im allgemeinen als eine viel bestimmtere Mitteilung empfinden als das geschriebene Wort, dem doch in viel höherem Grade etwas Vieldeutiges anhaftet.« (3) Und er verweist darauf, dass über den erklärungsbedürftigen »sachlichen Inhalt« hinaus die Form das eigentliche Ziel des Verstehens sein müsse, wobei dies nicht ohne ästhetisches Werturteil geschehen könne: »Dieses qualitativ zu bestimmen, bleibt für den Erklärer das Problem der Probleme.« (29)

So wichtig die grundsätzlichen Fragen Wölfflins sind, das eigentliche Hauptproblem besteht darin, dass auch Wölfflin keinen einzigen Hinweis zu der Frage gab, wie denn ein wissenschaftliches Erklären methodisch reflektiert vorzugehen habe, damit sich zumindest eine historische Plausibilität der vorgeschlagenen Deutungen abschätzen lässt. Aus wissenschaftlicher Perspektive lautet die Frage an die Disziplin daher nicht: »Müssen denn Kunstwerke erklärt werden?« Sondern: »Wie müssen denn Kunstwerke erklärt werden?« Und zwar so, dass es sich nicht nur um subjektive Assoziationen handelt, deren Wert sich allein daran bemisst, ob ein größerer oder kleinerer Teil des (Fach-) Publikums ihnen folgt, bestenfalls im Einklang mit dem, was die Künstler_innen selbst als Kommentar zu ihren Werken geäußert haben. Dies sind Fragen an ein wissenschaftliches Deuten, wie sie seit dem 19. Jahrhundert und insbesondere seit Wilhelm Dilthey intensiv diskutiert werden, um die bloße Auslegung des unmittelbaren Wortsinns in ein umfassendes Verstehen zu überführen, in eine Hermeneutik, die idealerweise den gesamten Lebenszusammenhang deutend miteinbeziehen kann.

Nun bemühte sich die Wahrnehmungs- und die Völkerpsychologie seit Längerem, Formen und (elementare) Bedeutungen als unlösbare Einheiten zu verstehen (s. S. 192). In der Kunstgeschichte des Altertums erschien die Herausforderung des Interpretierens zunächst einmal als ein Identifizieren mythologischer

Szenen und ein Zurückführen auf Texte (Carl Robert: *Archäologische Hermeneutik. Eine Anleitung zur Deutung klassischer Bildwerke*, 1919). Dagegen hatte vor allem Aby Warburg seit seiner Dissertation in mehreren Beiträgen gezeigt, wie man Archivquellen, zeitgenössische Texte und eine eigenständige Formtradition der Kunstwerke argumentativ so engführen kann, dass ein überzeugender und erhellender Kontext für konkrete Werke entsteht. Aber diese Ansätze waren in der Folge nicht oder nicht überzeugend im Hinblick auf ein umfassendes Interpretieren systematisiert worden, stattdessen findet sich häufig raunender Wortnebel.

In dieser Situation musste der glasklare Methodenvorschlag Erwin Panofskys, der in Hamburg in engem Austausch mit Warburg stand, als Erlösung erscheinen. Panofsky, der 1921 ebenfalls in der *Bibliothek der Kunstgeschichte* das achte Bändchen zur *Sixtinischen Kapelle* vorgelegt hatte, in dem es neben der Werkchronologie vor allem um formale Fragen der Deckengestaltung, noch mit keinem Wort um deren anspruchsvollen Darstellungsinhalt geht, Panofsky, der sich bereits (auch aus karrierestrategischen Gründen) zu den zentralen Konzepten des Stils, Kunstwollens und der Grundbegriffe theoretisch-methodisch geäußert hatte, gelang ab 1932 ein Durchbruch mit dem Aufsatz *Zum Problem der Beschreibung und Inhaltsdeutung von Werken der bildenden Kunst*. Zu betonen ist ›ab 1932‹, denn mit der Machtergreifung der Nazis 1933 verließ Panofsky seine Hamburger Professur und emigrierte in die USA. Seine Deutungsmethode der Ikonografie/Ikonologie stellte er dort dann in leicht überarbeiteten, gleichwohl entscheidende Akzente verschiebenden englischen Fassungen 1939 seinen *Studies in Iconology* und 1955 nochmals dem Sammelband *Meaning in the Visual Arts* voran.[188] Nach dem Zweiten Weltkrieg war Panofsky zum berühmtesten Kunsthistoriker der Welt und seine Methode vor allem in den USA zu *dem* kunsthistorischen Modell der Forschung aufgestiegen – wogegen ein Teil der deutschsprachigen Kunsthistoriker der 1950er/1960er Jahre, die nun ebenfalls die zentrale Notwendigkeit von »Interpretation als Methode« (Badt 1961: 15) erkannt hatten, den Beitrag Panofskys fast systematisch überging.

Panofskys Interesse ist auf den Darstellungsgehalt gerichtet. Für diesen schlägt er drei immer komplexere Deutungsstufen vor: 1. ein primäres oder natürliches Sujet, also das unmittelbar Identifizierbare wie ein Esel (eine Tatsache) oder ein weinender Mensch (ein Ausdruck), deren Erkennen allein durch die »praktische Erfahrung« sichergestellt ist; dabei handelt es sich um die vor-ikonografische Beschreibung; 2. ein sekundäres oder konventionales Sujet, d.h. Dinge, für deren Verständnis eine kulturelle Vorprägung notwendig ist, wenn etwa der Esel als Verweis auf Dummheit oder der Weinende als trauriger Heraklit erkannt werden soll; für diese ikonografische Analyse benötigt man »Kenntnis literarischer Quellen«; und 3. die eigentliche Bedeutung oder der Gehalt, die ikonologische Interpretation, die durch »synthetische Intuition« im Vergleich des Kunstwerks mit anderen zeitgleichen »Tendenzen des menschlichen Geistes« (Literatur, Musik, Religion, Politik, Ökonomie usw.) gewonnen werden kann. Mit der Intuition sollte das größte Problem, der hermeneutische Zirkel, überwunden werden, die unumgehbare Schwierigkeit, dass ein Werk immer nur im Kontext des Gesamten zu verstehen ist, dieses Gesamt sich eigentlich aber erst aus Interpretationen einzelner Werke, Ideen, Handlungen zusammensetzt. Schon Dilthey hatte sich dafür auf die »Genialität des Auslegers« und das »Divinatorische in der Auslegung« zurückgezogen. Methodisch aufgelöst ist dieser Zirkel bis heute nicht.

Entscheidend ist, dass Panofsky neben diesen Schritten erstmals auch in aller Deutlichkeit drei notwendige »Korrektivprinzipien der Interpretation« benennt, die assoziative Willkür eingrenzen sollen: Kenntnisse der Stilgeschichte erlauben es, die Formen, mit denen die Gegenstände und Ereignisse dargestellt sind, richtig zu interpretieren; wer von der mittelalterlichen ›Bedeutungsperspektive‹ für wichtige Personen weiß, wird nicht denken, ein König in einer Buchmalerei sei doppelt so groß wie das Begleitpersonal, sondern dessen herausragende Stellung darin ausgedrückt sehen. Die Typengeschichte – also eine thematische Vergleichsreihe, idealerweise aus der gleichen Zeit und dem gleichen Kunstraum – sichert ab, innerhalb welches Spielraums ein Sujet dargestellt wird. Sie zielt auf die »komplexe Einheit von Inhalt und Form«. Panofskys Musterbeispiel dafür ist ein venezianisches Gemälde des 17. Jahrhunderts, das eine Frau mit Schwert und abgeschlagenem Männerkopf in einer Schüssel zeigt, bei dem unsicher ist, ob es sich um die alttestamentarische Judith mit dem Haupt des Holofernes oder aber um Salome mit dem Kopf Johannes' des Täufers handelt. Typenreihen zu beiden Themen legen nahe, dass Salome nie mit Schwert, wohl aber eine »Übertragung der ›Johannesschüssel‹ auf Darstellungen der Judith« vorkommt, so dass die Entscheidung zu deren Gunsten ausfällt (Ambiguität ist keine echte Option in Panofskys Denken). Die »Geschichte kultureller Symptome oder ›Symbole‹« zu einer bestimmten Zeit schließlich, also die Art und Weise, wie historisch gedacht und empfunden wurde, sichert die Intuition der ikonologischen Gesamtdeutung.

Panofskys Ansatz hat zahllose neue und überzeugende Interpretationen ermöglicht und in seiner klaren Struktur entscheidend zur Akzeptanz der Kunstgeschichte als Wissenschaft beigetragen. Nicht zuletzt hat Panofskys Erfolg dazu geführt, dass nun auch für die Architektur intensiv nach Bedeutungen gefragt wurde. Richard Krautheimers Aufsatz *Einführung zu einer Ikonographie der mittelalterlichen Architektur* (engl. 1942, 1988: 142–197) und dann Günter Bandmanns *Mittelalterliche Architektur als Bedeutungsträger* (1951) sind dabei weniger Adaptationen des für

Bildwerke entwickelten Vorgehens als innovative Neuansätze zu einer spezifischen, methodisch begründeten Deutungsweise ›gebauter Botschaften‹.

Genauso nachhaltig hat Panofskys Methode der drei Schritte aber auch gleich vier Annahmen implementiert, gegen die seitdem von verschiedensten Seiten argumentiert wird. Im Prinzip lässt sich unter diesen vier Aspekten die gesamte weitere Forschung zur Deutung in der Kunstgeschichte subsumieren.

1. Panofsky geht zu ausschließlich davon aus, dass sich alle Bildwerke auf die Wirklichkeit beziehen (wobei der Sonderfall abstrakte Kunst hier ausgeklammert sei). Dabei gibt es zahlreiche Bildelemente und -formeln, die von vorausgehenden Bildern übernommen und deren Verständnis als Bildelemente kulturell erlernt, die also nicht oder zumindest nicht unmittelbar der Wirklichkeit abgeschaut sind, teils sogar erst eine Wirklichkeit erschaffen. Dass Panofsky dies nicht stärker betont, erstaunt vor allem deshalb, weil sich das Projekt seines Mentors Warburg just auf das Nachleben solcher feststehender »Pathosformeln« von der Antike bis zur Gegenwart konzentrierte. Auch der aktuelle Ansatz der Interpikturalitäts- oder Interpiktorialitäts-Forschung insistiert auf der direkten Beziehung von Bildwerk auf Bildwerk ohne Umweg über die ›Wirklichkeit‹.[189] Und die Konzepte, die Bildwerken einen eigenständigen Körper und ein (quasi-)eigenständiges Agieren zugestehen (s. S. 79 ff.), lösen diese ebenfalls aus einer einfachen Abhängigkeitsbeziehung.

Die so selbstverständlich genommene referenzielle Funktion der Kunst, aber auch die Dreistufigkeit und die Auffächerung des primären Sujets in Tatsache und Ausdruck verweisen dabei auf Panofskys Auseinandersetzung mit der Semiotik oder Zeichentheorie eines Ferdinand de Saussure und Charles Sanders Peirce. Peirce beschreibt eine Dreieckskonstellation von (materiellem) Zeichen, dem Objekt, auf das sich das Zeichen bezieht, und dem gesamten systematischen Rahmen (Interpretanten), in dem das Zeichen zu verstehen ist. So wichtig dieser Ansatz für ein Verständnis jeder Kommunikationsform ist, so sehr semiotische Überlegungen auch helfen, die alten Dichotomien zwischen Materie und Form, Form und Inhalt anders zu fassen – die Semiotik adressiert zunächst keine Fragen der Interpretierbarkeit von historischem Kontext und Wandel (s. zuletzt Ubl/Pichler 2014). Allerdings hat Nelson Goodman in *Weisen der Welterzeugung* (engl. 1978, dt. 1984) gezeigt, wie auch gegensätzliche Weltentwürfe in ihrem Bezugssystem wahr sein können, und damit eine historische Pluralität der Zeichentheorie ermöglicht.

2. Für Panofsky liegt die »eigentliche Bedeutung« eines Kunstwerks zwei Stufen hinter der gezeichneten, gemalten, skulpturalen Oberfläche auf der tiefsten Ebene des ikonologischen Verstehens. Oder von diesem ›eigentlichen‹ Ziel her gedacht: Das Entscheidende an Kunstwerken sind die Ideen und Weltsichten, denen sie Gestalt verleihen. Wenn Arthur Danto 1986 glaubte, eine »philosophische Entmündigung« der Kunst durch die Künstler selbst seit Marcel Duchamp feststellen zu können, dann ließe sich für die Kunstgeschichte Entsprechendes durch Erwin Panofsky behaupten. Dies kann nicht genug betont werden, da selbst Kritiker von Panofskys Methode in der Folge diese Denkfigur übernahmen: Hans Sedlmayr (1951/1978: 133–143) verband sein Modell der Strukturanalyse, die eigentlich komplexe, uneindeutige formale Erscheinungen zu erfassen erlaubt, mit einem an mittelalterlich-christlicher Textexegese angelehnten drei- bzw. vierstufigen Vorgehen der Bildauslegung. Kurt Badt (1961) betonte in Auseinandersetzung mit Sedlmayrs Deutung von Vermeers *Lob der Malkunst*, dass den formalen Elementen und dem Bildaufbau auf allen Stufen eine entscheidende Relevanz für das Verstehen zuzuerkennen sei – um gleichwohl auf den verborgenen Sinn abzuzielen. Und Ernst H. Gombrich (1972) führt zwar

wichtige Differenzierungen ein zu Sinnschichten, Intentionen, Anspielungen und den rahmenden Wahrnehmungsbedingungen durch Gattungen und Genres – dies aber weiterhin als Auftakt zu einer Untersuchung der »symbolischen Bilder« der Renaissance.

Panofsky selbst war in seiner zweibändigen Studie *Altniederländische Malerei* (engl. 1953, dt. 2001) noch einen Schritt weitergegangen, indem er behauptete, die Alltagsgegenstände auf niederländischen Gemälden des 15. und frühen 16. Jahrhunderts würden durch ihre neuartig wirklichkeitsnahe Darstellungsweise ihren eigentlichen Symbolgehalt »verschleiern« – ihre Schöpfer hätten den Übergang von Stufe 1 zu 2 in Panofskys Deutungssystem also mit voller Absicht schwierig gestaltet (»disguised symbolism«). Nur die Wissenden seien in der Lage gewesen, die theologischen, moralischen, humanistischen Aussagen dieser Malerei richtig zu verstehen. Für die Malerei des weiteren 16. und des 17. Jahrhunderts ließ sich dann mit Verweis auf die Emblem-Mode der Zeit Ähnliches behaupten. Es verwundert nicht, dass eine konsequente Kritik an Panofsky zu diesem Punkt von Forscher_innen kam, die sich anders mit niederländischer Kunst beschäftigten, beginnend mit Otto Pächts Weigerung anzuerkennen, dass »die bildende Kunst niemals etwas selbst erfindet« (1977: 249). Svetlana Alpers wird dann 1983 für die niederländische Malerei des 15. bis 17. Jahrhunderts mit allem Nachdruck darauf insistieren, dass deren Hauptintention in der Maloberfläche, der täuschenden Fiktion verschiedener Materialitäten liege. So umstritten Alpers' Thesen waren und sind: Damit ist die plakativste Alternative zur Vorstellung vom ›eigentlichen Gehalt‹ hinter dem Oberflächenschein des Kunstwerks formuliert und etwa die Opazität von Malerei (Louis Marin), die Selbstthematisierung als Medium denkmöglich geworden.

An Alternativen zu Panofskys Vernachlässigung des Sichtbaren arbeiteten aber auch noch andere. Ebenfalls in den 1970er Jahren entwickelte Max Imdahl seine Ikonik. Mit dieser versucht er, die formalen Elemente und bildimmanenten Sinnstrukturen umfassend in die Deutung der vordergründigen Bildinhalte miteinzubeziehen (1980: 92 f.): »der Ikonik wird das Bild zugänglich als ein Phänomen, in welchem gegenständliches, wiedererkennendes Sehen und formales, sehendes Sehen sich ineinander vermitteln zur Anschauung einer höheren, die praktische Seherfahrung [...] prinzipiell überbietenden Ordnung und Sinntotalität.« Bemerkenswert ist, wie mit der Fiktion von Totalität, wie sie ähnlich auch schon Hans-Georg Gadamer in seiner Hermeneutik (1960: 114 f.) und Kurt Badt (1961: 23) aufgerufen hatten und die auch heute noch eine Rolle spielt, das Problem des letztlich unhintergehbaren individuellen Standpunktes und Einsichtsvermögens zu lösen versucht wird.

Spätestens mit W.J.T. Mitchells Versuch eines Ausbalancierens der Ikonografie zwischen Text und Ikon/Bild (1986, s. S. 79) war dann auch im Land des größten Erfolgs von Panofskys Methode die Kritik angekommen.

3. Der Gehalt von Kunstwerken ist für Panofsky weitgehend sprachförmig und benennbar. Nicht nur liege Textwissen den Werken zugrunde. Die kunsthistorische Interpretation überführt das Dargestellte und seine Bedeutung wiederum in Text. Allerdings lässt sich dieser Verabsolutierung sicher nicht damit begegnen, im Gegenzug alle sprachförmigen, zumindest annäherungsweise klar benennbaren Inhalte als für Kunst irrelevant über Bord zu werfen: »[...] unter Ästhetikern gehört es heute zum guten Ton, der Hermeneutik nicht über den Weg zu trauen. Vielen gilt sie als ästhetisch naiv. Sie klammert sich – so geht die Kunde – an den Sinn und das Verstehen von Objekten, die gar nicht dazu da sind, in denkender Bedeutung gedeutet zu

werden.«[190] Gegen eine ›Vertextung‹ – ohne konkretes Werk und Inhalt aus dem Blick zu verlieren – wendet sich dagegen Gottfried Boehm mit seiner »Hermeneutik nicht sprachlichen Ausdrucks«: »Die Hermeneutik des Bildes hat ihren Ursprung, wo die Bilderfahrung des Auges in das Medium der Sprache übergeht. Jeder Betrachter von Bildern und jeder Interpret, im Sinne der Kunstgeschichte, ist bereits in dieses hermeneutische Verhältnis einbezogen. [...]. Gerade diejenigen Erfahrungen aber, die nicht selbst schon sprachförmig kodifiziert sind, vielmehr einer eigenen Logik folgen, wären auf das Organ einer Verständigung besonders angewiesen.« (1978, in: 2017: 59) Boehm hat im Weiteren dieses Prinzip der »ikonischen Differenz« vielfach untersucht. In dieser zeige sich die sprachlich-logische »Unbestimmtheit« des Bildes gerade als sein entscheidender Mehrwert, als bildimmanenter »Seinszuwachs« (im Unterschied zu dem Seinszuwachs, den Gadamer im Betrachter verortet hat).[191]

4. Schließlich richtete sich Panofskys Ehrgeiz zunehmend auf eindeutige Lösungen. War er in den 1920er Jahren noch unsicher, inwieweit ein allgemeiner Zeitgeist ein Werk mitbestimmte und ob sich etwa für Dürers Stich *Melencolia I* wirklich präzise Textgrundlagen benennen lassen, so wuchs offenbar in den USA die Überzeugung, dass eine kunsthistorische Interpretation vor allem die Künstlerintentionen und eindeutige Quellen erschließen müsse. Dagegen waren ansatzweise seit der Antike gerade Ambiguität und Unausschöpflichkeit von Kunst betont worden. Lessing fasste dies im *Laokoon* einmal mehr zusammen: »Je mehr wir sehen, desto mehr müssen wir hinzu denken können. Je mehr wir dazu denken, desto mehr müssen wir zu sehen glauben.« (1766: Kap. III) 1962 sollte Umberto Eco als spezifisches Charakteristikum zunächst von Werken der modernen Kunst deren prinzipielle ›Offenheit‹ beschreiben, insofern sich deren Sinnpotenzial entscheidend erst im Akt der aktiven, jeweils neu

interpretierenden Rezeption konstituiere.[192] Die Kunstwissenschaft hat diese Idee über die Moderne hinaus auch auf frühere Zeiten auszudehnen versucht und nach ambiguen Strukturen etwa in der Kunst der Frühen Neuzeit gesucht. Vor allem aber haben auch Philosophie und Zeichentheorie für alle Kunstwerke überhaupt eine unerschöpfliche Sinnfülle als Wesensmerkmal zu bestimmen versucht. Die Schwierigkeiten des hermeneutischen Zirkels werden dadurch freilich nicht geringer, und die Herausforderung, wie sich eine wissenschaftliche Deutung methodisch absichern lässt, stellt sich auf neuem Niveau.

Kurt Badt hatte die Bedeutung seiner »Methodenlehre der Interpretation von Gemälden« damit begründet, dass »eine Wissenschaft nur so lange lebendig ist, als sie ihre Voraussetzungen und Methoden überprüft« (1961: 7 und 19). Der letzte konsequente Versuch, eine spezifische Hermeneutik aus der Kunstgeschichte heraus zu entwickeln, stammt von Oskar Bätschmann (1984). Seitdem gibt es Arbeiten zu Teilbereichen der Kunstgeschichte oder exemplarisch zu Einzelwerken (etwa zur Architektur oder zu Dürers *Melencolia*), außerdem neue Ansätze aus der Soziologie (etwa ausgehend von Ulrich Oevermanns Objektiver Hermeneutik[193] oder von der Interkulturellen Hermeneutik) und der Philosophie (Lambert Wiesing, Martin Seel).

Festzuhalten ist aber, dass die übergroße Zahl kunsthistorischer Deutungen heute ohne die prinzipielle Frage ›Wie können denn Kunstwerke erklärt werden?‹ entsteht und auskommt. Vielmehr scheint anstelle von methodisch mühevoll und doch nie definitiv begründbaren Deutungsversuchen die Versuchung einer selbstevidenten ›Präsenz-Erfahrung‹ größer zu werden, die Susan Sontag für die Auseinandersetzung vor allem mit Gegenwartskunst so formulierte: »Irgendwann in der Vergangenheit [...] muß es einmal ein revolutionärer und schöpferischer Akt gewesen sein, Kunstwerke zu interpretieren. Heute ist das nicht mehr der Fall. [...] Heute geht es darum, daß wir unsere Sinne wiedererlangen. Wir müssen lernen, mehr zu sehen, mehr zu hören und mehr zu fühlen. Es ist nicht unsere Aufgabe, ein Höchstmaß an Inhalt in einem Kunstwerk zu entdecken. Noch weniger ist es unsere Aufgabe, mehr Inhalt aus dem Werk herauszupressen, als darin enthalten ist. Unsere Aufgabe ist es vielmehr, den Inhalt zurückzuschneiden, damit die Sache selbst zum Vorschein kommt. [...] Statt einer Hermeneutik brauchen wir eine Erotik der Kunst.«[194]

Soziologie versus Kontext der Kunst

»Die Wissenschaft liebt es, bestimmte Fragen, die sich ihr in den Weg stellen, gleichsam zu verabsolutieren.«[195] Die Kunstwissenschaft bildet dabei keine Ausnahme, im Gegenteil. Sie führt viel mehr vor, wie sich die Komplexität ihres gesamten Problemspektrums immer wieder auf eine von drei Leitfragen hin zuspitzen und reduzieren lässt: 1.) auf den Künstler, sein Genie und seine Kreativität, 2.) auf das einzelne Kunstwerk, seine formale Gestaltung und immanenten Kriterien oder aber 3.) auf den sozialen Kontext, d.h. zunächst einmal ganz undifferenziert auf alle Faktoren jenseits von Künstlerpersönlichkeit und Kunstwerk, bei denen aber doch irgendeine Relevanz für die Künste vermutet wird. Kunstgeschichtliche Untersuchungen sehen und suchen ihr eigentliches Ziel, so ließe sich auch sagen, entweder im Leben und Denken der schaffenden Individuen, im Leben der Formen oder aber in der Funktion und Stellung der Kunst im Leben. Jeweils einer dieser Bereiche wurde und wird teils immer noch zum entscheidenden Zentrum der Disziplin erkoren, zu dem die anderen Felder nur ergänzend, sekundär, abgeleitet oder auf das Eigentliche erst vorbereitend hinzutreten. Die Positionen reichen von: ›Es gibt keine Kunst, sondern nur Künstler‹ bis zur Einschätzung, dass für »den Kunsthistoriker [...] die psychologische Struktur des Künstlers und die soziologische Struktur seiner Umwelt immer nur bloße Hilfsmittel zu seinem eigentlichen Ziel: der Erkenntnis des Kunstwerks« sind, weshalb etwa auch Hans Sedlmayr zwischen einer »Ersten« kunsthistorischen ›(Hilfs-)Wissenschaft‹ und der allein zum Wesen der Kunst vordringenden »Zweiten Kunstwissenschaft« unterscheiden zu können glaubte.[196]

Der Aufstieg der Vorstellungen vom Künstlergenie, von der Autonomie der Kunst und schließlich der Verbindung von beidem: Kunst als reinem Ausdruck des Inneren, des Denkens, Empfindens, Fantasierens einer Künstlerpersönlichkeit im Laufe des 19. und frühen 20. Jahrhunderts (s. S. 30ff. und 109ff.), führte dazu, dass auch ein Teil der Vertreter der jungen Disziplin Kunstgeschichte vor allem in der Untersuchung der künstlerischen Kreativität und der Formen des Kunstwerks deren fachliches Alleinstellungsmerkmal sah. Obwohl für andere ein historisches Quellenstudium und eine breite kultur-, geistes- und gesellschaftsgeschichtliche Einbettung des Kunstschaffens mindestens ebenso wichtig waren, entstand doch eine disziplinäre Aufmerksamkeits- und Forschungslücke. Diese Leerstelle begannen vor allem französischsprachige Denker seit den 1830er Jahren zu füllen, indem sie unter Überschriften wie »praktische Philosophie« (Auguste Comte, 1830–1842), »Philosophie der Kunst« (Hippolyte Taine, 1865–1869) oder auch schon explizit »im Hinblick auf die soziale Bestimmung der Kunst« (Pierre-Joseph Proudhon, 1865) für »die Kunst in der Gesellschaft und im Staat« (Édouard Fétis 1870) und vom »soziologischen Standpunkt« (Jean-Marie Guyau, 1889) aus verschiedene übergreifende Aspekte und Modelle der gesellschaftlichen Vernetzungen und Relevanz der Künste untersuchten. Dabei waren diese Interessen nicht auf die bildenden Kunstformen beschränkt, ja der vielleicht wichtigste Impuls für die Formierung der späteren Soziologie ging von ihrer Position zwischen Wissenschaft und Literatur aus.[197] Allerdings scheinen diese Ideen zunächst vor allem bei kunsthistorischen ›Außenseitern‹ wie dem Schriftsteller Arno Holz angekommen zu sein, wenn dieser auch für die Kunst »die Verwirklichung jener grossen Idee von einer einzigen, einheitlichen Wissenschaft« angehen will, »deren natürlichen Abschluss die Wissenschaft von der Menschheit als Menschheit bildet, die Sociologie. *Ihr* Wollen ist das Wollen unserer Zeit!« (*Die Kunst. Ihr Wesen und ihre Gesetze*, 1891: 89)

Die große Herausforderung der Sozialwissenschaften als aufsteigender ›dritter Kultur‹ neben Natur- und Geisteswissenschaften – und damit auch der Kunstsoziologie, die hier vor allem interessiert – bestand nun gerade darin, dass eine »Wissenschaft vom gesellschaftlichen Leben« einerseits alles, alle kulturellen Aspekte umfasst, andererseits keinen klar definierten eigenen Materialbereich hat, der nicht auch von einer anderen Wissenschaft bearbeitet werden könnte. Es handelt sich, wie Georg Simmel zugespitzt formulierte, »um eine Methode der Wissenschaft, die gerade wegen ihrer Anwendbarkeit auf die Gesamtheit der Probleme nicht eine Wissenschaft mit eigenem Inhalt ist« (*Grundfragen der Soziologie* 1917: 18). Unter die Soziologie der Kunst fallen so alle Fragen zum gesellschaftlichen Status und den Lebens- und Arbeitsverhältnissen von Künstler_innen ebenso wie das unendliche Feld der Rezeptionsmöglichkeiten, von Geschmack und Moden, von Verstehensweisen und Institutionen der Kunst, dazu die gesellschaftlichen Funktionen der Künste und Kunstwerke, die etwa vom dargestellten Zusammenagieren des Bildpersonals über eine Botschaft oder Handlungsanweisung bis hin zu realer Machtausübung auf Betrachter_innen bzw. Benutzer_innen reichen können.

Daraus resultiert eine weitere Herausforderung der Kunstsoziologie: Auch wenn sie zunächst induktiv vorgeht, wie schon Simmel betonte, laufen ihre übergreifenden Erklärungsmodelle angesichts enormer Material- und Datenfülle besonders leicht Gefahr, die Komplexität historischer und gegenwärtiger gesellschaftlicher Prozesse (wie sie in ihrer Vielfalt gerade heute im Zentrum des Interesses stehen) auf vorgefasste Bedeutungs- und Entwicklungslinien zu reduzieren. Wirklich zwingende Kausalbezüge zwischen gesellschaftlichen Faktoren und einzelnen Kunst- und Stilformen lassen sich schwer nachweisen. So wird etwa am vermutlich erfolgreichsten Entwurf einer (marxistischen) *Sozialgeschichte der Kunst und Literatur* von Arnold Hauser (engl. 1951, dt. 1953) kritisiert, dass Hauser die tradierten Stil- und Epochenvorstellungen affirmierend übernimmt. Argumentativ bleibt es häufig nur bei einem vermeintlich evidenten Zusammenfallen von Stilen und gesellschaftlichen Zuständen. Taine hatte das (fast mechanisch agierende) »Milieu« als wesentlich determinierenden Faktor benannt. Simmel beschwört bei seinen Kunstanalysen (wohl im Gefolge der Gestaltpsychologie) eine zu fühlende »Einheit« des Kunstwerks. Heute wird in der quantitativen Sozialforschung intensiv mit Datenerhebungen gearbeitet. Die qualitative Sozialforschung setzt dagegen – man denke auch an die »dichte Beschreibung« der Ethnologie (s. S. 66 f.) – auf teilnehmende und nicht-teilnehmende, offene und verdeckte Beobachtung, häufig in Verbindung mit Interviews. Beiden Verfahren ist die Schwäche gemeinsam, sich nicht wirklich für historische Untersuchungen zu eignen. Die dritte große Herausforderung der Kunstsoziologie besteht schließlich darin, dass selbst als überzeugend akzeptierte Erklärungsmodelle immer die gesamte Kunst einer bestimmten Zeit, eines bestimmen Ortes, einer bestimmten Gruppe in den Blick nehmen, kaum aber die spezifische, je unterschiedliche und gerade dadurch den künstlerischen Wert begründende Lösung des einzelnen Kunstwerks erfassen können.

Der Unterschied zwischen der eher systematisch-kritischen Soziologie als einer Wissenschaft der Metaebene (die allerdings im Unterschied zur philosophischen Ästhetik teils auch intensiv mit empirischen Daten und induktiv arbeitet) und der Kunstgeschichte als einer eher historisch-kritischen Wissenschaft, deren Überzeugungskraft sich immer auch am konkreten Einzelobjekt in seiner künstlerischen und historischen Spezifität beweisen muss, hat zu unterschiedlichen Wahrnehmungen der Forschungsgeschichte geführt. Während für die Kunstsoziologie die 1970er Jahre die entscheidende Durchbruchsphase markieren, wird man aus kunsthistorischer Perspektive auf längere Untersuchungszeiträume soziologischer Aspekte hinweisen: So verfolgte Wilhelm Hausenstein am Beispiel des *Nackte[n] Menschen in der Kunst aller Zeiten und Völker* schon 1911 »Linien einer soziologischen Ästhetik«. 1913 folgte mit *Bild und Gemeinschaft* Hausensteins zusammenfassender »Entwurf einer Soziologie der Kunst«, der über die gesamte Entwicklung der Kunst von der Vorzeit bis ins frühe 20. Jahrhundert hinweg formale Gestaltung und Stil mit gesellschaftlichen Strukturen zu korrelieren versuchte. Der letztlich von Marx und Engels inspirierte Ausgangspunkt war für Hausenstein die Überzeugung: »Die Kunst ist eine Äußerung der Weltgeschichte. [...] Die bewegende Endursache des kulturellen Geschehens ist die sozialökonomische Materie. Eine kunstgeschichtliche Untersuchung, die bis ins Letzte der wissenschaftlich erkennbaren [...] Zusammenhänge dringen will, ist gezwungen, den Verbindungen nachzuspüren, die zwischen den Problemen des wirtschaftlichen und gesellschaftlichen Lebens und den Problemen der künstlerischen Kultur bestehen [...].« (1911: 1)

In diese Richtung wurden Zunftverordnungen und Ratserlässe zu Künstlern und Kunst bereits im späten 19. Jahrhundert ediert. Den *Lebensraum des Künstlers in der florentinischen Renaissance. Aufgaben und Auftraggeber, Werkstatt und Kunstmarkt* untersuchte mit umfassendem Anspruch Martin Wackernagel 1938. Angeregt durch die Diskussionen über den Florentiner ›Bürgerhumanismus‹, wie ihn insbesondere Hans Baron beschrieb, wurde daraus dann bei Frederick Antal *Die florentinische Malerei und ihr sozialer Hintergrund. Die Bürgerrepublik vor Cosimo de' Medicis Übernahme der Macht* (engl. 1947, dt. 1958). *Die Legende vom Künstler* (1934) führten Ernst Kris und Otto Kurz in die Diskussion ein, den verkannten Künstler präsentierte Franz Roh (1948). Die Forschung zur Bedeutung von Sammlern hatten Antoine Jules Dumesnil (*Histoire des plus célèbres amateurs français et de leurs relations avec les artistes*, 1853–1860) – dieser noch stark biografisch orientiert –, Jacob Burckhardt 1898 mit historischer Perspektive auf Italien und mit Blick vor allem auf die Gegenwart Adolph Donath (*Psychologie des Kunstsammelns*, 1911) eröffnet. Hanns Floerke baute seine Dissertation zum niederländischen Kunsthandel im 17. und 18. Jahrhundert (1901) zu einem Buch über *Die Formen des Kunsthandels, das Atelier und die Sammler in den Niederlanden vom 15.–18. Jahrhundert* aus (1905). Mit seiner Studie *Die wirtschaftlichen Grundlagen der Malkunst* versuchte 1910 Paul Drey die Zusammenhänge der seinerzeit aktuellen »Kunstökonomie« zu analysieren. Julius von Schlosser hatte 1908 mit *Die Kunst- und Wunderkammern der Spätrenaissance. Ein Beitrag zur Geschichte des Sammelwesens* die Vorgeschichte der Institution Museum untersucht. Die Geschichte der Kunstpädagogik – speziell des Zeichenunterrichts – erforschte ab 1890 Theodor Wunderlich (*Der moderne Zeichen- und Kunstunterricht*). Nikolaus Pevsner legte 1940 die Geschichte der Kunstakademien vor. Geschmack als (historischen) Untersuchungsgegenstand, nicht normative Größe, brachte Jacob von Falke 1892 in die Diskussion ein (*Geschichte des Geschmacks im Mittelalter und andere Studien auf dem Gebiete von Kunst und Kultur*). 1923 lieferte Samuel Rocheblave eine Studie zu Frankreich (*L'Art et le goût en France de 1600 à 1900*), 1932 dann Frank P. Chambers für Europa (*The History of Taste. An Account of the Revolutions of Art Criticism and Theory in Europe*).

Das ›Publikum‹ schließlich – als zentrale kunstsoziologische Kategorie – wurde um 1900 im Zuge der Auseinandersetzungen um die moderne Kunst (und deren gefühlter Kluft zu weiten Gesellschaftsschichten) als Faktor immer wichtiger, der Kunst erst mit konstituierte; spätestens mit den 1930er Jahren stieg das Publikum zum eigenen Forschungsgegenstand auf (s. S. 252 ff.). Wobei zwei große methodische Herausforderungen sofort klar waren, die teils enormen Unterschiede innerhalb der als ›das Publikum‹ angesprochenen Gruppe von Rezipienten und die Frage, wie Publikumsmeinungen und -reaktionen überhaupt zu erheben sind: »Das Publikum ist ja keine in sich geschlossene, persönliche Erscheinung, deren Charakteristik man klar zu umreißen vermöchte, um sie dann den genau differenzierten Kunstströmungen gegenüber abzuwägen.« Und: »Die zur Verfügung stehenden Quellen haben alle einen gemeinsamen Fehler: es spricht aus ihnen nicht die Stimme des Publikums selbst, man hört seine Meinung nur über das Relais der Berichterstatter, ist darauf angewiesen, was diese mitzuteilen für genügend finden.« (Ernst A. Franke: *Publikum und Malerei in Deutschland vom Biedermeier zum Impressionismus*, 1934: V)

Gleichwohl – und sicher begünstigt dadurch, dass diese Fragestellungen auch in der Geschichtsschreibung zunehmend wichtig wurden – hielt sich die Vorstellung, diese kunstsoziologischen Fragen dienten nur als »Hilfsmittel zu[m] eigentlichen Ziel: der Erkenntnis des Kunstwerks«, hartnäckig und zumindest bis in die frühen 1960er Jahre. Weder Hanna Levy-Deinhards Forderung auf dem 2. Internationalen Kongress für Ästhetik und Kunstwissenschaft in Paris 1937 noch Frederick Antals Appell ›für eine andere Kunstgeschichte‹ von 1949 fanden zunächst Gehör.[198] Daher wurde auch das anthropologische, bildwissenschaftliche und globale Potenzial dieses von der Frage nach dem Verhältnis von Kunst und Gesellschaft ausgehenden Ansatzes nicht wirklich erkannt und aufgegriffen: Herbert Reads *Art and Society* (1937, dt. 1956) lässt sich als Vorläufer von Hans Beltings *Bild-Anthropologie* (2001) verstehen. In *Art and the Industrial Revolution* (1948) untersucht Francis D. Klingender die Bedeutung der industriellen Revolution im 18. und frühen 19. Jahrhundert für Künste, Bilderwelt und Geschmack. Und im selben Jahr verglich Radhakamal Mukerjee die Künste Asiens und Europas auf Grundlage ihrer »sozialen Funktion« (*The Social Function of Art*). Alle drei Bücher schafften es nicht in den Kanon der Disziplin: Sie erschienen zum ›falschen‹ Zeitpunkt, da Erkenntnisse zu Kunst und Gesellschaft eben noch als Hilfsmittel und Zusatzinformationen galten, und stammten wohl auch von den ›falschen‹, zu radikalen oder nicht-westlichen Autoren. In gewisser Weise gilt dies selbst für Arnold Hausers *Sozialgeschichte der Kunst.*

Dagegen sollten kunstsoziologische Untersuchungen mit der 1968er-Bewegung in die vorderste Reihe von Aufmerksamkeit und Methodik katapultiert werden – nicht erst vor dem Horizont der Studenten- und Bürgerrechtsbewegung geschrieben, wohl aber durch diese befeuert. Dies gilt für die Kritische Theorie von Theodor W. Adorno und Max Horkheimer, deren *Dialektik der Aufklärung* (1947) mit Überlegungen zu Kulturindustrie und dem Warencharakter der Kunst zusammen mit Adornos posthum erschienener *Ästhetischer Theorie* (1970) zu den Referenztexten der neuen Kunstgeschichtsgeneration aufstiegen. Dies gilt für Arthur Dantos Analyse der »Kunstwelt« – vermutlich der erste Versuch, unter dem Begriff *artworld* ein solches System zu beschreiben.[199] Dies gilt für Arnold Gehlens *Zeit-Bilder. Zur Soziologie und Ästhetik moderner Kunst* (1960) und selbst für eine historisch argumentierende Arbeit wie Francis Haskells *Painters and Patrons: Art and Society in Baroque Italy* (1963), mit der die bis heute intensiv betriebene Patronage-Forschung entscheidenden Antrieb erhielt. Plötzlich wurde auch der Ruf von Hanna Levy-Deinhard gehört: »Dieses Suchen nach einer Synthese, die statt bloßer Beschreibungen zu Erklärungen führt, verursachte den Beginn einer neuen Disziplin, die sich zwar noch in den ersten Anfangsstadien befindet, deren wissenschaftliche Fruchtbarkeit aber bereits heute außer Frage steht und von großer Tragweite ist: die Kunstsoziologie.« (1967: 8)

Allerdings gelang es auch Levy-Deinhard (1967: 39 f. und 83) nicht, die zentrale methodische Schwierigkeit befriedigend zu lösen, wie die gesellschaftlichen, religiösen, ökonomischen usw. Rahmenbedingungen zwingend mit den Ideen und formalen Gestaltungsweisen einzelner Kunstwerke zu verbinden sind. Weiterhin stellte man Vergleichbarkeit über eine vage »Geisteshaltung« her, die sich im »Ausdrucksgehalt« der Werke manifestiere: »Es gilt [...] festzuhalten, daß die Beziehung zwischen der neuen Bildstruktur Giottos und der neuen frühkapitalistischen Gesellschaftsstruktur seiner Zeit nicht direkt ist, sondern durch die neue Denkweise, den neuen Rationalismus vermittelt wird. Und zwar vollzieht sich diese Vermittlung in der Weise, daß die neue Geisteshaltung als *Voraussetzung* für die Bildstruktur, aber als *Endresultat* der außerkünstlerischen Strukturveränderungen erscheint, [...].« Und an späterer Stelle heißt es weiter: »Methodisch ist der Vergleich einmaliger, d.h. ihrer Natur nach ›unvergleichbarer‹ Objekte gerechtfertigt und stellt keinen Widerspruch in sich dar, weil der Ausdrucksgehalt selbst das Tertium comparationis ist. Vielmehr kann erst auf diese Weise die für die Kunstgeschichte und Kunstkritik entscheidende Frage nach der Vergleichbarkeit von Kunstwerken sinnvoll gestellt und beantwortet werden, welcher die reine Stilgeschichte einzig mit dem unbefriedigenden Hinweis auf die Ähnlichkeit oder Verschiedenheit ihrer formalen Charakteristiken begegnet.«

Hier sollten erst die Arbeiten von Michael Baxandall eine neue Perspektive eröffnen. Baxandall hatte 1971 (*Giotto and the Orators*) untersucht, wie die Literatur der Antike die aufkommende Kunstliteratur und die ästhetischen Kategorien des 14. und 15. Jahrhunderts konditionierte. Im Jahr darauf zeigte er komplementär, wie Alltagserfahrung, Ausbildung und eingeübte Gewohnheiten das Sehen, die Objekt- und Bildwahrnehmung formen können. Er leitete das Interesse an Plastizität, Räumlichkeit und Perspektive aus konkreten Kompetenzen ab, die die neue Kaufmannsschicht im Florenz des 15. Jahrhunderts kultivierte (*Painting and Experience in Fifteenth Century Italy. A Primer in the Social History of Pictorial Style, 1972;* dt. *Die Wirklichkeit der Bilder. Malerei und Erfahrung im Italien des 15. Jahrhunderts*, 1984). 1980 legte Baxandall eine weitere große Studie vor, die für Stil und formale Veränderungen süddeutscher Holzskulpturen der Jahrzehnte um 1500 solche Zusammenhänge – nun auch erweitert um Aspekte von Material, Machen und der Auseinandersetzung mit den ›fremden‹ Stilen von Antike und Italien – aufzuzeigen versuchte (*The Limewood Sculptors of Renaissance Germany*; dt. *Die Kunst der Bildschnitzer*, 1984). Bis heute ist für das prinzipielle Problem der Verbindung von soziologischen Kontexten und konkreter Werkgestaltung kein differenzierteres und überzeugenderes Vorgehen entwickelt worden.

Die beiden 1973 erschienenen Bücher von Timothy J. Clark zur Darstellung von und dem Umgang mit Kunst im Frankreich des mittleren 19. Jahrhunderts adressieren dagegen direkt soziale Konstellationen und die Revolution von 1848, eröffnen aber nicht die prinzipielle Perspektive der Arbeiten von Baxandall.[200] Der Romanist Peter Bürger schließlich legte 1974 mit seiner *Theorie der Avantgarde* eine erste umfassende Untersuchung dazu vor, wie Künstler des 20. Jahrhunderts die Rahmenbedingungen der Kunst von innen heraus zu unterlaufen, zu negieren und aufzubrechen versuchten.

Dabei verweist die Kunstsoziologie selbst teilweise erst auf die 1970er Jahre als den Beginn der eigenen Disziplin (mit den genannten Vorstufen seit dem 19. Jahrhundert). Es sind vor allem die Arbeiten von Pierre Bourdieu und von Niklas Luhmann, die seit dieser Zeit übergreifende Erklärungsmodelle für das »Feld der Kunst« bzw. das »Kunstsystem« liefern. Bourdieu analysiert mit *Die feinen Unterschiede. Kritik der gesellschaftlichen Urteilskraft* (frz. 1979, dt. 1982), wie Geschmack und Vorlieben ausgebildet, habituell angeeignet, als Distinktionsmerkmal und ›Kapital‹ eingesetzt werden (wobei Bourdieu seinen Habitusbegriff aus Panofskys Studie über Gotische Architektur und Scholastik übernahm). In *Die Regeln der Kunst. Genese und Struktur des literarischen Feldes* (frz. 1992, dt. 1999) fragt Bourdieu nach der Entstehung und den Dynamiken des Kunstfeldes im 19. Jahrhundert. Gustave Flaubert und die Literatur sind sein Hauptbeispiel. Édouard Manet und die Malerei spielen ebenfalls eine Rolle, da die Theorie Anspruch auf Gesamterklärung erhebt. Als eine Art Antriebskraft benennt Bourdieu den Wettstreit zwischen unterschiedlichen Positionen, der die historische Genese und die Strukturierung des Kunstfeldes bewirkt.

Luhmanns systemtheoretische Überlegungen zur Kunst werden 1995 in *Die Kunst der Gesellschaft* zusammengefasst. Das »autonome Kunstsystem« emanzipiert und etabliert sich nach dieser Vorstellung im späten 18. Jahrhundert mit der Romantik neben den anderen, teils wesentlich älteren Systemen der Politik, Religion, Liebe etc. Seitdem entwickelt es zwar erfolgreich die kommunikativen Codes weiter, die seine Fortexistenz garantieren. Allerdings kann Luhmann in den mehr als zweihundert Jahren dieses Kunstsystems keine grundlegenden Wandlungen mehr ausmachen. Den entscheidenden Umbruch der Kunstauffassung und -wahrnehmung in der Romantik beschreibt Luhmann in einem als »Weltkunst« (1990, zit. 2008: 239) betitelten Aufsatz genauer: Bis dahin habe man sich in der Betrachtung ausschließlich auf das Objekt konzentriert, wogegen nun in einer Beobachtung zweiter Ordnung selbstreflexiv die blinden Flecken der eigenen Wahrnehmung erkannt und mitgedacht würden. Sei es bislang um eine möglichst genaue Repräsentation der Welt gegangen, so nun um »eine Kunst, die die Welt beim Beobachtetwerden beobachtet«. Ganz abgesehen davon, dass etwa bereits Francis Bacons Idolenlehre (1620) ein hohes Maß kritischer Selbstreflexion eingefordert hatte: Luhmanns Ansatz zeigt noch mehr als derjenige Bourdieus, wie hier die einzelne Künstlerpersönlichkeit, das einzelne Werk, die spezifische Entstehungssituation nur aus dem sozialen Zusammenhang und im Hinblick auf eine übergreifende Theorie des Feldes oder der Struktur verstanden werden können.

Die Akteur-Netzwerk-Theorie, wie sie seit den 1980er Jahren entwickelt wurde und für die hier stellvertretend auf die maßgeblichen Arbeiten Bruno Latours verwiesen sei (zusammenfassend: *Eine neue Soziologie für eine neue Gesellschaft. Einführung in die Akteur-Netzwerk-Theorie*, Frankfurt a.M. 2007), schlägt vor, neben den Menschen und deren Gedanken auch die Dinge als selbständige »Aktanten« eines Netzwerks zu berücksichtigen. Dieser Ansatz, der zunächst wissenschaftliche und technische Zusammenhänge, Veränderungen und Innovationen methodisch besser erfassen wollte, lässt sich vor dem Hintergrund des oben Gesagten als Versuch verstehen, die Distanz zwischen soziologischer Theorie und konkreter Objekt-und-Ereignis-Konstellation zu schließen. Für die Kunstgeschichte ist die Akteur-Netzwerk-Theorie nicht nur für Überlegungen zu Gestaltung und Wirkung von Objekten relevant, sondern auch im Hinblick auf Mythos und Metapher von selbsttätig agierenden Kunstwerken.

Im Unterschied zu diesen soziologischen Großtheorien untersucht die Kunstgeschichte für das gesamte Spektrum sozialgeschichtlicher Aspekte der Künste historische Konstellationen und Dynamiken. Zudem hat sich für diese Aspekte fast unbemerkt, aber umso flächendeckender um 1990 ›Kontext‹ als Alternativbegriff etabliert. ›Kon-Text‹ ist als Konzept aus den Literaturwissenschaften übernommen, die damit vor allem seit den 1970er Jahren die vielfältige Wirklichkeitsrückbindung ihrer Texte beschreiben (1987 von Gérard Genette noch um das Konzept der Paratexte erweitert). Peter Weibel etwa hatte 1971 mit seiner »Kontext-Theorie der Kunst« postuliert, dass die Kontexte nun wichtiger als die Texte selbst und ihre Inhalte würden bzw. diese sich erst über die Kontexte wirklich konstituierten. Mit seiner Ausstellung *Kontext Kunst* versuchte Weibel dann 1994, diese Idee als Leitlinie einer Meistererzählung für die bildende Kunst am Ende des 20. Jahrhunderts zu etablieren.[201] Für die Kunstwissenschaft sollte Norman Bryson aus semiotischer Sicht auf Gefahren des Kontextbegriffs hinweisen und Wolfgang Kemp positiv ein kurzes Forschungsprogramm ›komplexer Kontexte‹ skizzieren.[202] Allein so allgegenwärtig Verweise auf Kontexte seitdem sind, es fehlt jeder anspruchsvollere und umfassendere Theoretisierungsversuch.[203] Insofern ist auch die Feststellung, mit der dieses Kapitel begann, zu modifizieren: Die Kunstwissenschaft liebt es nicht nur, bestimmte Fragen, die sich ihr in den Weg stellen, gleichsam zu verabsolutieren. Sie ›löst‹ manche Probleme eben auch dadurch, dass sie verdrängt oder vergisst.

Biologie der Kunst, Psychologie und Physiologie der Wahrnehmung

Die Biologie war in den Jahrzehnten um 1900 absolute Wissenschaft und zugleich absolute Metapher für die Künste und Kunstgeschichte – mit Auswirkungen bis heute. Was ist damit gemeint? Im Folgenden wird es darum gehen zu zeigen, wie die Kunstgeschichte durch den Rekurs auf Erkenntnisse und Theorien der Lebenswissenschaften Biologie, Physiologie und Psychologie entweder tatsächlich oder symbolisch an Wissenschaftlichkeit zu gewinnen versucht.

Mit dem Konzept der ›absoluten Metapher‹ – um mit der symbolischen Dimension zu beginnen – bezeichnete Hans Blumenberg Vergleiche, die über erläuternde Illustrationen und Ausschmückungen (von Rede oder Text) hinaus eine solche Wirkmacht entfalten, dass sie die Vorstellungen und Denkweise über den Gegenstand, auf den sie bezogen sind, nachhaltig verändern oder sogar bestimmen.[204] In diesem Sinne ist die Idee vom ›Kunstwerk als Lebewesen‹ (und von der Entwicklung der Kunst als einer Art ›Lebenszyklus‹ mit Geburt, Blüte, Verfall und Wiedergeburt/Renaissance) eine der zentralen absoluten Metaphern der westlichen Kunst, der Kunstliteratur und Kunstgeschichte. Die Paradoxie von lebendig scheinenden, sich quasi bewegenden, atmenden, sprechenden, erotisch stimulierenden Bildwerken war in Antike, Mittelalter und Früher Neuzeit das eigentliche Faszinosum von Skulptur und Malerei, höchster Qualitätsausweis, Attraktion und zugleich vermeintlich größte Gefahr für die Betrachter.[205]

Bemerkenswert ist daher, dass genau zu dem Zeitpunkt, als um die Mitte des 19. Jahrhunderts die ästhetische Doktrin der Naturnachahmung – und damit eigentlich auch die Analogie von Kunst und Natur – verabschiedet wurde, die Biologie mit

Charles Darwins Evolutionslehre sowie die (empirische) Physiologie und Psychologie der Wahrnehmung mit Hermann von Helmholtz grundlegend neue Perspektiven eröffneten. Bei allem neuen wissenschaftlichen Anspruch blieb der Rekurs auf das Biologische so in der Folge weiterhin zentral für Kunst und Kunstgeschichte, lieferten die neuen Forschungsrichtungen doch nicht nur ein neues Sortiment an Metaphern, die die alten ersetzten oder sich mit ihnen verbanden, sondern nun auch tatsächlich wissenschaftliche Erklärungsansätze für die Künste und für die ästhetische Wahrnehmung. Dabei traf sich in einem wechselseitigen Verstärkungsprozess das allgemeine Interesse an der Biologie mit der populären Lebensphilosophie der Zeit, wie sie Henri Bergson und Wilhelm Dilthey maßgeblich angestoßen hatten. Es ging um eine ›ganzheitliche‹, die nicht-rationalen und körperlichen Aspekte des Menschen einbeziehende Betrachtung. ›Lebendige Kunst‹ bleibt jedenfalls auch noch im 20. Jahrhundert eine zentrale Forderung.

Wilhelm Waetzoldts Essay *Das Kunstwerk als Organismus. Ein ästhetisch-biologischer Versuch* (1905: 18–20) führt fast karikierend übersteigert vor, wie sich so aus einem Gemenge neuer Schlagwörter der Biologie bzw. ›Lebenswissenschaften‹ und tradierter Vorstellungen ein aktuell klingender, pseudorationaler Text fabrizieren ließ:

> »Das, was wir ›Kunstwerk‹ nennen, gewinnt Sinn und Existenz erst in dem Augenblick, in dem wir es erleben. In der Produktion des schaffenden Künstlers wird es geboren als das nach einem Goetheschen Ausdruck ›gesetzmäßig Lebendige in seiner grössten Tätigkeit und Vollkommenheit‹, und in der Reproduktion des Geniessenden erlebt es seine Wiedergeburt. [...] Durch d[a]s künstlerische Reiz-System [des Kunstwerks] wird in uns das psycho-physische Erlebnis des eigentlichen Kunstgenusses ausgelöst, die Reproduktion der lebendigen, organischen Einheit angeregt, die vom Künstler produziert und in Farben und Linien als Symbole seiner Vorstellungen fixiert wurden.«

Im Weiteren wird nicht nur die bereits der Antike bekannte Verbindung sexueller und kreativer Potenz in neuer Wendung beschworen.[206] Auch der evolutionäre »Kampf ums Dasein«, »Zelle – Organ – Person« als »Stufenfolge künstlerischer Formentwicklung«, »Vererbung« erworbener Eigenschaften, »Selbststeuerung« und andere Konzepte der Biologie um 1900 werden aufgerufen.[207] Im Übrigen ging diese Konjunktur des Organisch-Lebendigen auch mit einem gesteigerten Interesse für das Pendant des Anorganisch-Kristallinen einher.[208]

Die Verführungskraft und Gefahr dieser »geisteswissenschaftlichen Biologie« – mit der etwa auch Wilhelm Pinder sein künstlerisches Generationengesetz, die »Gleichzeitigkeit des Ungleichzeitigen« absichern wollte – beruht letztlich auf der langen Tradition von ›Natur‹ als Letztbegründungsinstanz: Was jeweils naturgegeben oder in Übereinstimmung mit der Natur scheint (und sich eben deshalb so bequem verwenden lässt, da man vorher selbst definiert, was ›natürlich‹ ist), gilt in letzter Konsequenz als gut, gerechtfertigt, gesichert. Kunst kann diesem Maßstab entsprechend »gesund« oder »degeneriert« und »entartet« sein, sie muss ein »organisches Ganzes« bilden oder aber »unorganisches« Ornament wird zum »Verbrechen«, auf die »Blüte« eines Stils folgt so gesetzmäßig wie nicht weiter begründungsbedürftig dessen »Verfall«, die »Physiognomik« oder gar »Pathologie« einer Epoche lässt sich ähnlich wie die von Menschen durch (bloßes) Hinsehen konstatieren usw. Das Ideal der Disziplin selbst ließ sich als »lebendige Interpretation« oder gar »lebendige Kunstwissenschaft« beschreiben.[209]

Wie schwer es ist, solche Denkstile bzw. -muster und die Metaphors *We Live By*[210] konsequent hinter sich zu lassen, zeigt exemplarisch George Kubler. In *Die Form der Zeit* (1962/1982: 36 u. 41) benennt er die Problematik einleitend selbst und schlägt stattdessen den im Vergleich zur Biologie (vermeintlich) viel wissenschaftlicheren Bereich der Physik als Modell vor: »Obwohl unbelebte Dinge unser greifbarstes Zeugnis dafür sind, daß die menschliche Vergangenheit wirklich existiert hat, stammen doch die gebräuchlichen Metaphern, mit denen diese sichtbare Vergangenheit gewöhnlich beschrieben wird, hauptsächlich aus der Biologie. Wir sprechen ohne Zögern von der ›Geburt der Kunst‹, vom ›Leben eines Stils‹ und dem ›Tod einer Schule‹, von ›Blütezeit‹, ›Reife‹ und ›Verwelken‹, wenn wir von Qualitäten eines Künstlers reden. [...] Das biologische Modell hat sich als nicht sehr geeignet erwiesen für eine Geschichte der Dinge. Möglicherweise hätte ein der Physik entlehntes System von Metaphern der Situation der Kunst besser entsprochen als die biologischen Metaphern: vor allem, wenn wir in der Kunst von der Übertragung bestimmter Energien sprechen; [...].« Allein nicht nur die Dynamiken des kritisierten Sprachgebrauchs werden von Kubler selbst pathologisiert (34): »Es läßt sich beobachten, daß bestimmte Wörter an Bedeutung verlieren, wenn sie durch eine zu allgemeine Verwendung mißbraucht werden, als litten sie an Krebs oder Inflation.« Auch die Entstehung der entscheidenden Elemente seiner Entwicklungstheorie der Künste, der *prime objects* (s. S. 146), kann Kubler nicht erklären, sondern versucht sie allein aus der Analogie zur unvorhersagbaren Veränderung einer Genmutation verständlich zu machen (79 f.): »Obwohl in dieser Abhandlung biologische Metaphern vermieden werden sollen, sind sie gelegentlich doch gerechtfertigt zur Verdeutlichung einer schwierigen Unterscheidung [...]. Das primäre Objekt als Mutantenträger bringt die Möglichkeit für Veränderungen mit sich, während ein ganz allgemein schönes oder abstoßendes Objekt lediglich rituelle Nachbildungen oder Umgehung hervorruft.«

Auch in diesem Fall gilt: Wir sind nie modern gewesen. Ganz aktuelle, zentrale Begriffsfelder und Konzepte berufen sich weiterhin auf die Macht der Natur. So stammt der postkoloniale

Schlüsselbegriff der Hybridität ursprünglich aus der landwirtschaftlichen Pflanzenzüchtung (allein das müsste eigentlich Fragen aufwerfen). Und die schon seit einigen Jahren kursierende Vorstellung von der ›Ansteckungskraft‹ der Bilder und ihrer Dynamik, im Netz ›viral zu gehen‹, dürfte gerade auch nach der Corona-Pandemie eine Leitmetapher bleiben.

Über der Kritik dieser weiterhin omnipräsenten Biologismen darf allerdings nicht vergessen werden, dass die Erforschung der Kunst durch die verschiedenen neuen (natur-)wissenschaftlichen Ansätze der Jahrzehnte um 1900, das Leben zu untersuchen, tatsächlich entscheidende Impulse erhielt. Mit Darwins zweitem Hauptwerk – *Die Abstammung des Menschen und die geschlechtliche Zuchtwahl* (engl. 1871, dt. 1871) – werden die Grundlagen von Moral, Verstand und Ästhetik weniger im Bereich philosophisch-geisteswissenschaftlicher Spekulation als in der biologisch-anthropologischen Erforschung der Entwicklung des Menschen verortet. Eine entscheidende Erkenntnis besagt dabei, dass sich insbesondere sexuelle Bevorzugung (primär durch die ›Weibchen‹) evolutionär in attraktiven (männlichen) Körperformen und -ornamenten niederschlägt. »Die letzten Kapitel von Darwins Buch führen darüber hinaus an die Grenzen und Brüche, kraft derer die ästhetische Wahrnehmung im Feld der menschlichen Kultur einer wesentlichen Transformation unterliegt. Wie Schelling und Hegel eine Naturgeschichte des menschlichen Geistes versucht haben, so liefert Darwins Theorie Bausteine zu einer Evolutionsgeschichte des ›Schönen‹ und seiner Bewertung.« (Menninghaus 2003: 66) Der durchschlagende Erfolg, die Weiterentwicklungen, Abänderungen und Gegenreaktionen zu Darwins Ideen lassen sich hier auch nicht ansatzweise darstellen – und auch nicht die äußerst populären Übertragungen des Evolutionsgedankens von der Biologie auf alle Formen des menschlichen Wissens und der Kultur ausgehend von Herbert Spencer und in Deutschland insbesondere auch von Ernst Haeckels Lehre eines Entwicklungsmonismus. Letztlich sind diese Überlegungen aus der Kunstgeschichte aber weitgehend wieder verschwunden. Zum einen, weil sie der Vorstellung von Kunst als einer der höchsten Manifestationsformen des (vermeintlich) frei bestimmten menschlichen Geistes so eklatant zu widersprechen scheinen (teils vermutlich auch, weil die Evolutionslehre das weibliche Geschlecht zur eigentlich höher entwickelten Triebkraft der Veränderung erhebt); und zum anderen, weil sie die komplexen kulturellen Aus- und Überformungen der biologisch-anthropologischen Grundlagen damit nicht erfassen zu können meint. Daher spielen heute die ästhetischen Aspekte der Evolution vor allem in der Biologie und Verhaltensforschung – die etwa die ›künstlerische Grenze‹ bzw. die fließenden Übergänge zwischen Tier und Mensch untersucht – eine Rolle, wogegen selbst eine an anthropologischen Aspekten des Ästhetischen und Bildermachens oder aber an den aktuellen *Animal Studies* interessierte Kunstgeschichte diese Überlegungen nur zögerlich einbezieht.[211]

Dagegen ist ein anderer, kaum beachteter Effekt von Darwins biologischer (und Spencers soziokultureller) Evolutionslehre für die Kunstgeschichte zu betonen: Dem englischen Altertumsforscher John Evans gelang es in den 1860er Jahren erstmals, die (undatierten) antiken Münzen der Briten in eine chronologische Reihenfolge zu bringen, indem er ihre Motive als langsamen formalen ›Degenerationsprozess‹ hellenistischer und römischer Vorbilder erklärte.[212] Der Ethnologe und Archäologe Augustus Pitt Rivers formulierte davon ausgehend nicht nur eine allgemeine ›Evolutionslehre der Artefakte‹, sondern ordnete die Sammlung anonymer, undatierter Objekte in dem seinen Namen tragenden Museum in Oxford auch erstmals nach entsprechend typologisch-chronologischen Entwicklungsreihen.[213] Denkfiguren von ›organischer Entwicklung‹ und ›Degenerierung‹ finden sich seitdem vielfach in der Kunstgeschichte – ohne dass dabei immer der Rekurs auf die Evolutionslehre noch die Gefahr bewusst wären, die die Metaphorik birgt.[214] Allerdings ist die Bedeutung von Visualisierungen, von Grafiken, Diagrammen, Bildvergleichen für Darwin und das Evolutionsdenken in Wissenschaften wie Künsten gleichermaßen in den letzten Jahren intensiv herausgearbeitet worden.[215]

Neben diese Biologie der Kunst trat zudem eine neue Biologie der Wahrnehmung und eine sich darauf gründende (empirische) Psychologie. Auf Seiten der Künste hat dieses Interesse im Übrigen ein Pendant im Impressionismus, einer Kunstrichtung, die, kurz gesagt, mit ihren Werken die physischen und psychischen Vorgänge des Sehens als solche thematisieren will und nicht mehr darauf abzielt, eine Welt im Bild zu sehen zu geben. Dadurch erhielten die Vorstellungen vom Auge und der mentalen Verarbeitung von visuellen Sinneseindrücken eine deutlich verbesserte naturwissenschaftliche Fundierung. Entscheidend waren vor allem die Forschungen von Hermann von Helmholtz, wie schon zeitgenössische Stimmen zur Kunstgeschichte betonten. Neben einer wesentlich verlässlicheren empirischen Grundlage verwies Helmholtz unter anderem im letzten Band seines grundlegenden *Handbuchs der physiologischen Optik* (1856–1867) auf den »unbewussten Schluss«, wonach ein Sinneseindruck eine unmittelbare, vorrationale, selbst gegen Verstandesurteile teils immune Wirkung erzeugt.[216] Durch diese neuen Erkenntnisse und Ansätze schien zudem überhaupt eine Vergleichbarkeit des menschlichen Sehens gewährleistet und eine Lösung für das Problem in Sicht, wie man etwa Kunstwerke der Vergangenheit angemessen beurteilen könne: »Die einheitliche psychophysische Organisation des Menschen bildet den gemeinsamen Wurzelboden aller Kunst und eine besondere Seite seiner Sinnesbegabung denjenigen der bildenden Kunst und schlägt für uns die Brücke eines unmittelbaren Verstehens der Kunstschöpfungen vergangener Zeiten, wenn auch ein beträchtlicher Rest der Absichten des Künstlers und seiner Zeit uns ohne kunstgeschichtliche Erklärung darin verborgen bleiben würde.« (Wulff 1917: 6)

Es ist diese Idee der allen Menschen (zumindest eines Kulturkreises) gemeinsamen automatischen, unlöslichen Verbindung von Form und Empfindung bzw. Gehalt, die die Forschung zu Ästhetik und Kunstwissenschaft aufgreift. Robert Vischer – Sohn von Friedrich Theodor – gelang es mit seiner keine fünfzig Seiten umfassenden Doktorarbeit *Über das optische Formgefühl. Ein Beitrag zur Ästhetik* 1873, die Programmschrift der in der Folge für mehrere Jahrzehnte sehr erfolgreichen Lehre der Einfühlungsästhetik vorzulegen: Anders als der Begriff vielleicht nahelegt, anders als häufig auch dargestellt, geht es der Einfühlungsästhetik zunächst gerade nicht um die Vielfalt des subjektiven Wahrnehmens, sondern darum, zumindest ansatzweise die allen Menschen gemeinsamen Grundreaktionen auf visuelle (Basis-)Eindrücke wie Farben, Formen und deren Relationen festzustellen, aus denen vergleichbare Projektionen des Ichs und damit »Beseelungen« der unbelebten Gegenstände resultieren: Weil etwa eine Säule ›aufragt‹, weil sich unser Blick an ihr emporbewegt, weil wir uns körperlich ihre Last und ihren Gegendruck vorstellen können, assoziieren wir sie mit Kräften; erst so verwandelt sich ein unbelebtes, rational eigentlich restlos (und nicht besonders anspruchsvoll) erklärbares Objekt für uns zur Quelle von (unerschöpflichem sinnlichen) Kunstgenuss. Heinrich Wölfflins Doktorarbeit *Prolegomena zu einer Psychologie der Architektur* (1886) setzt hier an. Allerdings werden diese Reaktionen auf einer nächsten Ebene durch individuell und kulturell geprägte Faktoren ergänzt und überlagert, die in ihrer Komplexität für die Einfühlungsästhetiker nicht mehr streng wissenschaftlich nachzuvollziehen waren – weshalb die Einfühlungsästhetik dann doch Ausdeutungen und Spekulationen Tür und Tor öffnete.[217]

Die Völkerpsychologie, wie sie parallel dazu in den 1850er Jahren von Moritz Lazarus und Heymann Steinthal entwickelt, von Theodor Waitz auf breiter ethnologischer Basis weiterverfolgt und dann von Wilhelm Wundt zwischen 1900 und 1920 in ein umfassendes kulturpsychologisches System gebracht wurde, versuchte entsprechend, nun nicht die Gemeinsamkeit unwillkürlicher individueller Wahrnehmungsprojektionen, sondern die Gemeinsamkeiten innerhalb ganzer kultureller Gruppen aus einem einheitlichen »Volksgeist« zu begründen. Auch die Völkerpsychologie scheitert aber letztlich an der Komplexität der Phänomene, der Volksbegriff wird zudem zur Belastung für diese Theorie. Ihr Ansatz zielt gleichwohl wie die Einfühlungsästhetik auf eine streng wissenschaftliche Herleitung von Kultur und Kunst.

Als Grundproblem nicht nur für die Kunstwissenschaft bleibt weiterhin die Frage bestehen, wie sich eigentlich eine überindividuelle Vergleichbarkeit von Sinneswahrnehmung und Kunstgenuss begründen bzw. für andere Zeiten und Orte erforschen lässt. Das ist der Grundzweifel Heinrich Wölfflins, dem dieser mit seiner »Geschichte des Sehens« begegnen will, ohne dass er dieses Projekt auch nur ansatzweise theoretisch erläutert hätte. Als Ausweg zwischen der Skylla eines jeweils nur in einer bestimmten historischen Situation verständlichen Sachverhalts und der Charybdis des Psychologismus, der alles auf Gesetze empirischer Psychologie zurückführt, argumentiert die Phänomenologie für die Möglichkeit, die intentionale Beziehung auf Gegenstände und die zeitliche Verstrickung der Kunst in einem reinen Bewusstseinsakt der Betrachtung aufzuheben: Mit einer als Epoché bezeichneten Methode müssten die Vorannahmen ausgeschaltet, mit einer eidetischen Reduktion dann das Wesen einer Sache in den Blick genommen werden. Zwar wäre damit das Problem individueller und historischer Bedingtheit ausgeschaltet. Allein der Beweis, dass die Grundannahmen – Epoché und eidetische Reduktion – für den Menschen überhaupt möglich sind, ist kaum zu erbringen. Viel wahrscheinlicher dürfte sein, dass es sich um eine unentrinnbar zirkuläre Ausgangssituation handelt: »Bilder bilden sich vor dem Hintergrund des bereits Wahrgenommenen, und die Wahrnehmungen finden statt nach Maßgabe von Bildern, Schemata, Vorstellungen, d.h. vor dem Zeithorizont bereits gehabter Erfahrungen und darauf gründender Erwartungen.«[218] Damit müsste eigentlich auch eine andere, erstmals 1857 von John Ruskin formulierte, nicht weiter begründete, dafür umso hartnäckigere Idee ad acta gelegt sein: nämlich die vom »unschuldigen Auge«, das es als Künstler, Betrachter oder auch Kunstwissenschaftler anzustreben gelte, um jenseits eingeübter Sehmuster und Traditionen zum eigentlichen Wesen der Dinge, zu einer unmittelbar-authentischen Reaktion oder auch zu Neuem vorstoßen zu können.[219]

Ein nochmals anderer Versuch, eine allgemeingültige wissenschaftliche Basis zu gewinnen, ließ sich »mit Hilfe der psychoanalytischen Forschungen« unternehmen: Wenn diese die allgemein-menschlichen Strukturen des Bewusstseins offenlegen, wenn sich etwa Parallelen zwischen frühen Entwicklungsstufen der Kultur und der Entwicklung von Kindern finden, wenn die sexuelle Triebsublimierung stets das zentrale Movens ist, dann lassen diese hinter alle kulturellen Schichten zurückreichenden Analysen auch »eine vertiefte Einsicht in die Struktur der bildenden Künste« erhoffen.[220] Aber auch wenn dabei nicht alle Plastik als Phallussymbol, alle Behausung als Verweis auf den weiblichen Uterus gedeutet, sondern wie in Ernst Kris' psychoanalytischen Überlegungen zur ästhetischen Illusion sehr differenziert argumentiert wird[221], ist doch offensichtlich, dass dieses Versprechen auf eine allumfassende wissenschaftliche Basis noch mehr bedingungslosen Glauben an die Richtigkeit der Ausgangstheorie benötigt als andere Überlegungen.

Die Gestaltpsychologie in ihren verschiedenen Ausrichtungen schließlich, die einen Aufsatz von Christian von Ehrenfels von 1890 als ihren Gründungstext benennt und den ganzheitlichen Ansatz der Lebensphilosophie aufgreift, aber erst zu Beginn des 20. Jahrhunderts Wirksamkeit entfaltet, untersucht anstelle der Einfühlungsqualitäten einzelner Elemente ganze Strukturgefüge, Beschaffenheit und ›Wesen‹ eines Gesamtgebildes. Rudolf Arnheims Arbeiten dürften dabei die größte Bedeutung für die Kunstgeschichte haben: *Kunst und Sehen* (engl. 1954, dt. 1978) ist auf die Wahrnehmungsvorgänge, *Anschauliches Denken* (engl. 1968, dt. 1972) auf die erkenntnistheoretische Verbindung von Anschauungsbild und Begriff gerichtet. Beide Werke mit ihren zahlreichen Skizzen, Diagrammen und Bildbeispielen kennzeichnet ein leicht nachvollziehbarer, erzählerischer Duktus, der allerdings kaum zwingend wissenschaftlich argumentiert. Bezeichnenderweise kommen daher jüngere Versuche im Gefolge Foucaults und anderer, die unterschiedliche »skopische« oder Blickregime im Laufe der Geschichte zu unterscheiden versuchen, auch ohne intensive Auseinandersetzung mit wahrnehmungspsychologischen Ansätzen aus und argumentieren mit historischen Quellen und diskursanalytisch.[222]

Ein neuerliches, heftiges Wiederaufflackern einer nun neurobiologisch und damit nochmals eine Stufe ›wissenschaftlicher‹ fundierten Kunstgeschichte ist nun seit dem Jahr 1999 zu verzeichnen. In diesem Jahr veröffentlichte nicht nur der Hirnforscher Semir Zeki mit *Inner Vision. An Exploration of Art and the Brain* eine erste Summe seiner Erkenntnisse und Ideen zum Verhältnis von Wahrnehmungsphysiologie, neurobiologischer Verarbeitung (insbesondere durch die 1992 entdeckten und in der Folge zum ›Superelement‹ des menschlichen Gehirns emporstilisierten Spiegelneuronen) und Kunst.[223] Aus kunsthistorischer Perspektive erprobten Karl Clausberg (1999) und dann John Onians (2007 und 2016) unter dem Schlagwort einer ›neuronalen Kunstgeschichte‹ die Anwendung der neuen Erkenntnisse und Vermutungen der Hirnforschung an ausgewählten Beispielen von der Antike bis ins 20. Jahrhundert. Auch wenn seitdem weitere Publikationen zu Gehirnforschung, Physiologie und Kunst erschienen sind, auch wenn mit dem Einsatz von Eye-Tracking-Technologien überdies neue, exakte Möglichkeiten für die Untersuchung der Bildbetrachtung zur Verfügung stehen, eine breitere Rezeption in der kunsthistorischen Forschung lässt bislang auf sich warten. Dies mag auf der einen Seite erstaunen, bestehen doch nicht nur enge Verbindungen zu Fragen der Bildwissenschaft, sondern auch die Künste haben verschiedenste Spielarten der *BioArt* für sich entdeckt. Auf der anderen Seite scheinen sich die ihrerseits noch alles andere als gesicherten neurobiologischen Ansätze doch nur begrenzt heranziehen zu lassen, um die jeweilige Komplexität und Spezifik eines Kunstwerks in überzeugender Deutung zu vertiefen. Die Distanz von Biologie als absoluter Wissenschaft und als absoluter Metapher ist so im Hinblick auf die Kunstgeschichte größer geworden.

Die Gewissheit naturwissenschaftlich-technischer Untersuchungsmethoden

Die eigentliche Erkenntnis des postfaktischen Zeitalters liegt nicht darin, dass Stimmen aus Politik, (sozialen) Medien oder Wissenschaft immer häufiger nur noch relative Wahrheiten vermitteln, deren Geltungsanspruch durch die Präsentationsweisen entscheidend miterzeugt wird, und das Publikum teils lieber (einfache) Meinungen als (komplexe, unbequeme) Tatsachen glaubt. Eigentlich geht es darum, sich an den längst bekannten Umstand zu erinnern, dass Tatsachen und Wahrheiten im Prinzip immer und in allen Bereichen (auch) konstruiert werden. Gerade die Kunstgeschichte hat mehrfach schmerzlich erfahren, was es heißt, diese Einsicht zu vergessen. Denn so schwer es ihr als einer geisteswissenschaftlichen Disziplin zunächst vielleicht auch gefallen sein mag, den Beitrag naturwissenschaftlich-technischer Untersuchungsmethoden für Fragen nach Echtheit, Alter, Herkunft oder Zuschreibung von Artfakten zu akzeptieren, so rückhaltlos – und dankbar für die vermeintlich entlastende Sicherheit im Dschungel der Deutungen und Meinungen – verlässt sie sich nun auf die Ergebnisse dieser Untersuchungsmethoden.

Jüngstes spektakuläres Beispiel dafür ist ein gefälschtes Exemplar von Galileo Galileis Publikation *Sternenbote/Nachricht von den Sternen* (*Sidereus Nuncius*, 1610). Aufgetaucht war 2007 eine besondere Kopie dieses Buches, die den Eindruck erweckte, im Herstellungsprozess verwendet worden zu sein. Sie enthält an leer gelassenen Stellen im Text fünf lavierte Zeichnungen des Mondes, angeblich Galileos eigenhändige Studien, nach denen dann die Radierungen erstellt worden seien, die in den anderen Buchexemplaren eingedruckt erscheinen. Zur Absicherung dieser These, die Galileo den Himmelskundler und Naturforscher untrennbar mit Galileo dem Künstler verbinden wollte (mit dem Nebeneffekt, dass ein Buch für ansonsten unter 100 000 Euro nun zehn Millionen Euro hätte kosten sollen), wurden 14 naturwissenschaftliche, materialtechnische und restaurierungswissenschaftliche Institutionen herangezogen und deren Befunde mit dem entscheidenden Ergebnis »echt« in einem eigenen Band 2010 publiziert.[224] Die von anderen mit bloßem Auge getätigte Beobachtung, dass ein verformter Buchstabe auf dem Titelblatt des *Sidereus Nuncius*, wie er in einem Faksimile des Buches, nicht aber bei den Originalen vorkommt, auch bei dem vermeintlichen Vorbereitungsexemplar Galileos auftaucht, sodann eine genaue Untersuchung der manipulierten Bindung und schließlich die Feststellung, dass das Papier des Bandes Baumwolle enthält und also unmöglich aus der Zeit um 1600 stammen kann, überführte die Fälschung. Klar ist im Nachhinein, dass es sich nicht um ein besonders subtiles, herausragendes *fake* handelt, dass aber doch sehr geschickt aktuelle Forschungsinteressen, Hoffnungen und Begehrlichkeiten ausgenutzt wurden.[225]

Nun geht es hier weder darum, den Stand kunsthistorischer Forschung zu bejammern, noch den Nutzen technisch-naturwissenschaftlicher Untersuchungen infrage zu stellen. Der Fall Galileo zeigt vielmehr in größter Deutlichkeit, dass alle Ergebnisse immer auch interessegeleitet sind (weil es nicht darum ging, eine Fälschung zu entlarven, sondern Echtheit zu bestätigen, hatte sich etwa die Papieruntersuchung auf nicht-invasive Methoden beschränkt) und dass daher jede Interpretation möglichst alle verfügbaren Zugänge, Erkenntnisse und methodischen Überlegungen zusammensehen muss. Der Vorschlag, diese von naturwissenschaftlich-technischen Untersuchungen geleitete Kunstforschung als *Technical Art History* zu bezeichnen, ist deshalb auch wenig sinnvoll: Überzeugende Schlussfolgerungen sind nur im Zusammenhang zu erzielen.[226] So wie sich Stil und Ikonografie gegenseitig bedingen und daher gemeinsam zu bedenken sind, so sind auch technisch-naturwissenschaftliche Untersuchungen mit allen anderen Fragen und Methoden zusammenzuführen.

Technische Untersuchungen von Malereien gibt es spätestens seit der zweiten Hälfte des 18. Jahrhunderts, als man die antike Technik der Enkaustik verstehen wollte (zum Interesse an der künstlerischen Praxis, nicht der nachträglichen wissenschaftlichen Analyse, s. S. 116 ff.).[227] Parallel zum Aufschwung der Museen erlangten in der zweiten Hälfte des 19. Jahrhunderts sowohl im Hinblick auf die Restaurierung wie zum Erkennen von Kopien und Fälschungen technische Einsichten mehr Bedeutung. 1884 wurde mit den *Technischen Mitteilungen für Malerei* erstmals eine spezielle, immerhin bis 1943 erscheinende Zeitschrift aufgelegt. Ein Patent für das »Verfahren zur Feststellung von Übermalungen bei Ölgemälden o. dgl. durch Herstellung eines Röntgenbildes« erhielt der Arzt mit einigen Semestern Kunstgeschichtsstudium Alexander Faber 1916.[228] 1928 legte der Chemiker Angenitus Martinus de Wild eine erste Doktorarbeit zur *Naturwissenschaftliche[n] Gemäldeuntersuchung* vor (niederl. 1928, dt. 1931). 1938 beschrieb Christian Wolters *Die Bedeutung der Gemäldedurchleuchtung mit Röntgenstrahlen für die Kunstgeschichte*. Die Dendrochronologie, also ein vergleichendes Verfahren der Altersbestimmung über die Jahresringe der Bäume, begründeten Andrew E. Douglas in den späten 1920er und Bruno Huber in den 1930er Jahren. 1956 schloss der Restaurator Johannes Taubert eine Dissertation ab, in der er am Beispiel der altniederländischen Malerei die Einsatzmöglichkeiten naturwissenschaftlich-technischer Untersuchungen und methodisch überzeugende Deutungsschritte wegweisend vorführte.[229] Die Infrarot-Reflektographie als eines der heute gebräuchlichsten Verfahren, mit dem Vorzeichnungen auf Gemälden sichtbar gemacht werden können, entwickelte dagegen erst Johan R.J. van Asperen de Boer in den späten 1960er Jahren.[230] Noch 1950 hatte jedenfalls Paul Coremans die Naturwissenschaften als »neues Kriterium« zur Beurteilung von Kunstwerken bezeichnen können.[231]

Die Ansprüche an interdisziplinäres Know-how und apparative Ausstattung für diese Art von Untersuchungen ließen schnell den Wunsch nach spezialisierten Forschungsinstituten entstehen. 1888 wurden die Chemischen Labore der Königlichen Museen in Berlin eingerichtet (heute Rathgen-Forschungslabor). An anderen

Orten blieb die technische Untersuchung von Gemälden mit »echt wissenschaftlichen Prinzipien« weiterhin Zukunftsvision – so noch 1920 für Edward Forbes, Kurator am Fogg Art Museum der Harvard University: »I hope that some day a technical school may be established, perhaps at Harvard, where painters, restorers, and museum officials may learn about the chemistry of paintings and the care of them, on truly scientific principles.«[232] 1928 konnte er an seinem Museum das erste Department for Conservation Research in Nordamerika installieren. Andere Länder folgten: 1932 sollte der erst 27-jährige italienische Kunsthistoriker Ugo Procacci in Florenz mit der *Soprintendenza delle Belle Arti* die erste moderne Restaurierungswerkstatt Italiens ins Leben rufen. 1937 erfolgte in München die Gründung der »Staatlichen Prüf- und Forschungsanstalt für Farbentechnik« als »Reichsinstitut« durch Max Doerner, Landschaftsmaler und Professor an der Münchner Akademie der Bildenden Künste, nachdem schon Walter Gräff um 1932 Pläne für eine »Untersuchungs- und Forschungsanstalt für Gemälde und andere Werke der bildenden Kunst« entwickelt hatte. In Belgien wurden 1948 die Archives Centrales iconographiques d'Art national et Laboratoire central des Musées de Belgique (heute Koninklijk Instituut voor het Kunstpatrimonium – Institut Royal du Patrimoine Artistique) gegründet, als deren erster Direktor der bereits zitierte Paul Coremans fungierte. Eine Sonderstellung nimmt schließlich das 1968 begonnene Rembrandt Research Project als ›privater‹ Zusammenschluss von Forschern ein. Gleichwohl ist gerade dieses Projekt, das den Werkkatalog Rembrandts mit seinen vielen umstrittenen Zuschreibungen zu ›bereinigen‹ versucht, zum exemplarischen Beispiel für die Macht naturwissenschaftlich-technischer Untersuchungsmethoden geworden, liebgewonnene Rembrandt-Zuschreibungen – etwa den *Mann mit dem Goldhelm* in Berlin – auszurangieren.

In der Folge hat vor allem die neue Serie von Bestandskatalogen der National Gallery in London ab 2003/2004 (Dillian Gordon [Hg.]: *Fifteenth-Century Italian Paintings I*; Nicholas Penny [Hg.]: *The Sixteenth-Century Italian Paintings I*) dazu beigetragen, dass sich ein neuer Standard bei dieser Publikationsform etabliert hat: Präsentiert wird jetzt neben der kunsthistorischen Analyse auch ein ausführlicher Report der technisch-naturwissenschaftlichen Untersuchung jedes Werks. Die Kataloge des Frankfurter Städel oder der Pinakotheken in München folgen diesem Modell und entwickeln es weiter.

Auch vor dem Hintergrund dieser Entwicklung, die den Glauben an die ›objektive Verlässlichkeit‹ solcher Untersuchungen und ihrer bildgebenden Verfahren (Röntgen, Infrarot etc.) befeuert, hat die neue Bildwissenschaft nachdrücklich auf Bedingtheiten hingewiesen: Immer sind die unausweichlich kulturell determinierten Elemente und ästhetischen Vorentscheidungen wissenschaftlicher Bilder mit zu analysieren. Es ist eine Ironie des Schicksals, dass ausgerechnet Vertreter dieser kritischen Bildwissenschaft auf die falschen Zeichnungen des angeblichen *Sidereus Nuncius* nicht von 1610, sondern von um 2003/04 hereingefallen sind – auch weil die naturwissenschaftlich-technischen Untersuchungen schon vorab wussten, was sie als Ergebnis zu liefern hatten.

Athen und Alexandria: Das doppelte Versprechen des Digitalen

»Athen will eben immer wieder aus Alexandrien zurückerobert sein.« Zwischen diesen beiden geografischen Polen: dem (vermeintlichen) Ursprungsort europäischer Rationalität und Logik bzw. dem spätantiken Zentrum für religiöse Fragen und Magie, verortete Aby Warburg 1919 den »Pendelgang zwischen mythischer und wissenschaftlicher Auffassung«, den er im »Spiegel künstlerischer Gestaltung« sein Leben lang untersuchte.[233] Denn die Menschen versuchten zwar, so Warburgs von der zeitgenössischen Religionswissenschaft, Vorgeschichtsforschung und Ethnologie angeregte These, im Laufe ihrer Geschichte einen immer größeren »Denkraum der Besonnenheit« zwischen sich und den Objekten der Welt zu erringen, indem sie vom Naturglauben über Mythologie und Religion zur Philosophie und Wissenschaft als Leitmodellen ihres Weltverständnisses kamen. Die früheren Stufen, Befürchtungen und Emotionen seien damit jedoch keineswegs ›überwunden‹ und nur mehr historisch, sondern, wie insbesondere auch das Fortleben von Bildformeln zeige, stets präsent. In Auseinandersetzung mit ihnen gelte es immer wieder neu, der Rationalität zum Sieg zu verhelfen, wie es auch Warburg selbst mit seiner eigenen Forschung (und im dauernden Kampf gegen die eigenen Phobien) versuchte.

Wenn Warburg mit dieser Gegenüberstellung von Athen/Logos versus Alexandria/Mythos nicht nur orientalistischen Klischees folgte, könnte er damit freilich noch auf einen zweiten – bislang offenbar nicht betonten – Gegensatz gezielt haben: auf den zwischen einem in umfassenden Theorien verdichteten Wissen, wofür die Athener Philosophenschulen stehen, und umfassend akkumulierten Wissensbeständen, wie sie sich in der größten Bibliothek der Antike in Alexandria befanden. Die Alternative Athen oder Alexandria würde so auch den zweiten, zentralen Aspekt von Warburgs eigenem Forschen anzeigen, der lebenslang mit der Herausforderung rang, die in seiner Bibliothek akkumulierten umfassenden Einzelfakten zur Bildproduktion der Menschen in eine umfassende Bildtheorie zu überführen – ein Vorhaben, an dem er bekanntlich scheiterte. An digitale Kunstgeschichte konnte Warburg dabei selbstverständlich weder denken, noch soll er hier indirekt auch noch zu deren Stammvater erklärt werden. Mit seinen Polen Athen – Alexandria scheint gleichwohl der »Pendelgang«, das Versprechen und zugleich das (mögliche) Versagen des Digitalen, für die Kunstgeschichte besonders treffend benannt.

Das Versprechen des Digitalen, schon vielfach beschrieben, liegt kurz gesagt in zweierlei, sieht man einmal von pragmatischer Zeit- und Arbeitsersparnis durch digitale Tools, Datenbanken und Digitalisate ab: in umfassender, unmittelbarer Allverfügbarkeit aller Daten und in absoluter, weil rein quantitativ-mathematischer Wissenschaftlichkeit. Dabei findet sich die Einsicht, dass das Digitale viel mehr als nur nützliches Werkzeug ist, praktisch von Anfang an. Bereits 1966 – dem gleichen Jahr, in dem an der Universität Tübingen das wegweisende Programm TUSTEP für Textdatenverarbeitung in den Geisteswissenschaften entwickelt wurde – formulierte etwa Klaus Lankheit hellsichtig: »Schon mehren sich in der Literatur Beiträge mit Überschriften wie ›Kunstgeschichte und Computer?‹ oder ›Dürer – elektronisch?‹ Die Fragezeichen dahinter deuten auf die Unsicherheit der Situation, obwohl zunächst nur Speicherung und Lenkung von Information gemeint sind. Alles wird sich jedoch auf die Kernfrage konzentrieren, diejenige nach der Meßbarkeit von Qualität.«[234] Die Kunstgeschichte zählt neben Literary and Linguistic Computing und den mit Editionen beschäftigten Wissenschaften zu den Geisteswissenschaften, die digitale Instrumente besonders frühzeitig nutzten: So haben etwa der Bildindex Foto Marburg oder der Census of Antique Works of Art and Architecture Known to the Renaissance bereits in den 1970/80er Jahren Datenbanken anzulegen begonnen, die noch heute fortgeführt werden.[235] Handbücher und Einführungsliteratur zu Kunstgeschichte und Computer werden erstmals in den späten 1980er und in den 1990er Jahren publiziert – allerdings hat der eigentliche Boom der *Digital Humanities* erst mit dem 21. Jahrhundert richtig eingesetzt.[236] Betont werden muss zudem die fortdauernde wissen(schaft)s- und gesellschaftsutopische Dimension des Digitalen, so allgegenwärtig Kommerzialisierung und Nutzung digitaler Techniken für Bereiche wie Überwachung, Krieg und Pornografie auch sind.[237]

Die erste große Verheißung des Digitalen liegt jedenfalls in der absoluten Verfügbarkeit des Materials. War man bis vor Kurzem auf einige wenige Abbildungen aus einer mittelalterlichen Handschrift, auf ein Exemplar und einen Zustand einer Druckgrafik, auf einige wenige Ansichten von Skulpturen und Architekturen beschränkt, wenn es von den Objekten überhaupt Aufnahmen gab, so klingt die Vorstellung nicht mehr wie Hybris, dass absehbar ›alles‹ verfügbar ist: nicht nur als aktuelles Foto, sondern alle Darstellungen eines Objekts seit es Reproduktionsmedien gibt, aber auch Film und virtuelle 3D-Animation, dazu die gesamte bisherige Literatur, alle Quellen, Ideen und Erkenntnisse. Der sich bislang häufig selbst reproduzierende Kanon der Kunstgeschichte, die Benachteiligung bestimmter Gebiete, Medien, Fragestellungen und Forschungsergebnisse wird wenigstens nicht mehr dadurch perpetuiert, dass schon das Material nicht richtig greifbar ist. Damit einher geht, dass die Präsentationsformen auch nicht mehr auf die zweidimensionale, sequenzielle Anordnung und die Grenzen von Buchseiten heruntergebrochen werden müssen (Ähnliches gilt für Ausstellungssituationen), sondern gerade als Verbindung von Hypertext und Hyperimage neue Formen dynamisch vernetzten Wissens eröffnen. Durch die zunehmend verbesserten automatischen Übersetzungstools dürften sich auch Sprachbarrieren demnächst erledigt haben. Das Digitale erschafft so die absolute Bibliothek, das absolute Museum, den absoluten Wissensspeicher von Alexandria, der mühelos und unmittelbar alles mit allem in Verbindung setzen kann (und insofern eigentlich auch nicht mehr in den tradierten Kategorien von Bibliothek und Museum zu fassen ist).

Das zweite große Versprechen des Digitalen liegt in seiner scheinbar nicht minder absoluten, weil auf allumfassender Datenbasis rein quantifizierenden Wissenschaftlichkeit der Analyse – jenseits aller Subjektivitäten des menschlichen Wahrnehmens und Interpretierens. Die Sehnsucht der Kunstgeschichte nach Wissenschaftlichkeit würde sich hier in nicht zu überbietender Konsequenz endlich erfüllen. Denn mit Data Science, Computer Vision, selbstlernender Bildanalyse, KI insgesamt lassen sich nicht nur ikonografische und stilistische Untersuchungen zu Motiven und Details, zu Pinselführung, Farb- und Lichtverteilung, zu Proportionen, Verteilungshäufigkeiten usw. in bislang unbekannter Genauigkeit und Menge durchführen. Digital können auch gleich die Erkenntnisse aus statistischen, geografischen, technisch-naturwissenschaftlichen Untersuchungen und allen anderen Kontexten eingespielt werden.[238]

Weniger erkennbar ist bislang, wie erfolgreich das Digitale auch neue Formen des Zusammen- und permanenten Weiterarbeitens an öffentlich gemachten Ergebnissen hervorbringen wird in einer Disziplin, die wissenschaftliche Leistung immer noch primär über den klar zugewiesenen, eigenständig verfassten und fest datierten Text definiert.

Angesichts dieser zwei großen Versprechen, die sich auch so beschreiben ließen, dass sie das Positive von Athen (Rationalität) und Alexandria (allumfassende Fülle) auf einem neuen epistemischen Niveau verbinden, gilt es aber auch ein (mögliches) Versagen des Digitalen in beiden Bereichen zu bedenken, ohne dass dies gleich als Fundamentalkritik an digitalen Neuerungen verstanden werden darf. Wie in allen Bereichen der KI gilt auch im Hinblick auf die Bildanalysen, dass an einem gewissen Punkt nicht nur die Quantität, sondern auch die Qualität der vom Computer vollzogenen Operationen selbst für Spezialisten nicht mehr im Detail nachzuvollziehen ist. Das Ergebnis kommt aus einer *black box*, die Rezipienten müssen es paradoxerweise ähnlich wie schon das Urteil des *connoisseur* letztlich einfach akzeptieren. So verstandene absolute Wissenschaftlichkeit übersteigt die menschlich nachvollziehbare Transparenz, verlangt eine neue Form des bedingungslosen Glaubens, kann zu neuer Mystifizierung führen. Komplementär dazu wäre zu überlegen, was mit Forschungsfragen geschieht, die sich weniger oder gar nicht für diese Art der quantifizierenden Analyse eignen, bzw. ob sich die (›eigentliche‹) kunsthistorische Forschung dann jeweils in die Bereiche verlagert, die einer digitalen Analyse (noch) verschlossen sind.

Für die *Big Data* des digital verfügbaren Materials – die ideale Bibliothek von Alexandrien – hat dagegen der Architekturhistoriker Mario Carpo jüngst (nochmals) die paradigmatische Wende skizziert:[239] Bislang zielte aller Umgang mit Wissen immer auch auf eine Reduktion des Faktischen, um die schiere Masse an Informationen beherrsch- und kommunizierbar zu machen. Dies gilt für Schrift und (dokumentierendes) Bild als die zentralen Ausdrucks- und Speichermedien, dies gilt aber auch für (naturwissenschaftliche) Theorien, Gesetze und Denkmodelle, die, obgleich häufig nur bedingt zutreffend, dennoch abstrahierende Kategorisierungen, Erklärungen und Vorhersagen überhaupt erst ermöglichen. Indem nun zunehmend alle Einzelfakten der Welt nicht nur digital speicherbar werden, sondern enorme Rechnerleistungen und Datenvolumina überall und ohne große Kosten abrufbar sind, deutet sich eine radikale Alternative an: Es muss bei Fragen zu Einzelphänomenen nicht mehr unbedingt darum gehen, möglichst zutreffende Modelle und Theorien zu entwickeln und dann für den spezifischen Anwendungsfall heranzuziehen, sondern es reicht, aus der Fülle der bereits gespeicherten Fakten möglichst entsprechende Beispiele herauszusuchen und das von dort bereits Bekannte anzuwenden (Caro verweist auf den einleuchtenden Anwendungsfall medizinischer Diagnosen). Oder, wie dieser ›Lösungsweg‹ und das »Ende der Theorie« schon 2008 angepriesen wurde: »›Correlation is enough.‹ We can stop looking for models.«[240]

Für die Kunstgeschichte könnte dies etwa bedeuten: Der Computer liefert die besten Vergleichsbeispiele, die prozentgenau nach Wahrscheinlichkeiten geordneten visuellen Anregungen, deren sich ein Künstler für ein Bild bediente, den Kontext im Handumdrehen und aus allen Medien. Es bedarf keiner Vermutungen mehr zu wichtigen im Unterschied zu weniger bekannten Bildquellen, Vorannahmen zu (kunst-)historischen Entwicklungen oder ästhetischen Präferenzen, Theorien und komplexitätsreduzierende Modelle, aber auch individuelle, zufällige Wissensschwerpunkte und Kompetenzen der Forscher_innen spielen keine entscheidende Rolle mehr. Selbst wenn diese ideale Verfügbarkeit aller Daten nicht nur dazu führen sollte, dass bisherige Wertungen sich einfach selbst perpetuieren (weil Picasso bei einer Internetsuche schon jetzt zu knapp hundertmal mehr Treffern führt als sein Pariser Zeitgenosse Picabia, wird er in Zukunft zum tausendmal wichtigeren Künstler werden): Was tritt an die Stelle der bisherigen, unzureichenden Hilfskonstruktionen, kunsthistorischen Narrative und Modellvorstellungen in Zeiten solcher Totalverfügbarkeit des ›Faktischen‹? Denn klar ist: Das menschliche Denken kann diese Totalverfügbarkeit nicht prozessieren. So sehr die digitalen Möglichkeiten dabei helfen, einen festgefahrenen Kanon zu erweitern, so anregend überraschend neue Verweise, Kombinationen und Forschungsmeinungen sind, die Herausforderung wird weiterhin darin bestehen und vermutlich noch anwachsen, in dieser Fülle nachvollziehbare, überzeugende Orientierungslinien aufzuzeigen. Es wird auf jeden Fall nicht einfacher, im Meer der alexandrinischen Allverfügbarkeit von Wissensdaten mit Athener Logos zumindest die eigene Fahrt- und Denkrichtung zu bestimmen. Hier schließen sich auch die Befürchtungen an, dass digitale Techniken vor allem für das Jetzt optimiert sind und historisches Bewusstsein trotz aller Informationen quasi wegschwemmen: Es wird sich zeigen, ob es gelingt, ein kritisches Bewusstsein für Historie und etwa auch für ältere digitale Kunst zu bewahren, oder ob die je aktuell verfügbare Fülle in kurzer Zeit das Vorausgehende vollkommen absorbiert und damit ausgelöscht haben wird.[241] Wenn kunsthistorische Anwendungen von KI zum Vertrauen auf eine mythisierte *black box* führen können, so *Big Data* zur immersiven Daten-Allgegenwart, vor der es den kritisch-distanzierten und historisch bewussten Denkraum einer (immer unzureichend, gleichwohl unverzichtbaren) reduzierenden Abstraktion, Modellbildung, Theorie zu bewahren gilt.

In Abwandlung von Warburgs Prognose wäre festzuhalten, dass vielleicht noch nicht die »Kultur des Maschinenzeitalters«, wie Warburg selbst dachte, der seine eigene Gegenwart bereits wieder im Niedergang sah, auf jeden Fall aber die Kultur des Digitalen »das, was sich die aus dem Mythos erwachsene Naturwissenschaft mühsam errang, den Andachtsraum, der sich in den Denkraum verwandelte«, nun in einen ›digitalen Datenraum‹ transformiert.[242] Dessen Pendelbewegung schlägt aber keineswegs nur in Richtung Rationalität (womit Pendel und Polarität überwunden wären), sondern eben nicht minder stark weiterhin auch in Richtung Mythos aus. Als Herausforderung bleibt so unter den Bedingungen des Digitalen mit seinem doppelten Absolutheitsversprechen bestehen, die Dynamiken zwischen beiden Polen bewusst zu halten.

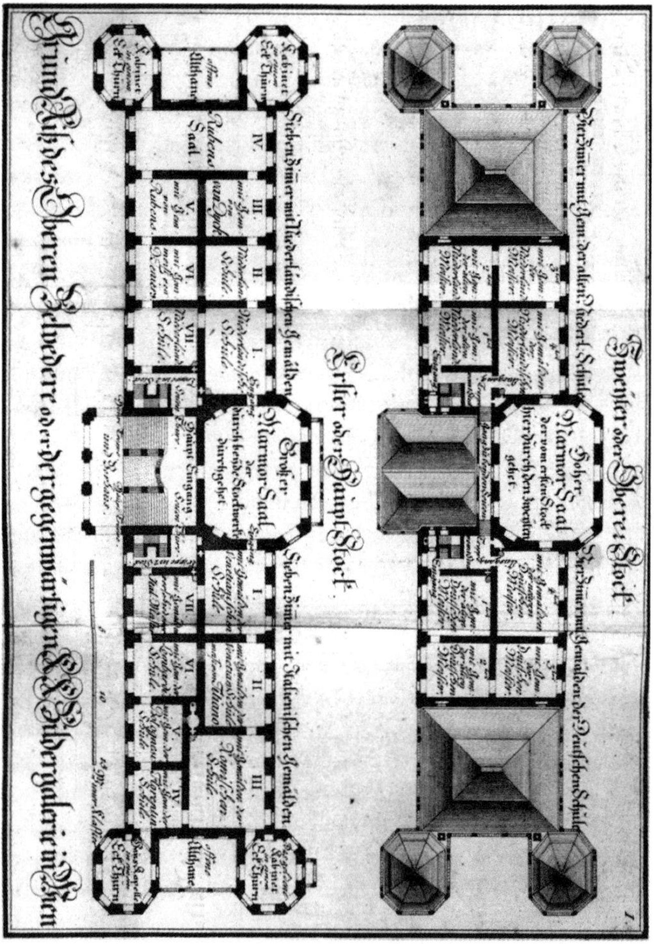

Christian von Mechel: *Verzeichniß der Gemälde der Kaiserlich Königlichen Bilder Gallerie in Wien*, Basel 1783, Taf. I.

4. Institutionen

Nicht nur die Autonomie der Kunst ist eine Fiktion, sondern auch die der Kunstwissenschaft. Beides wurde in den 1970er Jahren klar erkannt und beschrieben. George Dickie legte mit *Art and the Aesthetic. An Institutional Analysis* (1974) eine erste umfassende Institutionstheorie des Kunstfeldes vor. Heinrich Dilly wurde 1977 mit einer Arbeit zu drei Bereichen von *Kunstgeschichte als Institution* (publiziert 1979) promoviert. Während seitdem vor allem von der Kunstsoziologie und der philosophischen Ästhetik weitere, groß angelegte Theorien zu den institutionellen und systemtheoretischen Aspekten von Kunst erarbeitet worden sind, gibt es bislang keine umfassende, kritische Aufarbeitung der Kunstwissenschaft und der von ihr präsentierten Kunstgeschichte unter dieser Perspektive, allerdings zahlreiche wichtige Beiträge zu einzelnen Bereichen.[243] Eine Institutionskritik der Kunstwissenschaft müsste jedenfalls auch eine Analyse des Selbst- und Fremdverständnisses als Disziplin und der gesellschaftlichen Rolle und Verantwortung umfassen.

Sammeln, Ausstellen, Musealisieren, Kuratieren

Kunstkanon und Kunstgeschichte wurden lange Zeit nirgends so radikal und zugleich so intransparent konstruiert wie im Museum. Der Umstand, dass hier die realen Artefakte in einer traditionsreichen, Ehrfurcht gebietenden, kostspieligen, durch maximale Ästhetisierung ausgezeichneten institutionellen Rahmung in Erscheinung treten, verschafft dem musealen Dispositiv eine Art von absolutem Anspruch, Authentizität und Autorität, wie sie kein Text, keine Zusammenstellung von Abbildungen, kein Film, keine virtuelle Aufbereitung (jedenfalls bislang) auf vergleichbare Weise erzielen kann. Daran hat für die Künste auch die Erweiterung des Museumsbegriffs in den 1980er/90er Jahren, die diese Institutionen nun möglichst umfassend als »zentrale Orte der kulturellen Speicherung und der Wissensbestände« begreifen und als »Ort der Repräsentation, an dem Bedeutung generiert, Macht ausgeübt und spezifische Erkenntnisweisen bereitgehalten werden«, reflektieren will, nur ansatzweise etwas geändert.[244]

Zunächst einmal wurden und werden im Prozess des Sammelns und dann der Musealisierung die meisten Objekte aus ihren vorherigen Zusammenhängen vollkommen ›entfremdet‹ und in einen ganz neuen räumlichen, funktionalen, taxonomischen Kontext, teils sogar in einen anderen physischen Zustand überführt. Die konzeptuellen Konsequenzen zeigt exemplarisch das Jahr 1852: Im Nachgang zur ersten Weltausstellung in London wurde das erste Kunstgewerbemuseum gegründet (South Kensington Museum, seit 1899 Victoria & Albert Museum), um mit dieser Vorlagen- und Studiensammlung Geschmack und künstlerisches Niveau der Warenproduktion von Handwerk und Industrie zu heben. Im gleichen Jahr und ebenfalls in London skizzierte Gottfried Semper in einem kurzen Text *Das Ideale Museum*, wobei ihm eine universale Sammlung als Querschnitt aller menschlichen Künste, Wissenschaften und Techniken vorschwebte. In der Konsequenz aber trug diese neue Museumsform anders als gedacht auch dazu bei, dass die Kategorie des ›Kunstgewerbes‹ gegenüber der ›interesselosen Hochkunst‹ Malerei und Skulptur langfristig abgetrennt und abgewertet wurde.[245] Darüber hinaus verlangt(e) die ›Museumstauglichkeit‹ teils sogar eine physische Modifikation der zukünftigen Museumsobjekte. Plakativstes Beispiel dafür dürften die im 18. und 19. Jahrhundert auf rechteckige Formate zurechtgesägten oder von ihren bemalten Rückseiten getrennten Tafelbilder des 14. bis 16. Jahrhunderts sein. Dabei betreffen die verschiedenen Transformationen nicht nur alte Kunst, sondern von ganz wenigen, von vornherein für spezifische Museumsaufstellungen produzierten Werke abgesehen auch moderne und zeitgenössische Kunst, selbst wenn diese schon mit der allgemeinen Idee von Ausstellung und öffentlicher Sammlung im Kopf produziert wurde. Vor allem aber betreffen diese Transformationen gar nicht nur die Museumsdinge, sondern genauso das Publikum: Kunstmuseen, Galerien, Ausstellungsräume sind ›heterotope‹ Orte par excellence. Sie erfordern eigene Seh- und Verstehenskonventionen, führen zu einer besonderen Art zu gehen, zu sprechen, zu einem seit Mitte des 19. Jahrhunderts zunehmend vom Lesen im Kunstführer oder auf den Beschriftungstafeln geleiteten Wahrnehmen und zu anderen spezifischen Formen des Verhaltens und der Befindlichkeit.[246]

Jedem Kunstmuseum steht dabei – trotz noch so langen, konsequenten und finanzkräftig unterstützten Sammelns – nur eine mehr oder weniger zufällige Auswahl von Objekten zur Verfügung, aus denen es seinen Parcours bilden kann. Museen sind daher in vielerlei Hinsicht Schauräume kaschierter Kontingenzen, die man im besten Fall als Zeichen der ›lebendigen Fortentwicklungsfähigkeit‹ der Sammlung deuten kann. Napoleons Vorhaben, durch seine europaweiten Kunstraubzüge den Louvre zum umfassenden Supermuseum zu machen, blieb kurzfristige Episode. Und die kompensierenden Bemühungen vor allem des 19.

Jahrhunderts, über Reproduktionen (Gipsabgüsse, Gemäldekopien usw.) für bestimmte Bereiche doch eine ideale Gesamtschau zu ermöglichen (wie man sie in naturkundlichen Sammlungen mit ihren anders gearteten Objekten antreffen konnte), wurde zumindest in Europa mit der ›Auratisierung‹ des einen Originals teils schon ab den 1830er Jahren (Wilhelm von Humboldt forderte 1833 für das drei Jahre zuvor eröffnete Alte Museum in Berlin allein »Anschauung der Original-Gegenstände«)[247] und dann endgültig mit den Avantgarden verabschiedet. Die Gesamtschau war nun in die *musées imaginaires* unbegrenzter fotografischer Reproduktionssammlungen verlegt. Im Unterschied zum Gelehrtenmuseum des 19. Jahrhunderts ziele das moderne Museum, so die Überlegungen der Museumsreformer um 1900, sowieso weniger auf geschichtliche Entwicklungslinien und Rückblick als auf die Sensibilisierung und Bildung des großen Publikums für den Umgang mit Kunst und für die Zukunft.

Gleichwohl lebt auch die Idee der Gesamtschau in veränderter Form gerade in Museen zur modernen Kunst der westlichen Welt weiter, nicht zuletzt, weil Werke der Moderne und Gegenwart insgesamt eben doch noch einfacher zu bekommen sind als Kunst vor 1800: Wenn sich jedenfalls in diesen Museen häufig das Gefühl einschleicht, man stoße auf die immer gleichen Namen und ›Ismen-Kunstrichtungen‹, dann resultiert dies aus dem Versuch, an jedem Ort möglichst die kanonisierte Heldengeschichte der Moderne (also vor allem der Metropolen Paris und New York) nachzuvollziehen, sich auf keinen Fall den Vorwurf einzuhandeln, nur die jeweils lokalen, in dieser Fortschrittsperspektive ›hinterherhinkenden‹ Erzeugnisse zu zeigen. Die Schiffsladungen mit Werken des französischen Impressionismus, mit Monets, Degas und Rodins für nordamerikanische Sammlungen beweisen nicht nur die Macht eines vereinheitlichenden Geschmacks und Kunstmarktes. Mindestens ebenso sehr zeugen sie vom Bedürfnis, die vermeintlich eigene Provinzialität durch das Ausstellen des allgemein anerkannten Kunstkanons zu camouflieren.

Nun gab und gibt es vielfältige Gründe für die Einrichtung von Kunstmuseen – darunter viele, die diese Institutionen teils immer schon, heute aber in besonders offensichtlicher Weise zu fundamentalen Problemfällen machen. Dies kann die Person(en) oder Institutionen insgesamt, die die Sammlung zusammengebracht haben, deren Biografien, Motivationen und die politischen Umstände betreffen, die Präsentationsweise der Stücke (vom Affirmieren überkommener Rollenmodelle bis zur ungefragten Musealisierung von Objekten anderer Kulturen), vor allem aber auch die Art und Weise, wie die einzelnen Sammlungsobjekte erworben wurden. Dabei stehen seit den 1990er Jahren insbesondere die verschiedenen Formen von ›Raubkunst‹ im Fokus des öffentlichen Interesses und der Forschung: Kriegsbeute, illegal ausgegrabene bzw. von ihrem vorherigen Ort entfernte Objekte (wenig verwunderlich vor allem auch ein Problem der häufig erst im 20. Jahrhundert zusammengetragenen US-amerikanischen Sammlungen), im Zuge des Kolonialismus abtransportierte ›Ethnologica‹ (Grundlage aller ›Weltkunst‹-Museen ehemaliger Kolonialmächte) oder aber durch Verfolgung und Zwangsenteignung angehäufte Kunstwerke, voran durch die Nazis.

Wie herausfordernd – (kunst)historisch, ethisch, juristisch, politisch, ökonomisch – ein überzeugend-konsequenter Umgang mit diesen verschiedenen Provenienz-Geschichten ist, kann allein schon ein Blick auf vier Spitzenstücke der im Neuen Museum Berlin vereinten Sammlungen illustrieren: Dort ist bei der Büste der Nofretete zu lesen, dass das Ende 1912 in Tell el-Amarna entdeckte und seit der ersten öffentlichen Präsentation in Berlin 1921 von Ägypten zurückgeforderte Stück 1913 gemäß vereinbarter Fundteilung und mit Genehmigung der ägyptischen Altertümerverwaltung legal nach Deutschland gekommen sei.[248] Für die Repliken des 1945 von der russischen Armee nach Moskau verbrachten Priamos-Schatzes, den Heinrich Schliemann 1873 an der Stelle des antiken Troja in der heutigen Türkei entdeckt hatte, wurden im Begleittext bis vor Kurzem vehement Rückgabeforderungen (nach Deutschland, nicht in die Türkei) formuliert. Der Berliner Goldhut dagegen, der besterhaltene von nur vier solcher heute bekannter bronzezeitlicher Objekte aus dünnem, punziertem Goldblech, wurde 1995 ohne genauere Herkunftsangabe auf dem Kunstmarkt angeboten. Angeblich stammte er aus einer Privatsammlung, mindestens so wahrscheinlich scheint aber, dass er wenig früher bei einer Raubgrabung gefunden worden war. Berlin erwarb das Stück 1996, unmittelbar (ein Schelm, wer Böses dabei denkt) bevor ein Gesetz staatlichen Einrichtungen solche Ankäufe, die ja erst einen maßgeblichen Anreiz für die illegale Zerstörung archäologischer Fundkontexte schaffen, verbot. Ein römischer Kindersarkophag schließlich, den die Nazis aus der Sammlung des jüdischen Verlegers Rudolf Mosse beschlagnahmt hatten, wurde 2015/16 an die Erben restituiert und danach wieder für die Antikensammlung im Neuen Museum zurückgekauft.

Außer Frage steht, dass das gesamte Projekt der Berliner Museumsinsel, zu der das Neue Museum gehört, nicht nur aus Engagement und Verpflichtung gegenüber Kunst, Kultur und Wissenschaft entstanden ist. Sollte schon der Bau des Alten Museums Preußens neuen Glanz nach der napoleonischen Demütigung beweisen, sollte die – unter anderem auf Italien konzentrierte – Ankaufspolitik um 1900 unter Wilhelm von Bode die neue Größe des deutschen Kaiserreichs im Reigen der anderen Mächte beweisen, so dürfte weiterhin Nationalstolz in Verbindung mit dem ›Überbauen‹ des DDR-Intermezzos an diesem Ort eine untergründige Motivation für die aktuelle Erweiterung mit dem

Humboldt Forum gewesen sein. Dazu kommen touristisch-wirtschaftliche Aspekte. Schließlich können sich alle beteiligten Akteure auch ganz persönlich freuen, mit dieser Anlage im Zentrum der Hauptstadt in die Geschichte einzugehen.

Selbst die Idealbeschreibung des musealen Auftrags, Werke zu sammeln, zu katalogisieren und zu bewahren, Bestände zu erforschen sowie für ein breites Publikum auszustellen und einen erkenntnisstiftenden Zugang zu vermitteln, ist alles andere als unproblematisch. Um nur zwei Aspekte anzudeuten: So unbedingt kulturelles Erbe und Gedächtnis zu sichern sind, scheint es doch absehbar, dass die Akkumulation von Objekten, die Tendenz zur »progressiven Musealisierung unserer öffentlichen Kultur«[249] nicht einfach *ad infinitum* fortgeführt werden kann, sofern die Museen angesichts mangelnder Geld- und Platzressourcen nicht schon jetzt das Sammeln eingestellt haben (und dann wäre doch zu fragen, warum etwa die Jahre um 1500 wichtiger als die um 2000 sein sollen, abgesehen davon, dass noch ganz unklar scheint, wie digitale Kultur und Kunst zu musealisieren ist). Welche Art von Erkenntnis ein Museum – in der Aufbruchstimmung um 1900 auch schon als die »demokratischste aller Bildungsanstalten« gepriesen – mit seinen Beständen stiften will, unterliegt dagegen eingedenk des Umstandes, dass die Institution doch häufig fast zu hundert Prozent aus öffentlichen Mitteln finanziert wird, erstaunlich wenig kritisch-demokratischer Diskussion, solange nur die Besucherzahlen stimmen oder aber andere Gründe eine Schließung verhindern.[250] Dabei zeigt allein die Geschichte von Museen und Ausstellungen zwischen den 1930er und 1950er Jahren, wie unterschiedlich sich dieser Bildungsauftrag zwischen ›volkserzieherischem‹ und propagandistischem Missbrauch einerseits und der (teils naiven) Hoffnung auf die Gegenwelt einer friedensstiftend-freien Kunst andererseits verstehen lässt.

Und dennoch erweist sich das Kunstmuseum seit seinen historischen Anfängen im 18. Jahrhundert als äußerst »erfolgreiche Fehlkonstruktion«: Allein die Zahl der Museen, von denen immer neue gegründet werden, und die jährlich steigenden Besucherströme zumindest bei einigen belegen dies. Die Anziehungskraft kanonischer Meisterwerke, die *Must-See* jeder Touristentour, nimmt mit jedem Foto im Netz noch zu (im Gegenzug wachsen die Probleme all derjenigen Museen, die es nicht in diese Gruppe schaffen). Mit dem immer wichtigeren Instrument der Sonderausstellung, die das auf Dauer gestellte retrospektive Sammeln der Museen um den Reiz des temporär Neuen, des Aktuellen ergänzt, werden diese Dynamiken noch weiter befeuert.

Das Sammeln und Präsentieren von Kunstwerken steht dabei in einer langen Tradition seit der Antike und ist auch keineswegs ein Spezifikum Europas (man denke nur an die Tradition in China mindestens seit dem 4. Jahrhundert). Die engere Vorgeschichte des westlichen Kunstmuseums beginnt, mittelalterliche Kirchen- und Fürstenschätze einmal beiseitegelassen, im 15. Jahrhundert: So ist aus dem Regensburg des Jahres 1430 überliefert, dass die Ratsherren eine Art Entgelt bezahlten, um ein Gemälde mit dem Kampf der Jeanne d'Arc ansehen zu können.[251] Papst Sixtus IV. stiftete 1471 den Einwohnern Roms antike Statuen auf das Kapitol. Michelangelos David-Statue dürfte das erste monumentale nachantike Bildwerk sein, das 1504 (auch) aufgrund seines überragenden Kunstwertes nicht seiner geplanten Bestimmung entsprechend, nämlich hoch oben auf einem Chorpfeiler des Florentiner Doms, sondern optimal sichtbar vor dem Palazzo della Signoria aufgestellt wurde. Eigenständige Sammlungsräume, getrennt von den Studierstuben, lassen sich in Italien um 1500 nachweisen, etwa der Cortile delle Statue im Vatikan für die schönsten Antiken Roms. Zu Beginn des 16. Jahrhunderts entwickelte Fernando Columbus, Sohn des Amerika-Entdeckers, in Sevilla ein Klassifikationssystem für seine Druckgrafiksammlung, die es ihm auch erlaubte, Händler mit Kaufaufträgen loszuschicken, ohne (allzu viele) Dubletten zu erhalten. Paolo Giovio bezeichnete seit den 1530er Jahren seine Villa am Comer See mit umfangreicher Porträtsammlung als ›Musaeum‹, als (heiligen) ›Ort der Musen‹. Ab 1558 wurden an der Wiener Residenz eine Kunstkammer, ab 1568 in München das Antiquarium für die Sammlungen errichtet. Für diese Kunst- und Wunderkammern des Spätmittelalters und der Renaissance entwarf erstmals 1566 Samuel Quiccheberg in München auch eine theoretische Ordnung und ›Museumslehre‹. In der Folge wurden nicht nur die Kriterien für das Sammeln: Seltenheit, Provenienz, Künstlername und Entstehungszeit, sondern auch der Typus des (manischen) Sammlers charakterisiert – bewundernd, belächelnd, kritisierend, von Giovanni Filoteo Achillini (Anfang 16. Jh.) und Gregorio Zuccolo (1575) bis Jean de La Bruyére (1688) und Bernard Mandeville (1724). Im späteren 17. Jahrhundert öffneten erste Sammlungen für ein größeres Publikum ihre Pforten (in Verona ist um 1730 möglicherweise erstmals explizit von einem »öffentlichen Museum« der Stadt die Rede[252]). Das wachsende Publikum, die Bedeutung der zusammengetragenen Zimelien für die herrschaftliche Repräsentation und die Ausdifferenzierung der verschiedenen Sammlungsbereiche führten dazu, dass im letzten Viertel des 18. Jahrhunderts erstmals reine Neubauten für Kunstmuseen errichtet wurden, so das 1779 eröffnete Fridericianum in Kassel. Der mit der Gemäldehängung im Wiener Belvedere betraute Christian von Mechel verfolgte dann, angeregt durch vorausgehende Ordnungen vor allem von Zeichnungssammlungen (zu Padre Resta und Pierre-Jean Mariette s. S. 156), aber auch durch naturwissenschaftliche Klassifikationen à la Linné die Idee, mit seiner Anordnung nicht mehr vorrangig den ästhetischen Faktoren Fülle,

Abwechslung und Größe der Gemälde Rechnung zu tragen, sondern den Besuchern ab 1781 eine »sichtbare Geschichte der Kunst« nach Schulen und chronologischer Entwicklung zu bieten. Erstmals verriet nun auch ein vergoldetes, durchnummeriertes Schild an jedem Gemälde den Besuchern (ohne dass diese den gedruckten Sammlungskatalog erwerben mussten) den Namen des Malers. Das Museum als Ort der Konstruktion von Kunstgeschichte war vollends realisiert.[253]

Im Laufe der nächsten gut einhundert Jahre wurden freilich noch andere Formen entwickelt, mit denen sich eine ›sichtbare Geschichte der Artefakte‹ präsentieren ließ: Unterstrich von Mechels auch heute noch weitverbreitetes Konzept die Bedeutung des einzelnen Meisterwerks, der einzelnen Schule und der geografischen Region in einer Fortschrittsgeschichte der Kunst, so wollten die in der zweiten Hälfte des 19. Jahrhunderts aufkommenden *period rooms* (das Pendant zu den Dioramen in den naturkundlichen und historischen Museen) Kontexte, Zeitgeist und ein ›Eintauchen‹ in das historische Lebensgefühl vermitteln. Eine taxonomische Klassifikation und Anordnung in Typenreihen wurde dagegen häufig für kunsthandwerkliche oder außereuropäische Objekte gewählt – dann nämlich, wenn man dem einzelnen Stück keinen exzeptionellen Status, sondern vor allem einen Repräsentationswert für eine ganze Objektgruppe zusprach und man sich für historische und formale Entwicklungen interessierte (in Museen europäischer Werke ist häufig von ›Studiengalerien‹ die Rede).

Die temporären Ausstellungen, wie sie entscheidend durch die *Salons* des 18. und dann die Weltausstellungen ab der Mitte des 19. Jahrhunderts popularisiert wurden, erweitern dieses Spektrum noch, insofern sie die Artefakte auch als Ware und die Künstler als ›Selbstvermarkter‹ präsentierten. Eine der brillantesten Satiren dieses Betriebs in Bild (neun Holzstiche, einer auf dem Cover dieses Buches reproduziert) und Text (gut 15 Druckseiten) lieferte das fantastische Bilderbuch des französischen Malers und Zeichners Grandville, *Un autre monde* (1843):

»In demselben Augenblick wurden drei Frachtwagen voll von Meisterwerken im Hofe des Gebäudes, in welchem die Ausstellung Statt fand, abgeladen. Es waren Gemälde der berühmtesten lebenden Künstler, [...]. Einer jener großen Meister, der schon seit langer Zeit den Genius nach dem Ellenmaaße zu schätzen pflegte, hatte sogar die Erlaubnis erhalten, die Thor- und Thürflügel ausheben zu lassen, da sein unsterbliches Werk zu groß war, um auf gewohnlichem Wege in den Saal zu gelangen. Es war ein Stoßen, Drängen, Treiben, im Hofe wie in den Gemächern, wovon man sich keinen Begriff macht. Tapezierer nagelten den Ruhm der Künstler fest; Tagelöhner schleppten ihn auf den Schultern herbei; dazwischen Maler, die sich schon an dem Strahlenschein ihrer Unsterblichkeit sonnten, welche die Journalreferenten ihnen fest versprochen, verkannte Genie's, deren außerordentliche Leistungen durch die Kabalen der Akademiker zurückgewiesen worden, Gaffer und Recensenten, Kunstfreunde und Kunsthändler; Alle trieben sich bunt durch einander und erwarteten mit Ungeduld den Augenblick, in welchem das Heiligthum der Künste dem Publicum zugänglich sein würde.«[254]

Selbst heute so auratisierte Veranstaltungen wie die *Biennale* in Venedig (ab 1895), die erste Weltausstellung zeitgenössischer Kunst, oder aber die *Documenta* in Kassel (ab 1955) entwerfen nicht nur Kunstgeschichten der Gegenwart, sondern steigern den Marktwert der gezeigten Werke und Künstler enorm.[255]

Nun spielen bei Kunstmuseen, Galerie- und Ausstellungsräumen nicht nur der institutionelle Rahmen und die in den Gehäusen präsentierten Werke und Kunstgeschichten eine Rolle. Die Ästhetik der musealen (Außen- und Innen-)Architekturen selbst ist entscheidend. Bereits die frühen Weltausstellungen warben mit spektakulär modernistischen Entwürfen – seien es der Londoner bzw. Münchner Glaspalast (1851 bzw. 1854) oder

der Pariser Eiffelturm (1889) –, eine Strategie, die seit den 1980er Jahren immer wichtiger, mit einem Museumsneubau Frank Gehrys von 1997 zum sprichwörtlichen ›Bilbao-Effekt‹ geworden ist. Vielleicht noch wichtiger aber ist die konkrete Präsentationsästhetik der Werke: die Raumsituation, Wände, Sockel bzw. Vitrinen, Hängung bzw. Aufstellung. Während etwa Napoleon noch 1810 die nach Paris zwangstransportierte hellenistische Laokoon-Gruppe des Nachts bei Fackelschein besichtigte, da sich so Plastizität, scheinbare Lebendigkeit und Dramatik des Werkes steigern ließen, entwarf John Soane fast gleichzeitig die 1817 eröffnete Dulwich Picture Gallery erstmals mit gleichmäßig-natürlichem Oberlicht. In den 1870er Jahren präsentierte Edgar Degas seine Werke nicht mehr in mehreren Reihen übereinander dicht an dicht, sondern nur noch in zwei Registern und mit zwanzig bis dreißig Zentimeter Abstand. Gleichzeitig begann James McNeill Whistler bei einer Londoner Einzelausstellung damit, die Wände farblich auf seine Gemälde abzustimmen. Weiß als Wandfarbe wurde allerdings erst mit den 1920er Jahren üblich.[256] Künstler wie El Lissitzky und Kurt Schwitters entwarfen dann umfassende Raumgestaltungen. Yves Klein stellte 1958 mit *Le Vide* überhaupt den leeren, weißen Galerieraum aus. Spätestens mit Brian O'Dohertys selbstreflexiver Programmschrift von 1976 wurde dieser ›White Cube‹ zum Inbegriff des avantgardistischen Kunstraums: »Die Entwicklung der freischwebenden weißen Zelle gehört zu den Triumphen der Moderne, eine Entwicklung, die ästhetische, ökonomische und technische Aspekte hat. Die weiße Zelle hielt Philistertum draußen und erlaubte es der Moderne, ihre unablässigen Versuche, sich selbst zu definieren, zu einem Ende zu bringen. Sie beschleunigte den Verbrauch der Inhalte.«[257] Auch wenn diese radikale Reduktion mit der Postmoderne teils wieder um historisch oder historisierende und stärker gestaltete Präsentationsräume erweitert wurde – und vor allem auch die Innenarchitektur temporärer Ausstellungen zunehmend als Ausweich-Spielfeld der Gestaltung genutzt wird: Die überhaupt erst in den letzten 150 Jahren entwickelten Vorstellungen vom notwendigen ›eigenen Raum‹ des Kunstwerks, einer ›passenden‹ farblichen Gestaltung des Ausstellungsraumes, ›idealem‹ Tageslicht usw. werden häufig weithin als nicht mehr zu hinterfragende Errungenschaften angesehen.

Nun ist eine Institutionenkritik des Kunstmuseums und der Kunstausstellung eigentlich alles andere als originell: Es gibt sie im Prinzip, seit diese Institutionen ihren Siegeszug angetreten haben – Grandville wurde schon zitiert. Um 1900 war dann etwa von öffentlichen Schlafsälen, Schlachthäusern, Friedhöfen, Katakomben der Kultur, von grotesken Schauhäusern, in die sich eine ihres eigentlichen Ortes im Leben beraubte Kunst flüchten und sich dort prostituieren musste, von »toten Bildern« und abschreckenden Museumskonventionen, von unsinniger Massenproduktion und anderem die Rede.[258] Umgekehrt wären mit ›Museumsreform‹ eigentlich nicht nur die spezifischen Diskussionen im Zeitraum zwischen 1880 und 1930 zu bezeichnen; die Frage nach dem besten »Kunstmuseum der Zukunft«, die Forderung nach einem »reflexiven Museumsbegriff« sind ein Dauerthema – auch ganz aktuell unter den neuen Bedingungen des Digitalen.[259]

Und dennoch erstaunt, wie wenig noch heute Kunstmuseen ihre institutionellen Bedingtheiten, kunstgeschichtlichen und musealen Entscheidungen gegenüber dem Publikum offensiv thematisieren. Gerade auch das Potenzial der digitalen Erweiterung des Museums wird dafür noch kaum genutzt. Diskutiert wird die ›digitale Wende‹ meist zwischen den Polen ›Erfolgsstory‹ (alle Werke der Sammlung bereits online und im Open Access, x-tausend Social–Media-Follower, spezielle Apps für Besucher_innen usw.) und ›Mangelreport‹ (bei allem guten Willen nicht genügend Geld und Mitarbeiter_innen, fehlende technische und rechtliche Voraussetzungen usw.), nicht aber im Hinblick auf die Möglichkeiten einer grundlegend gewandelten musealen Episteme. Denn das Digitale würde nicht nur auf Seiten des Museums neue Chancen bieten, für die tatsächlichen und virtuellen Besucher_innen Werke vielfältig zu kontextualisieren, Provenienzen aufzuzeigen, Entscheidungen darüber offenzulegen, welche Objekte warum und wie in der Dauerausstellung gezeigt werden und welche nicht, oder gar über das eigene Museum hinaus gezielt Verbindungen zu anderen Sammlungen aufzuzeigen. Das Digitale würde auch erstmals erlauben, die Besucher_innen ihrerseits mit eigenen Ideen, Präferenzen, Wissensformen wirklich konsequent in museale Prozesse einzubeziehen (über die bisherigen Formen der Besucherforschung und -befragung oder gemeinschaftlich getragene Nachbarschaftsmuseen wie in den USA hinaus): etwa Themenrundgänge (via App) für andere Besucher_innen zu gestalten. In diesem laufenden Transformationsprozess erzwingen nun Corona-Pandemie und Klimakrise noch schnellere und radikalere Denkalternativen des Digitalen: Wenn auf hohe Besucherzahlen ausgelegte Museen und große Ausstellungen sich neuen Herausforderungen gegenübersehen, wenn ökologisch und ökonomisch der Betrieb riesiger Schauräume in besten Stadtlagen zum Problem wird, wenn bei kleineren Sammlungen mangels Nachfrage sowieso fast niemand bemerkt, dass sie geschlossen bleiben, liegen Ideen von einer Umgestaltung der Sammlungen zu publikumslosen Archiven, die vor allem virtuell zu besichtigen sein werden, nahe. Was immer man von diesen Optionen für das Wunsch-, was für das Horrorszenario hält, in jedem Fall gilt: Die Zukunft des Museums lässt sich nicht weiter so ausschließlich aus dem Inneren der Institutionen selbst heraus entwerfen.

Allerdings zeigen sich auch gegenläufige Tendenzen einer neuen Auratisierung und ›Automythisierung‹ des Betriebs – und zwar vor allem in Gestalt der aktuellen Euphorie in den verschiedensten Bereichen von Kunst, Kultur und Kommerz für das ›Kuratieren‹. Harald Szeemann, künstlerischer Leiter der *Documenta 5*, hatte 1972, so beschreibt es der französische Konzeptkünstler Daniel Buren, erstmals das Ausstellen (und zwar eine dezidiert persönliche Sicht Szeemanns) selbst zum eigentlichen Thema der Ausstellung gemacht. Das Kuratieren, das ›Sich-Sorgen‹ eines Ausstellungsmachers um eine temporäre Inszenierung im Unterschied zum traditionellen Museumskurator oder -kustos, der zunächst für das ›Bewahren‹ des Bestandes verantwortlich ist, wurde entscheidend vorangetrieben.[260] Im gleichen Jahr führte Pierre Bourdieu das (angeblich) »gespaltene und widersprüchliche Bewußtsein« der traditionellen Museumskonservatoren zwischen aristokratischer Exklusivität und Demokratisierungsdruck auf die »Zweiteilung im Inneren des Museums«, auf die »öffentlichen Säle für das große Publikum« und die »Magazine, die nur den eingeweihten Spezialisten zugänglich sind«, zurück.[261] Die seither geführte Auseinandersetzung mit den Vorstellungen von Kurator_in bzw. Konservator_in hat jedoch nicht immer zu einem gesteigerten kritischen und innovativen Umgang mit der Konstruiertheit einer ›Kunstgeschichte des Ausstellens‹ geführt – wofür die neue Fachrichtung der *Curatorial Studies* wie schon die der *Museum Studies* eigentlich steht. Vielmehr lässt sich eine Tendenz zur Verklärung des Kuratorischen als neuer Kunstform beobachten. Attraktiver denn sich als Kunstkritiker_in oder Kunsthistoriker_in zu betätigen scheint es, sich nun selbst als kuratierende_r Künstler_in zu verstehen. Gefordert scheint dafür weniger eine kritisch-distanzierte historische und systematische Auseinandersetzung als ein involvierter einfühlend-inszenatorischer (wenn nicht lobbyistischer) Einsatz für die Kunst.[262]

Kunstmarkt und Kulturgüterschutz

Die Tatsache, dass mit ihren Forschungsgegenständen gehandelt wird, und eine daraus resultierende spezifische ›ökonomische Dynamik‹ unterscheiden die Kunstgeschichte von allen anderen Geisteswissenschaften (bei den Archäologien und Ethnologien sind Umfang und Umgang mit verkäuflichen Objekten nicht vergleichbar; die noch größeren Gewinne der Film-, Musik- und Literaturindustrie werden mit Urheberrechten und einem Massenpublikum erzielt und unterliegen anderen Verwertungszusammenhängen).[263] Mit über 67 Milliarden US-Dollar weltweitem Umsatz im Jahr 2018 bewegt sich der boomende Kunstmarkt derzeit zwischen den Bruttoinlandsprodukten von Ländern wie Bulgarien und Luxemburg. Welche Werte insgesamt ›in Kunst angelegt‹ (teils in Privatsammlungen, teils unsichtbar in Zolllagern verstaut) sind, entzieht sich jeder Bezifferung. Eine Ahnung von den auf diesem Markt bewegten Summen können vielleicht ersatzweise die Anklagen der drei bedeutendsten Betrugsfälle im Kunsthandel der 2010er Jahre vermitteln, die bei vorsichtiger Veranschlagung zusammen auf immerhin 250 Millionen US-Dollar kommen.[264] Kunsthistorische Themenwahl, Darstellungsformen, Bewertungen können jedenfalls enorme finanzielle Auswirkungen haben. Umgekehrt schlägt die Macht des Geldes noch in scheinbar weit entfernten, vermeintlich ›unschuldigen‹ Bereichen der Wissenschaft durch, so etwa wenn Auktionshäuser Werkkataloge fördern oder wenn Leihgeber bei Ausstellungen festlegen, dass die Zuschreibung ihrer Exponate nicht infrage gestellt werden darf.

Der Fall des im November 2017 für über 450 Millionen US-Dollar versteigerten *Salvator-Mundi*-Tafelbildes, zugeschrieben an Leonardo da Vinci und, sollte dies zutreffen, das wahrscheinlich letzte seiner Gemälde auf dem freien Markt (von den insgesamt weniger als zwanzig bekannten), hat ganz aktuell und gleich in mehrerer Hinsicht das spannungsreiche Verhältnis von Kunstmarkt und Kunstwissenschaft vorgeführt. Auch wenn dieses bislang teuerste verkaufte Kunstwerk der Welt einen Sonderfall darstellt und der meiste Umsatz mit Werken der Moderne und Gegenwart zu wesentlich niedrigeren Preisen erzielt wird, lassen sich daran doch besonders deutlich Grundprobleme erkennen: Das Gemälde erfuhr in den zwölf Jahren zwischen seinem Auftauchen bei einer lokalen Auktion 2005, wo es für wenige Tausend Dollar erstanden wurde, über die gleich zwei Weiterverkäufe 2013 für 80 bzw. 127,5 Millionen Dollar bis zum spektakulären Kauf vermutlich durch den saudischen Kronprinzen seine Wertsteigerung vor allem dadurch, dass sich eine ›gefühlte Mehrheit‹ der damaligen Leonardo-Expert_innen (angeblich) für die Eigenhändigkeit des Bildes aussprach und es 2011 in der Leonardo-Ausstellung der Londoner National Gallery gezeigt wurde. So sehr ein solches, bislang unbekanntes Werk einen wichtigen neuen Untersuchungsgegenstand für die Forschung eröffnet, so sehr ist offensichtlich, dass der ›Ritterschlag‹ durch die altehrwürdige Institution National Gallery weniger zu gesicherter wissenschaftlicher Erkenntnis als vielmehr dazu beitrug, den ökonomischen Wert explodieren zu lassen. Dabei gibt es bis heute keine umfassende Publikation des Restaurierungsberichts geschweige denn aller mündlich geäußerten Meinungen der Expert_innen (s. zur Zuschreibungsproblematik S. 153 ff.). Schon auf Abbildungen zu erkennen ist, dass das Gemälde nach der Ausstellung von der Restauratorin ›im Stil Leonardos‹ weiter retuschiert wurde. Von welchem Originalbefund eigentlich auszugehen ist, bleibt im Detail daher unklar. Schließlich wurde das Werk 2017 vom Auktionshaus Christie's in dessen *Post-War and Contemporary Art Evening Sale* aufgerufen. Die maximale mediale Aufmerksamkeit, die der potenziellen hochkarätigen Käuferschaft bei der Versteigerung noch mehr Millionen entlocken sollte, ließ sich offenbar nicht im Kontext historischer Kunst des 15./16. Jahrhunderts erzielen. Leonardo trat vielmehr ›ent-historisiert‹ in der Liga der ›hippen‹ Kunstgrößen von Moderne und Gegenwart, zwischen Andy Warhol (*Sixty Last Suppers*, 60,8 Mio. an diesem Abend) und Louise Bourgeois (*Spider II*, 11,5 Mio.) an. Der vorab geschaltete, brillante Werbe-Video-Clip der Agentur Droga5 *The Last Da Vinci: The World Is Watching* zeigt überhaupt nur (angeblich echte) Reaktionen zunehmenden Staunens und der Verehrung, gar nicht das Gemälde selbst. Dessen quasi-religiöser Status als Epiphanie des letzten Originals (entsprechend der des Gottessohns) kann so gar nicht mehr infrage gestellt werden. Bezahlt wurde bei der Auktion jedenfalls die Vorstellung vom eigenhändigen Werk des Universalgenies, des Schöpfers der *Mona Lisa* und Protagonisten von Dan Browns *The Da Vinci Code* – Einsichten der Forschung aus den letzten Jahren, dass in Leonardos Werkstatt wohl öfters in enger Zusammenarbeit mit Mitarbeitern mehrere Versionen einer Bildidee nebeneinander entstanden, interessieren in diesem Verkaufskontext nicht. Die Frage, ob beim Erwerb des Gemäldes schon an eine Präsentation im Louvre Abu Dhabi gedacht war, wodurch sich der Kaufpreis durch touristische Aufmerksamkeit amortisieren würde, ob es um exklusive *conspicuous consumption* geht, sich leisten zu können, das Gemälde den Blicken der Welt zu entziehen (es ist seitdem verschwunden), oder ob gar Kunstpolitik und eine Geste antikolonialer De-Zentralisierung Europas intendiert war (nicht mehr westliche Museen erwerben Objekte aus aller Welt, sondern das neue Zentrum Saudi-Arabien sammelt nun Spitzenstücke europäischer, christlicher Kunst), sei hier dahingestellt.

Viele dieser ganz aktuellen Beobachtungen lassen sich jedenfalls letztlich bis in die Antike und bis zum Sammeln und Kunstkaufen hellenistischer Potentaten und dann der Römer zurückverfolgen. Die bereits damals anzutreffende Bereitschaft, für Werke der Malerei oder Skulptur Geldbeträge auszugeben, die weit über den Material- und Herstellungswert hinausgingen, ist insofern ein zentraler Faktor für die Kunstgeschichte, als sie auch ohne neuzeitlichen Kunstbegriff zeigt, dass ganz klar ein Bewusstsein für das existierte, was heute Kunst genannt wird. Ein solcher ›Kunstmarkt‹ etabliert sich spätestens im 15. Jahrhundert wieder für antike Relikte: Ende des 15. Jahrhunderts hört man erste Klagen aus Italien, die Deutschen kauften wahllos und zu überteuerten Preisen antike Münzen. Diese neue Nachfrage nach Rarem provozierte auch die ersten Nachahmungen solcher künstlerischen Artefakte. Die immer raffinierteren Fälschungen sind heute neben zweifelhaften Provenienzen eine der größten Herausforderungen des Kunsthandels und Testfall für kritisches Auge und Denken der Kunsthistoriker_innen. Ab dem mittleren 16. Jahrhundert ist dann auch zunehmend von Händlern neuzeitlicher Kunstwerke die Rede. Bei der aus den Jahren um 1560 stammenden gezeichneten Zusammenstellung von 1220 antiken Münzen des Venezianers Andrea Loredan könnte es sich um den ersten erhaltenen Verkaufskatalog handeln.[265] Der florierende Kunstmarkt des 18. Jahrhunderts brachte mit Sotheby's (1744) und Christie's (1766) zwei der heute wichtigsten Auktionshäuser hervor.[266] Ab 1960 werden dann in populären Journalen (etwa dem *Life Magazine*) Preislisten von Künstlern und Werken abgedruckt. Seit 1970 erscheint in Deutschland der *Kunstkompass* als jährliches Ranking der gefragtesten Künstler_innen, bezeichnenderweise von 2008 bis 2014 im *Manager Magazin*, seit 2017 in *Capital*, wo schon seit 2012 ein eigener *Kunstmarktkompass* veröffentlicht worden war. Die Reihung basiert ausschließlich auf eindeutig quantifizierbaren Kriterien, (subjektive) Qualitätsurteile spielen keine Rolle: Punkte bringen Ausstellungen, Ankäufe durch Museen und Kritiken in renommierten Kunstzeitschriften. Die unmittelbar numerische Rückkoppelung der Kunstgeschichte an den Marktwert ist hier vollends geschlossen: Je mehr über eine Person geschrieben wird, desto wertvoller werden ihre Werke. Da scheint es fast egal, ob man Kunstgeschichte eher als ›Sand im Getriebe‹ oder doch ›Durchlauferhitzer für den Kunstmarkt‹ verstehen will.[267]

Jedenfalls gehen die neuzeitlichen Anfänge des Handelns mit Kunst (mit antiken Relikten) auch einher mit ersten Bemühungen um einen ›Kulturgüterschutz‹ der römischen Ruinen (wie sich im Übrigen auch schon in der Antike neben dem Kunsthandel der Impuls, Monumente zu bewahren, findet). Eugen IV. ließ die Zerstörung des Kolosseums als eines Sinnbilds für die herausragende Stellung, Geschichte und den Glanz Roms, Pius II. dann aller antiken Monumente der Stadt unter Strafe stellen. Unter Leo X. sollte Raffael als »Präfekt über allen Marmor und alles Mauerwerk« (ab 1515) nicht nur Funde prüfen, sondern er arbeitete auch an einer ersten umfassenden ›Bilddokumentation‹ der antiken Bauten der Urbs. Mit dem späteren 16. Jahrhundert begann die katholische Kirche zudem intensiver, sich um frühchristliche und mittelalterliche Sakralbauten zu kümmern. Im 17. Jahrhundert wurden dann Exportbestimmungen für Antiken erlassen – eine Regelung, die für neuzeitliche Kunst erst mit den Nationalstaaten des 19. Jahrhunderts langsam angedacht wurde.[268] Auch wenn die Monumente Roms zunächst noch nicht im Hinblick auf den Tourismus geschützt wurden, waren sie doch ein entscheidendes Ziel der zunehmenden Italien- und Rom-Reisenden. Seit der Mitte des 16. Jahrhunderts ließen sich dafür gedruckte Stadtführer und Stichsammlungen erwerben. Die Bedeutung solcher ›touristischen‹ Publikationen und Reiseliteratur – heute ergänzt, wenn nicht weitgehend verdrängt von digitalen und Social-Media-Aufbereitungen sehenswerter Ziele – für Blicklenkung und Kanonbildung auch der kunstgeschichtlichen

Forschung dürfte beachtlich sein, wenngleich bisher noch nicht systematisch untersucht.

Den Blick auf Italien ergänzte in allen anderen Ländern schnell das Interesse an eigenen Altertümern. In Schweden wurden auf königlichen Erlass hin ab 1630 die lokalen Monumente und Antiquitäten gesammelt, geschützt und inventarisiert. In Ole Worms Publikation der »dänischen Monumente« (1643) spielte auch der topografische Kontext von Runensteinen eine wichtige Rolle, wenngleich man die Anfänge einer Bodendenkmalkunde noch weiter zurückverfolgen könnte. Die Umwälzungen im Gefolge der Französischen Revolution und die Säkularisierung brachten dann nicht nur große Mengen an Kunstobjekten auf den freien Markt. In einem zweiten Schritt und parallel zur ›Entdeckung des Mittelalters‹ für die Kunstgeschichte erstarkte nun ein (nationales) Bewusstsein davon, dass historische Monumente zu bewahren seien. Sammler wie Ferdinand Franz Wallraf, die Gebrüder Boisserée, Alexandre Du Sommerard oder J.W. Alexander Schnütgen konnten bedeutende Sammlungen mittelalterlicher Artefakte zusammentragen. Der Architekt Eugène Emmanuel Viollet-le-Duc erweiterte mit seinen umfangreichen Restaurierungsarbeiten der mittelalterlichen Bauten in Frankreich seit den frühen 1840er Jahren nicht nur das (technisch-konstruktive) Wissen dazu wesentlich. Seine in diesen Bauten realisierte und in seinen aufwendigen Publikationen visualisierte Vorstellung sollte für lange Zeit das Mittelalterbild prägen. Es existierten aber auch radikale Gegenentwürfe wie John Ruskins *Die Steine von Venedig* (engl. 1851–1853, dt. 1903–1906), die allein den historisch ›gewachsenen‹ Zustand gelten lassen.

Der Streit um die Restaurierung des Heidelberger Schlosses, mit der die von den französischen Truppen verursachten starken Beschädigungen nach dem deutschen Sieg 1871 durch sehr weitgehende Erneuerungen quasi ungeschehen gemacht werden sollten, führte dann zu einer wegweisenden Veränderung der Einstellung, als deren Vordenker der in Straßburg lehrende Georg Dehio agierte: »Nach langen Erfahrungen und schweren Mißgriffen ist die Denkmalspflege zu dem Grundsatze gelangt, den sie nie mehr verlassen kann: erhalten und nur erhalten! ergänzen erst dann, wenn die Erhaltung materiell unmöglich geworden ist; Untergegangenes wiederherstellen nur unter ganz bestimmten, beschränkten Bedingungen.«[269]

Zeitgleich zur Kontroverse um das Heidelberger Schloss hatte Dehio das Projekt eines systematischen Handbuchs des deutschen Denkmalsbestandes entwickelt, das erstmals in fünf Bänden zwischen 1905 und 1912 erschien.[270] Ausgehend von diesem Modell sollte etwa Nikolaus Pevsner später *The Buildings of England* konzipieren (46 Bde., 1951–1974). In Wien hatte 1903 Alois Riegl, der im darauffolgenden Jahr zum Generalkonservator für die Kunst- und historischen Denkmäler der Donaumonarchie ernannt werden sollte, in *Der moderne Denkmalkultus* die theoretischen Grundlagen für die Entscheidung gelegt, was eigentlich als »Denkmal« einzuschätzen und wie zu erhalten sei, indem er einen Ausgleich zwischen den von ihm entwickelten Kategorien der Erinnerungs- und Gegenwartswerte entwarf.

Die weitere Entwicklung während der Weimarer Republik und im Nationalsozialismus, das Wirken des »Deutschen Kunstschutzes« und die Zerstörungen des Zweiten Weltkriegs, der Wiederaufbau danach und die nicht unbedingt hilfreiche Dynamik der Wirtschaftswunderjahre, gegen die 1964 die zunächst wenig beachtete *Charta von Venedig* formuliert wurde, die in vielem an die Erkenntnisse um 1900 anschloss, schließlich die Ausweitung des Denkmalbegriffs, etwa auf ganze Ensembles und Kulturlandschaften, kann hier nicht einmal skizziert werden; und noch weniger eine europäische Perspektive, in der etwa das 1939 von Cesare Brandi gegründete Istituto Superiore per la Conservazione ed il Restauro und Brandis teils bis heute gültigen Leitlinien des Restaurierens (zusammengefasst in der *Teoria del Restauro*, 1963) eine entscheidende Rolle spielen. Die Denkmalpflege hat sich jedenfalls zu einer eigenständigen Disziplin entwickelt, mit enger Verbindung zu Kunstgeschichte, Bauforschung und Restaurierungswissenschaft.[271] Eine erste Geschichte des Restaurierens und Bewahrens von Kulturgütern sollte bereits 1973 Alessandro Conti vorlegen (*Storia del restauro e della conservazione delle opere d'arte*).

Zu Beginn des 21. Jahrhunderts nehmen nicht nur die Herausforderungen weiter zu, einen Mittelweg zwischen der ›Musealisierung‹ ganzer (Innen-)Städte wie in Venedig oder in Lübeck und den Möglichkeiten zeitgemäßer Nutzung zu finden. Neben oder anstelle des traditionellen Denkmalbegriffs tritt nun auch vielfach das Konzept der ›Erinnerungsorte‹. Entwickelt hat es der französische Historiker Pierre Nora, bekannt geworden ist es vor allem durch sein dreibändiges Werk *Les Lieux de mémoire* (1984–1992), das als Modell für viele ähnliche Publikationen diente. Damit soll im Sinne einer *nouvelle histoire* angemessen auf die postmoderne Multiperspektivität westlicher Gesellschaften reagiert werden, die mit ihren unterschiedlichen Erinnerungen unterschiedliche geografische, materielle, symbolische und funktionale Kristallisationspunkte finden. Dass dies zentral auch kunsthistorische Überlegungen und Kanonfragen betrifft, ist offensichtlich. Beobachten lässt sich allerdings auch, dass bei allem Einsatz für Erinnerungsorte diese Orte heute vielfach »nicht in erster Linie kritisch-distanziert beobachtet, sondern aktiv konstruiert werden«[272]. Dies erinnert nochmals daran, dass nicht nur der Kunstmarkt, sondern eben auch Kulturgüterschutz und Denkmalpflege eben nie, wie Dehio formulierte, »erhalten und nur erhalten«. Die Objekte und Monumente werden im Gegenteil zu jeder Zeit immer wieder neu bestimmt und erschaffen.

Akademien, Universitäten, Forschungseinrichtungen

Es ist im Rückblick immer noch erstaunlich, wie leicht die ›Bologna-Reform‹ ab 1999 bei der Umstellung des Universitätssystems in Europa Fakten schaffen konnte. Die vor allem auch im deutschsprachigen Bereich grundlegende Kurskorrektur weg vom Humboldt'schen Bildungsideal, von akademischen Freiheiten und einem (gesellschafts-)kritischen Denken im Gefolge der 68er-Bewegung hin zu einem Studiensystem, das mit den Abschlüssen Bachelor und Master vor allem internationale (zu diesem Zeitpunkt vor allem: angloamerikanische) Wettbewerbsfähigkeit qua struktureller Vergleichbarkeit, Förderung von Mobilität und Beschäftigungsfähigkeit propagiert, gelang wohl nicht nur, weil diese Neuausrichtung im Windschatten der europäischen Idee segelte (bis ›Bologna‹ zum unaufhaltsamen technokratischen Tsunami geworden war). Das alte System hatte auf Seiten von Lehrenden wie Studierenden tatsächlich nicht mehr allen Anforderungen genügt, dafür waren die dilatierenden, prokrastinierenden und idiosynkratischen Möglichkeiten des akademischen Daseins teils weit ausgereizt worden. Es dürfte aber auch mit günstigem Timing zu tun gehabt haben, dass die in den Jahren nach 1968 berufene Generation von Professor_innen Ende des 20. Jahrhunderts, selbst bereits Teil der (Wissenschafts-)Geschichte geworden und zumeist in Erwartung der nahen Pensionierung, an Widerstandskraft eingebüßt hatte. Zumindest für die Kunstgeschichte und einen Großteil der Geisteswissenschaften wurden deutlich reguliertere (›verschulte‹) Studienverläufe und -inhalte eingeführt und von der Idee, man studiere so lange, bis man etwas möglichst gut durchdrungen habe, auf quantitative Faktoren (*credit points* für normierte Leistungselemente innerhalb einer vordefinierten Zeit) umgestellt. Die wenigsten dürften vorhergesehen haben, dass de facto die Studierendenmobilität durch die an jeder

Hochschule selbst entwickelten Detailregularien und durch das neue Zeitmanagement (das gleichwohl für den Master ein Jahr länger einplant als für den alten Magister) deutlich eingeschränkt ist, oder auch, dass die Studierenden in diesem veränderten System sofort neue Chancen erkannt haben: etwa anstatt in den Geisteswissenschaften weiterhin nach einem aufwendigen Doktortitel zu streben in deutlich weniger Zeit zwei oder drei verschiedene Bachelor- bzw. Master-Abschlüsse zu akkumulieren und sich so für den Arbeitsmarkt schneller, breiter oder auch (ausweislich der Bezeichnung des abgeschlossenen Studiengangs) spezialisierter aufzustellen. Was man dagegen hätte vorhersehen können, ist die ungeheure, immer noch zunehmende verwaltungstechnische Verkomplizierung aller universitären Vorgänge.

Fragen nach Inhalten und Strukturen des universitären Curriculums, nach Karrierewegen, nach dem Verhältnis von Wissenschaft, Lehre und Berufsausbildung waren bereits in der zweiten Hälfte des 19. Jahrhunderts entscheidend gewesen für die Etablierung des Neuankömmlings Kunstgeschichte als ernst zu nehmender Wissenschaft im konkurrierenden Kreis der anderen, teils wesentlich älteren Universitätsfächer. Zwar hatte es schon zuvor kunsthistorische Vorträge und Vorlesungen an Hochschulen und Akademien gegeben. An Kunstakademien und einigen Universitäten boten die Zeichenlehrer neben kunsttheoretischen auch kunstgeschichtliche Vorlesungen an – so Johann Dominik Fiorillo, der ab 1791 in Göttingen Zeichnen unterrichtete und Kunstgeschichte lehrte, ab 1799 als Professor der Philosophie. Seine neunbändige *Geschichte der zeichnenden Künste* (1798–1821) unterstreicht dabei nicht nur die akademischen Ambitionen. Es handelt sich auch – nach den Ansätzen bei Monier (s. S. 38) – um den ersten umfassenden Versuch einer wissenschaftlichen Kunstgeschichte Europas vom Mittelalter bis ins 18. Jahrhundert. Aber erst die konsequente Loslösung der Kunstgeschichte vom Zeichenunterricht und langfristig von allen kunstpraktischen Aspekten ermöglichte den Aufstieg zur universitären Wissenschaft (wobei eine basale zeichnerische Fähigkeit auch später noch als notwendig empfunden wurde, von Fritz Burgers »kunstwissenschaftlichem Praktikum« im München der frühen 1910er Jahre bis hin zum 1992 gegründeten und noch bestehenden »Seminar für künstlerisch-ästhetische Praxis« an der Humboldt Universität zu Berlin). Umso bemerkenswerter scheinen die Bestrebungen der letzten Jahre von Akademien, Kunsthochschulen und deren Absolvent_innen, nun auch ihre Tätigkeit als eine Form von Wissenschaft – als *Artistic Research* – zu deklarieren und dies mit dem Promotionsrecht bzw. einem Doktortitel zu signalisieren.

In Wien habilitierte sich jedenfalls 1847 Rudolf Eitelberger als erster Dozent für Kunstgeschichte; 1852 sollte er zum außerordentlichen, 1864 zum ordentlichen Universitätsprofessor für Kunstgeschichte aufsteigen. Zuvor schon war Gustav Friedrich Waagen, Direktor der Berliner Gemäldegalerie, als erster (außerordentlicher) Kunstgeschichtsprofessor im deutschsprachigen Raum überhaupt an die dortige Universität berufen worden und waren dann 1854/55 am eidgenössischen Polytechnikum in Zürich (der heutigen ETH) und 1860 an der Universität Bonn Lehrstühle für Kunstgeschichte eingerichtet und mit Jacob Burckhardt bzw. Anton Springer besetzt worden. Die TU Stuttgart (1864), das Polytechnikum Karlsruhe (1868) und die Friedrich-Wilhelms-Universität Berlin (1875) folgten. In Berlin konnte man aber noch 1886 feststellen: »Wie jung die Kunstgeschichte als Wissenschaft ist, macht sich besonders darin bemerkbar, dass sich noch keine Tradition bezüglich der Ausbildung zu diesem Berufe gebildet hat.«[273]

Dies sollte sich allerdings schnell und mit Beginn des neuen Jahrhunderts sehr deutlich ändern. Nun war die Konkurrenz an spezialisierten und promovierten Kunsthistorikern so groß geworden, dass es eigener Karrierestrategien bedurfte. Gut nachvollziehen lässt sich dies an wissenschaftlichen Biografien wie derjenigen von Fritz Burger (1877–1916) in München.[274] Und auch die gefühlte Konkurrenz durch die Kunstgeschichte erreichte bei anderen Fächern eine neue Stufe. Exemplarisch zeigt dies die wenig generöse Einschätzung des Philosophen Erich Rothacker – provoziert vermutlich durch den Erfolg von Wölfflins *Kunstgeschichtlichen Grundbegriffen* (1915), die auch interdisziplinar als neues Modell der Stilanalyse gefeiert wurden. Rothacker, der im Übrigen bei Wölfflin studiert hatte, sah die »Leistungen« der Kunstgeschichte (wie auch der Literaturgeschichte) »weniger durch stehende Traditionen der Forschung, als durch ein Programm, – ja oft weniger als das: durch eine abstrakte Aufgabe, gewissermaßen durch eine bloße Lücke im idealen Systeme der Wissenschaften – zusammengehalten [...]. Sie haben deshalb eine weit jüngere und zweifelhaftere Geschichte, ja wo an Stelle eines stabilen Kerns, an welchen weitere Gedanken sich ansetzten, immer neue Ansätze sich folgen, überhaupt kaum eine eigene Entwicklung. [...] Die tiefgreifenden Differenzen, die auch heute zwischen mehr kulturhistorisch und mehr stilgeschichtlich gerichteten Forschern ausgefochten werden, sind aber längst interne Vorgänge innerhalb einer Wissenschaft geworden, in der der Ehrgeiz laut werden konnte, methodisch an die Spitze der Geisteswissenschaften zu treten.« (*Einleitung in die Geisteswissenschaften,* 1920: 151 f.)

Der deutschsprachige Bereich hatte bei der Etablierung einer akademischen Kunstgeschichte zunächst eine Schlüsselrolle eingenommen. Weder Frankreich noch Italien konnten eine ähnlich konsequente ›Akademisierung‹, ablesbar etwa an der Zahl der Professuren, vorweisen; in Großbritannien wurde eine Universitätskunstgeschichte besonders spät – erst 1932 – neben der gewichtigen aristokratisch-kennerschaftlichen Tradition etabliert. So konnte Erwin Panofsky 1953 davon sprechen, dass die »Muttersprache« der Disziplin Deutsch sei. Allerdings hatte in seiner Wahrnehmung zu diesem Zeitpunkt die US-amerikanische Kunstgeschichte die europäische nicht zuletzt wegen der Vertreibungen jüdischer Gelehrter durch die Nazis aus Europa zumindest ein-, wenn nicht überholt. Den seitdem immer intensiver empfundenen Rückstand Europas (auf vielen Gebieten) sollte dann nochmals ein knappes halbes Jahrhundert später die Einführung des europäischen Bachelor- und Mastersystems wieder auszugleichen helfen.

Eine der zentralen Erwartungen dabei – die spätere ›Beschäftigungsfähigkeit‹ der Studierenden – begleitet die Disziplin Kunstgeschichte von Anfang an und hat nichts an Aktualität verloren. So lautete nicht nur ein wichtiges Argument für die Etablierung der akademischen Lehrdisziplin Kunstgeschichte in der zweiten Hälfte des 19. Jahrhunderts, dass immer mehr kompetent ausgebildete Museumsbeamte benötigt würden. Schnell entbrannte ein Streit zwischen den Museums- und den Universitätskunsthistorikern darüber, wie genau das Curriculum auszusehen habe: ob man auf ›abgehobene‹ Wissenschaftlichkeit oder berufsorientierte Ausbildung zielen solle. So wurde bereits in einem Moment, da das Fach noch gar nicht richtig etabliert war, eine Differenz zwischen den vom Objektbestand ausgehenden Museumskuratoren und den von historischen und/oder theoretischen ›Überbauten‹ ausgehenden Lehrenden an der Universität beschrieben: »Die Gemeinschaft der Kunstgelehrten zerfällt in zwei Gruppen, man kann wohl sagen: zwei Parteien. Auf den akademischen Lehrstühlen sitzen zumeist Herren, die sich ›Historiker‹ nennen, in den Amtsstuben der Museen trifft man auf ›Kenner‹.«[275] Wobei zur gleichen Zeit auch noch innerhalb der Universitätskunstgeschichte zwischen den eher historischempirischen und den ästhetisch-theoretischen Zugängen, zwischen Kunstgeschichte und Kunstwissenschaft, unterschieden wurde. Diese auch heute noch anzutreffende Vorstellung von *Two Art Histories* ist nicht nur insofern besonders irritierend, als doch alle zunächst einmal dieselbe Ausbildung durchlaufen haben. Sie erlaubt einen Rückzug in die jeweilige *comfort zone.* Anstatt eine produktive methodische und inhaltliche Auseinandersetzung zu gemeinsamem Nutzen zu suchen, wird ein Zerfall der Disziplin in Teilbereiche riskiert.[276]

Dass auf den Lehrstühlen »Herren« sitzen, hat sich im Übrigen erst mit den Berufungen des letzten Jahrzehnts endgültig verändert. Zwar wurden in Karlsruhe bereits 1886 – immerhin zehn Jahre vor Preußen – Hospitantinnen für Kunstgeschichtsvorlesungen zugelassen trotz Bedenken, ob das Auditorium zur »Placierung von Damen« geeignet sei.[277] Zu den ersten Promotionen von Frauen in Kunstgeschichte gehörten die von Rosa Schapire 1904 in Heidelberg und von Erica Tietze-Conrat 1905 in Wien. Die erste habilitierte Kunsthistorikerin war Ottilie Thiemann-Stoedtner, geb. Rady (1929 an der TH Darmstadt), die 1934 auch zur ersten (außerplanmäßigen) Professorin der Kunstgeschichte ernannt wurde. Den ersten Lehrstuhl scheint jedoch erst Jutta Held 1974 an der Universität Osnabrück erhalten zu haben.[278] 1997 und 2001 schließlich wurden mit Sybille Ebert-Schifferer und Gabi Dolff-Bonekämper die bislang einzigen beiden Frauen zu Vorsitzenden des Deutschen Kunsthistorikerverbandes gewählt (dessen 2019 initiierte Abstimmung darüber, ob der Verbandsname genderneutral umformuliert werden solle, unentschieden ausging).

Bei allen diesen Diskussionen und allem wissenschaftsgeschichtlichen Interesse an der Kunstgeschichte: Die Perspektive blieb bislang weitgehend auf die Institution, die Lehrenden und die theoretisch formulierten Lehrinhalte gerichtet. Wobei es selbst hierfür keine größere Untersuchung gibt, die etwa die Auswirkung von Studienstrukturen, Kursangeboten und Einführungsliteratur analysieren würde – von einer länderübergreifenden Vergleichsperspektive ganz zu schweigen.[279] Das konkrete Wie der Lehre und die Wahrnehmung, Umsetzung und eigenständige wissenschaftliche Um- und Weiterentwicklung durch die Studierenden wurden bislang ebenfalls nicht systematisch untersucht (zugegebenermaßen schwer zu fassende Bereiche). Es bleibt hierfür bei vereinzelten Beobachtungen etwa zur Frage, welche Themen eigentlich wann für kunsthistorische Qualifikationsschriften gewählt wurden und wie erfolgreich diese dann für die jeweiligen Karrieren waren. Oder aber es wird nach der Anlage kunsthistorischer Institutsräume und Anschauungsmaterialien gefragt (s. S. 248 f.), es werden die Studierendenproteste um und nach 1968 untersucht oder aber spezielle Lehrer-Schüler-Verhältnisse, wobei eine ›Schulbildung‹ in der Kunstgeschichte nur ausnahmsweise erfolgt ist.

Für die Etablierung der Disziplin, die thematische Orientierung und den Erfolg der Absolventen spielen aber noch weitere institutionelle Rahmungen des Faches – Stipendien, Stellen, Publikationsmöglichkeiten – eine wesentliche Rolle. Insbesondere die Italienforschung hat dies frühzeitig und mit Seitenblick auf das äußerst erfolgreiche Deutsche Archäologische Institut mit seinen zahlreichen Dependancen erkannt. 1897 wurde in Florenz zunächst als private Initiative das Kunsthistorische Institut, 1913 in Rom die Bibliotheca Hertziana als Kaiser-Wilhelm-Institut gegründet – beide heute Mitglieder der Max-Planck-Gesellschaft. Über ihre Forschungsressourcen, vor allem aber auch über Fellowships, (befristete) Stellen und Publikationsmöglichkeiten halfen sie nicht nur der Italienforschung lange Zeit, eine dominante Stellung im Fach zu bewahren. Die in Florenz und Rom verhandelten Themen und methodischen Positionen entwickelten auch deshalb eine große Strahlkraft, weil die Institute Treffpunkte der internationalen Forschung wurden. Wer mit genügend persönlichen finanziellen Mitteln gesegnet war, konnte zudem ein eigenes Institut gründen – wie Aby Warburg seine Kulturwissenschaftliche Bibliothek Warburg in Hamburg 1925/26, die dann 1933 (gerade noch rechtzeitig) nach London emigrieren konnte und dort seitdem als Warburg Institute zur Universität London gehört. Für einen Forscher wie Josef Strzygowski blieb nur, die mit seiner Professur an der Wiener Universität verbundenen Räumlichkeiten ansatzweise in Richtung eines »Forschungsinstituts für Bildende Kunst« umzugestalten, dessen Programm Strzygowski 1923 (332–345) entwarf. Immerhin konnte er daraus aber die an eine größere Öffentlichkeit adressierte ›Ausgliederung‹, die Gesellschaft für vergleichende Kunstforschung, als Verein 1934 realisieren.

Wesentlich niederschwelliger konzipiert war dagegen der 1908 gegründete Deutsche Verein für Kunstwissenschaft. Nach dem Modell der *Monumenta Germaniae Historica* konnten dort langfristige Corpus-Projekte zu »Denkmäler[n] deutscher Kunst« gefördert werden. 1948 wurde als Berufsvereinigung der Verband deutscher Kunsthistoriker ins Leben gerufen, der derzeit unter anderem in zweijährigem Rhythmus den Deutschen Kunsthistorikertag organisiert. 1968 wurde aus Protest gegen das disziplinäre ›Establishment‹ daneben der Ulmer Verein gegründet (zunächst als Vertretung von Assistenten und Volontären), dem es seitdem vor allem durch seine ständigen Arbeitsgruppen und die vierteljährlich erscheinende Zeitschrift *kritische berichte* mit Themenheften gelingt, regelmäßig zu aktuellen Fragen und Diskussionen beizutragen. 1969 folgte als Zusammenschluss der Studierenden die Kunsthistorische Studentenkonferenz (KSK, seit 1995 Kunsthistorischer Studierendenkongress). Zumindest erwähnt sei der grundlegende Unterschied aller dieser Zusammenschlüsse zur 1911 gegründeten nordamerikanischen College Art Association, die mit dem *Art Bulletin* die wohl wichtigste kunsthistorische Zeitschrift international herausgibt: Die CAA wurde als gemeinsamer Interessensverbund von Künstler_innen und Kunsthistoriker_innen ins Leben gerufen.

Ein anderes Anfangsvorhaben des Deutschen Vereins für Kunstwissenschaft, nämlich das »eines centralen deutschen Kunstgeschichtlichen Instituts«[280], wurde dagegen erst unter gänzlich veränderten Vorzeichen realisiert: Aus dem *Central Collecting Point* der Alliierten in München, an dem neben einigen anderen Orten in Deutschland die Rückführung der ›Nazi-Raubkunst‹ koordiniert wurde und das deshalb eine größere kunsthistorische Handbibliothek versammelt hatte, ging 1946/47 das Zentralinstitut für Kunstgeschichte (ZI) hervor. Anders als der Name vermuten lassen könnte, hat das ausschließlich vom Freistaat Bayern finanzierte ZI in der föderalen Bundesrepublik aber nie als zentrale kunsthistorische Institution fungiert. Allerdings sind an ihm Projekte wie das *Reallexion zur deutschen Kunstgeschichte* (initiiert 1927, seit 1951 am ZI) oder die *Kunstchronik* mit den *Hochschulnachrichten* und dem *Verzeichnis begonnener und abgeschlossener Dissertationen* angesiedelt, und der Bibliotheksbestand dürfte für die Forschung zur Kunstgeschichte Europas einzigartig sein. Seit 1997 gibt es in Paris zudem das Deutsche Forum für Kunstgeschichte. So reich gerade die deutschsprachige kunsthistorische Forschungslandschaft ist, alle diese Institute erinnern auch an ein gemeinsames Problem: Sie haben die Tendenz, den Kanon zu perpetuieren, und lassen andererseits fragen, warum es nicht auch Schwerpunkte auf der Iberischen Halbinsel, in Osteuropa, Südamerika, Afrika, Asien oder noch anderswo gibt.

Die Attraktivität solcher Institute mit ihrer internationalen Sichtbarkeit, ihren Spezialbibliotheken und -sammlungen, Stellen und anderen Möglichkeiten führten jedenfalls auch international zu Gründungen: dem INASA (Istituto Nazionale di Archeologia e Storia dell'Arte) in Rom (ab 1922), dem Sterling and Francine Clark Art Institute in Williamstown (seit 1950 als Museum, seit 1972 mit wissenschaftlichem Weiterbildungsprogramm), dem CASVA (Center for Advanced Study in the Visual Arts) an der National Gallery in Washington (seit 1979) oder dem GRI (Getty Research Institute) in Los Angeles (seit 1983). Die Situation in Frankreich präsentiert sich insofern anders, als dort das INHA (Institut national d'histoire de l'art) in Paris zwar erst seit 2001 die Arbeit aufgenommen hat. Allerdings beschäftigte sich bereits das 1829 gegründete nationale Ausbildungsinstitut für historische Hilfswissenschaften, die École des Chartes, auch wegweisend mit der materiellen Überlieferung, und 1882 war mit der École du Louvre ein spezieller Lehrort für Kunstgeschichte, Archäologie und Museologie gegründet worden. Sosehr dies den wachsenden Erfolg von Kunstgeschichte als Disziplin anzeigt, sosehr gilt es sich bewusst zu halten, dass bei allen solchen Institutionen in der Folge die Tendenzen zur institutionellen Selbsterhaltung mindestens so stark wie die Innovationskräfte wirken.

Neben dem Bologna-Prozess dürfte die größte Veränderung der akademischen Forschungskultur in Deutschland während der letzten drei Jahrzehnte die zunehmend durch Drittmittel finanzierte Förderung bewirkt haben (von privaten Stiftungen über die Deutsche Forschungsgemeinschaft bis hin zum European Research Council, nochmals angefeuert durch die deutsche Exzellenz-Initiative): Man kann unterschiedlicher Meinung darüber sein, ob ein teils über Monate hinweg (kollektiv) entwickelter, dann von mehreren anderen Fachleuten anonym beurteilter, manchmal mehrfach zu revidierender, schließlich glücklich bewilligter Antrag wirklich den besten Ausgangspunkt für dann erst noch zu leistende innovative Forschungen garantiert und ob die Energie und Zeit dafür nicht besser gleich in die projektierte Arbeit investiert worden wäre. Kaum zu bestreiten ist jedenfalls, dass (internationale) Kooperationen, Interdisziplinarität und die Forderung nach ›aktuellen‹, von einer Mehrheit für relevant gehaltenen Fragestellungen rasant zugenommen haben[281], dass aber auch die Anforderung, quantifizierbare Ergebnisse in vorher festgelegter Zeit zu produzieren (in der Regel, um eine Projektverlängerung bewilligt zu bekommen), eine Bemessung des wissenschaftlichen Ansehens nach der Höhe der eingeworbenen Fördergelder und neuerdings fast schon ein Zwang zu digitalen Projektkomponenten so vorher nicht existierten.[282] Die zahllosen Tagungen und Sammelbände sind unübersehbare Produkte dieser kooperativen Forschungsformate.

Erstaunlich dabei ist, wie wenig Interesse in der geisteswissenschaftlichen Community an Untersuchungen zu den Resultaten solcher Projekte besteht: Werden die häufig erst durch die Bewilligung von Geldern, nicht durch bereits vorgelegte Forschungsergebnisse in den Fokus gerückten Schwerpunkte auch von anderen Forscher_innen aufgegriffen? Sind die erzielten Ergebnisse, sind die wissenschaftlichen Karrieren erfolgreich? Und wie verhält sich diese Verbundforschung zu anderen Formen der Forschung und Wissenschaftsförderung hinsichtlich Wissensausdifferenzierung oder im Sinne von Thomas Kuhn gar mit Blick auf grundlegende Innovationen und Paradigmenwechsel? Es wäre an der Zeit, Martin Warnkes Prognose aus dem Jahr 1990 – also noch vor der eigentlichen Flutwelle an Drittmittel-Forschungen – einmal empirisch-kritisch nachzuprüfen, dass »der kapitalistische Mammon alle Seelen und Köpfe erobert haben wird wie auf dem Kunstmarkt«[283]. Während jedenfalls im Gefolge von 1968 aus dem Fach heraus direkte Institutionskritik versucht wurde: »Der Deutsche Kunsthistorikertag – eine obsolet gewordene Kommunikationsform«, »Zur Reform der Forschungsinstitute« usw., scheint sich der Ehrgeiz der letzten Jahrzehnte entweder auf wissenschaftsgeschichtliche Betrachtungen oder aber auf Versuche, methodisch-inhaltlich neue Richtungen und *turns* der Disziplin zu begründen, verlegt zu haben.[284] Hinsichtlich der (noch) saturierten institutionellen Rahmenbedingungen der Kunstgeschichte scheint dagegen derzeit in der Academia kein wirklich akuter Diskussions- und Handlungsbedarf zu bestehen.

»Die schwere Geburt ...«: Instrumente und Medien der Kunstgeschichte

Um die schwere Geburt des Kunstbuchs hat sich eingehender und mit knapp dreihundertjähriger Verspätung erst 1987 Francis Haskell gekümmert.[285] Der in Oxford Kunstgeschichte lehrende Forscher, der seine Karriere als Historiker begann, fragte, ab wann sich in gedruckten Publikationen die später so selbstverständliche Kombination von Abbildung und einem die spezifische künstlerische Qualität des gezeigten Kunstwerks erläuternden Text findet. Allgemeiner formuliert: Haskell interessierte sich als einer der Ersten im Sinne einer historischen Epistemologie für das Wechselverhältnis von kunsthistorischen Erkenntnisinteressen und den Instrumenten bzw. den (Text- und Bild-)Medien, mit denen gearbeitet, festgehalten und kommuniziert wird und die so ihrerseits die jeweilige Art von Wissen und Mitteilung prägen.

Die von Haskell gesuchte Verbindung von Bild und kommentierendem Text war jedenfalls noch nicht in den frühesten gedruckten illustrierten Katalogen zu Gemäldesammlungen zu finden – in David Teniers *Theatrum pictorium* (1660) und in den

Variarum imaginum a celeberrimis artificibus pictarum Caelaturae (um 1665/70) zum Kabinett der Gebrüder Reynst –, die allein Stiche nach den Gemälden liefern (bei Teniers mit minimalen Angaben zu Künstler und Größe; Serien von Einzelblättern zu Sammlungen hatte bereits in den 1640er Jahren Wenzel Hollar gefertigt). Sie findet sich auch noch nicht in der ersten bekannten druckgrafischen Zusammenstellung ausgewählter Werke von Malern, in diesem Fall von Tizian und Veronese (Valentin LeFebre [Lefèvre]: *Opera Selectiora Quae Titianus Vecellius ... Et Paulus Calliari Veronensis Inventarunt*, 1682), nicht in Publikationen zu einzelnen Ausstattungsprogrammen von Michelangelo, Raffael, den Carracci oder Pietro da Cortona, den Gemälden für die Galerie d'Ulysse in Fontainebleau oder Rubens' Medici-Zyklus und auch nicht in Publikationen zu antiken Bildwerken, die sich auf gelehrt-antiquarische Kommentare konzentrierten.

Reproduktionsstiche mit begleitenden Textkommentaren, die neben den Darstellungsthemen wenigstens ansatzweise auch ästhetische Besonderheiten thematisieren, präsentierte dagegen 1691 Charlotte-Catherine Patin in ihren *Ausgewählten und erläuterten Gemälden.*[286] Als ob diese Neuerung noch nicht genug wäre, wurde dieser aufwendige Folio-Band zu vierzig meist venezianischen Werken der Malerei, jedes auf einer (teils ausfaltbaren) Tafel abgebildet, von einer nur knapp zwanzigjährigen Autorin verfasst, der später im Kloster endenden Tochter des aus Paris gebürtigen Arztes und Numismatikers Charles Patin, die zudem bereits Mitglied der Paduaner Accademia Galileiana war. Es ist unverständlich, warum diese wegweisende Publikation einer Frau immer noch keine Schlüsselstellung in der Wissen(schaft)sgeschichte der Kunstgeschichte einnimmt. Haskell verweist dann für das eigentlich ›erste Kunstbuch‹ auf Pierre Crozats spektakuläres Projekt eines *Recueil d'estampes d'après les plus beaux tableaux et d'après les plus beaux desseins qui sont en France.* Dieses schließlich mit 170 Tafeln in zwei Bänden (1729 und posthum 1742) unvollständig vorgelegte Tafelwerk zeichnet sich neben seinen praktisch ausschließlich die künstlerischen Aspekte der reproduzierten Werke ansprechenden Begleittexten durch sein Bemühen um die besten Reproduktionsvorlagen und -techniken aus.

Spätestens zu diesem Zeitpunkt war für die Kunstliebhaber und -kenner offensichtlich, welche Bedeutung einer ästhetisch möglichst adäquaten Reproduktionsqualität von Kunstwerken zukam – im Übrigen nicht nur den Stichen, sondern etwa auch plastischen (Gips-)Abformungen und Modellen. Diskussionen über Möglichkeiten und Grenzen von (gedruckten) Abbildungen hatte es schon zuvor gegeben, so im Zusammenhang mit den Illustrationen numismatischer Werke des späteren 16. Jahrhunderts (die frühesten Reproduktionsstiche nach antiken Skulpturen stammen aus den Jahren um 1500, seitdem haben sie wesentlich zu Kanon- und Geschmacksbildung beigetragen). Mit Crozat und dem 18. Jahrhundert gewann das Wechselverhältnis von Publikationsvorhaben und reproduktionstechnischen Innovationen aber eine ganz neue Dynamik: Crayonmanier für Zeichnungen, verschiedene Arten von Farbdrucken, Emphase auf dem Kontur, dann im 19. Jahrhundert (Farb-)Lithografie, der billige Holzstich, Fotografie, Galvanoplastik und vieles andere. Und nicht nur die Techniken verändern sich, sondern auch die visuellen Argumentationsformen: In Jean B.L.G. Seroux d'Agincourts *Sammlung der vorzüglichsten Denkmäler der Architectur, Sculptur und Malerei vom IV. bis zum XVI. Jahrhundert* (frz. 1810–1823, dt. 1840) und Leopoldo Cicognaras *Geschichte der Skulptur vom Wiedererwachen in Italien bis zu Napoleon* (ital. 1813) werden etwa erstmals stilistische Entwicklungen anhand nebeneinander auf einer Tafel abgebildeter Werke verdeutlicht. Für die Architektur liefern bereits die Illustrationen von Julien-David Le Roys *Histoire de la disposition et des formes différentes que les Chrétiens ont données à leurs temples* (1764) eine solche vergleichende Perspektive. Zu fragen wäre, inwiefern heute die Möglichkeiten hochauflösender Digitalfotografien und Videosequenzen, die den Nahblick auf Oberflächen- und Materialtexturen ebenso erlauben wie Rundumansichten von Objekten (teils in Aktion), nicht Forschungsrichtungen wie den *material* oder *technical turn* und die *Object Studies* entscheidend mit ermöglicht haben.[287]

Allein die sich formierende Disziplin Kunstgeschichte sollte diesen vielfältigen Medieneinsatz zwar intensiv und teils innovativ nutzen, über Vorzüge und Nachteile von Reproduktionsverfahren auch diskutieren, aber lange Zeit nicht systematisch reflektieren. Als etwa Julius von Schlosser 1924 seine immer noch unverzichtbare Zusammenstellung zur frühneuzeitlichen Kunstliteratur vorlegte, spielte darin ausgerechnet die Frage nach gedrucktem Abbildungsmaterial keine Rolle. Gleiches gilt bereits für die frühen (ansatzweisen) Fach- und Methodengeschichten etwa seit Josef Strzygowski (1909), Hans Tietze (1913), Ernst Heidrich (1917) oder Oskar Wulff (1917). Und auch Marshall McLuhans Schlachtruf »The medium is the message« (1964), der ja endgültig die vielfältigen Reproduktionsformen in den Blick hätte rücken müssen, wird in der Selbstreflexion der Kunstwissenschaft zunächst weitgehend folgenlos verhallen. Die neuen kritischen Impulse der späten 1960er und der 1970er Jahre – etwa mit der 1979 publizierten Dissertation von Heinrich Dilly zu *Kunstgeschichte als Institution* – bleiben mit wenigen Ausnahmen ebenfalls textverhaftet.[288] Erst in den 1980er Jahren und in Deutschland wohl auch im Gefolge von Friedrich Kittlers neuem medienwissenschaftlichen Fokus auf technischen Aspekten beginnt die Kunstgeschichte intensiver, über ihre eigenen wissenschaftlichen Instrumente und Medien jenseits des geschriebenen Wortes nachzudenken: über die verschiedenen Arten von Reproduktionen, Zeichnungen von Kunsthistorikern, über den Einsatz von Tafeln, Fotografien, Lichtbildprojektionen, Filmen, (Bild-)Archiven bei der Wissensgenerierung, -ordnung und -vermittlung, seit den 1980er Jahren und bis heute über die Möglichkeiten des Digitalen.[289] Und während etwa der Einsatz von Diagrammen in der Kunstwissenschaft seit einiger Zeit gut untersucht ist, gilt dies nicht für die ebenfalls beliebte, mindestens seit 1865 nachweisbare Praxis, Linien in Reproduktionen von Kunstwerken einzuzeichnen, um deren Kompositionsprinzipien zu verdeutlichen.[290] Bis heute gibt es jedenfalls keine zusammenfassende Geschichte der Instrumente und Medien der Kunstwissenschaft.

Dabei vollzieht sich gerade die Entwicklung der Disziplin in besonders engem Wechselverhältnis zu diesen. Wie in anderen Wissensbereichen auch erschließt sich deren Einsatz nicht als lineare, ›innerdisziplinäre‹ Fortschritts- und Ablösungsgeschichte, sondern als Nebeneinander von Optionen, Interessen und in ihrem dauernden Austausch mit anderen Bereichen. So wurden bis weit ins 20. Jahrhundert – teils bis heute – Zeichnungen bzw. Skizzen weiterhin als selbstverständliche Möglichkeit genutzt, Gesehenes und Gedachtes festzuhalten. Andererseits bediente sich die Kunstgeschichte seit der Mitte des 19. Jahrhunderts der neuen Fotografie für Wissenschaft wie Kunstpopularisierung gleichermaßen. Während das preußische Königshaus im Potsdamer Orangerieschloss (noch) einen Raffael-Saal mit schließlich fünfzig Gemäldekopien zumeist in Originalgröße einrichtete, startete in England Prinz Albert 1852 das erste fotografische Dokumentationsprojekt zum Gesamtwerk Raffaels.[291] Die seitdem »massenhaft« verfügbaren Reproduktionen – durchaus auch ausgehend von Berlin, wo Gustav Schauer die kommerzialisierte Fotoreproduktion von Kunstwerken entscheidend vorantrieb, über den französischen Fotografen Adolphe Braun, die Münchner Kunstverlage Franz Hanfstaengl und Bruckmann (dieser 1858 in Frankfurt am Main gegründet, aber seit 1863 an der Isar), den Leipziger Seemann-Verlag oder Publikationsunternehmen wie *Hirths Bilderschatz* – trugen entscheidend zum Erfolg ausgewählter Künstler, Werke, aber eben auch kunsthistorischer Erkenntnisse und bestimmter Ansätze und Methoden bei. Um nochmals das Beispiel Raffaels anzuführen: Während Johann David Passavant in seiner grundlegenden Monografie des Künstlers im dritten und letzten, 1858 erschienenen Band dessen Zeichnungen noch nach Aufbewahrungsorten bespricht, gelingt es Anton Springer 1878 auf Grundlage der nun weitgehend in fotografischen Reproduktionen vorliegenden Raffael-Zeichnungen erstmals, diese überzeugend in die kreativen Zusammenhänge der einzelnen Werkfindungs- und -entstehungsprozesse einzuordnen.[292]

Die Kunstgeschichte diskutierte seit dem Ende des 19. Jahrhunderts auch, »wie man Skulpturen aufnehmen soll« (so Heinrich Wölfflin in mehreren Aufsätzen), oder die Vorzüge photogrammetrischer Architekturaufnahmen, mit denen man die Monumente daheim besser als vor dem Original studieren könne.[293] Und so intensiv einige Lehrende diese neuen Abbildungen und die magisch-immersive Überzeugungskraft der Lichtbildprojektion für ihre Vorlesungen und Vorträge entdeckten – möglicherweise als Erster Bruno Meyer in Karlsruhe nach 1874 –, so vehemente Gegenstimmen gab es zur gleichen Zeit: »Ohne Vorlagen! Alle Werke nur in Beschreibungen sichtbar! [...] Gezeigt kann da vorerst überhaupt nichts werden. Photographien würden den Anfänger eher verwirren, als ihm klar machen, worauf es ankommt.«[294] Der Siegeszug war freilich nicht mehr zu stoppen. Er fand seinen vorläufigen Höhepunkt in der ›Doppelprojektion‹, die durch das Nebeneinander zweier Abbildungen eine vergleichende Anschauung ermöglichte, sicher die folgenreichste kunsthistorische Präsentationstechnik im 20. Jahrhundert, die möglicherweise 1904 Adolph Goldschmidt in Halle erstmals erprobte.[295] Es wird sich zeigen, wie nun eine vielteilige Bildersuche und -anzeige im Internet und die Möglichkeiten von Powerpoint und ähnlichen Programmen die Argumentation weiter verändern.

Der Umgang mit Fotografien dürfte Wölfflin jedenfalls auch für das Bild-Layout seiner Bücher sensibilisiert haben. Deren visuelles Argumentieren und suggestives Vergleichen bzw. Gegenüberstellen, das maßgeblich zum Erfolg der *Kunstgeschichtlichen Grundbegriffe* (1915) beitrug, hatten vor ihm schon Paul Schultze-Naumburg (*Die Kulturarbeiten*, 1901–1917) und Paul Brandt im – nicht zuletzt durch die Bildregie – vermutlich populärsten deutschsprachigen kunsthistorischen Buch des frühen 20. Jahrhunderts (*Sehen und Erkennen. Eine Anleitung zur vergleichenden Kunstbetrachtung*, 1910, insgesamt 13 Auflagen) erprobt. Aby Warburg versuchte in diesen Jahren in Hamburg mit unzähligen Fotos und Buchillustrationen auf den großen Tafeln seines ab 1915 projektierten *Mnemosyne-Atlasses* die »Wanderstraßen« von »Bilderfahrzeugen« über Zeiten und Kulturkreise hinweg festzuhalten (was ihn nicht abhielt, sich für ein neues Forschungsprojekt noch 1926 eine originalgroße gemalte Kopie von Rembrandts *Claudius Civilis* anzuschaffen).[296] Le Corbusier, Amédée Ozenfant oder László Moholy-Nagy forderten in den 1920er Jahren ein neues Sehen heraus, indem sie Aufnahmen aus verschiedensten Bereichen, teils mit radikal differierenden Vergrößerungen, nebeneinanderstellten. André Malraux fand dann für seine reich bebilderten Publikationsprojekte einer vergleichenden, psychologisierenden Weltkunst die glückliche Formulierung vom »imaginären Museum«.[297] Allerdings wurde dieser Bildschatz gerade in der wissenschaftlichen Argumentation lange Zeit bewusst schwarz-weiß gehalten – die ›Verführungskraft‹ und Variabilität von Farbreproduktionen, wie sie mit den 1910er/20er Jahren technisch möglich wurden, nutzen zunächst nur populäre Publikationen.[298] Wie sehr jedenfalls ein solches imaginäres, kulturell und medial hochgradig vorgeprägtes ›Museum‹ weniger der Kunstwerke als der spezifischen Bildausschnitte und Blickwinkel erfolgreicher Reproduktionen in der Folge die Wahrnehmung der Originale verändern sollte, kann exemplarisch Michelangelos Sixtina-Fresko von Gottvaters Zeigefinger, der Adam zum Leben erweckt, zeigen: Erst die Publikation einer neuen farbigen Detailaufnahme durch den damals besonders angesehenen Skira-Verlag 1956 scheint dieses Motiv so populär, ja zum ›Schlüsselelement‹ für das Verständnis der gesamten Decke gemacht zu haben.[299]

Immer bot die Kritik an solchen Kunstreproduktionen den Anlass für die schärfsten Einsichten in Chancen und Gefahren der neuen Medien. So äußerten sich im sogenannten Hamburger Faksimile-Streit unter anderem Max Sauerlandt, Wilhelm Hausenstein und Erwin Panofsky zu Original, authentischem Kunsterlebnis und bestehenden Befürchtungen zum Untergang der Kultur qua Massenproduktion.[300] Walter Benjamin wird dies 1935/36 nicht nur auf die berühmte Behauptung für das Kunstwerk zuspitzen: »Was im Zeitalter der technischen Reproduzierbarkeit verkümmert, das ist seine Aura«, sondern auch betonen, dass erst die Reproduktion neue Aktualisierungen der Kunstwerke erlaube. Ganz unabhängig davon war für den Erfolg kunsthistorischer Forschung die Menge verfügbarer Abbildungen entscheidend. Bereits Winckelmann hatte 1760 bei der Arbeit an seiner *Geschichte der Kunst des Alterthums*, für deren Publikation er weitgehend auf die angeblich qualitativ unzulänglichen Illustrationen verzichtete, bekannt: »Ich habe viele Stiche nötig.«[301] Jacob Burckhardt, der 1865 ein Angebot des Polytechnikums Karlsruhe unter anderem mit der Ausrede ablehnte, dass er »zum förmlichen Docieren von Kunstgeschichte nicht genug zeichnen« könne, soll an die 10 000 Fotografien besessen haben.[302] Und für Erwin Panofsky wird das Bonmot überliefert: »[W]er die meisten Photos hat, gewinnt!«[303] Mit den Sammlungen von Bildarchiv Foto Marburg, 1913 von Richard Hamann in Marburg für die Erfassung deutscher Kunstdenkmäler gegründet, dem 1917 an der Princeton University begonnenen *Index of Christian* [seit 2017: *Medieval*] *Art* und anderen solcher Unternehmungen erhielt die Allgemeinheit zunehmend umfassende kunsthistorische Bildarchive (Matyssek 2009).

Auch wenn sich diese historischen Situationen natürlich nicht unmittelbar übertragen lassen, so werden sie doch in den aktuellen Diskussionen über virtuelle Bilder und Räume, über Normdaten, Strukturen und Langzeitverfügbarkeit von Datenbanken, über Online-Publizieren und 3D-Rekonstruktionen fortgesetzt (s. S. 200). Entscheidende Unterschiede ergeben sich allerdings nicht nur durch die (theoretisch) schrankenlose weltweite Verfüg- und Nutzbarkeit virtueller Daten, sondern (zumindest im Augenblick noch) auch durch den auf diese Weise entstehenden neuen Konflikt zwischen Autoren-, Bild- und anderen Eigentumsrechten sowie der Forderung nach Open Access (wie sie sich insbesondere bei mit Steuermitteln der Allgemeinheit finanzierten Sammlungen und Forschungsergebnissen stellt).[304] Denn dieser führt zur paradoxen Situation, dass ›alte‹, vor dem Ersten Weltkrieg publizierte Texte derzeit umfassender zugänglich sind als die aktuelle Literatur und dass die Werke lebender Künstler (nicht nur) im Internet praktisch tot, längst verstorbener dagegen besonders lebendig scheinen.[305] Unter diesen Bedingungen ist eine Kunstgeschichte, die ihre Erkenntnisinstrumente und -medien kritisch mit denkt, wichtiger denn je.

Das große Publikum

Kunst und Kunstgeschichte sind schon seit Langem Publikumslieblinge. Das neue Interesse an den künstlerisch-ästhetischen Qualitäten von Malerei und Skulptur im 14. und 15. Jahrhundert ging mit einer neuen emotionalen Hinwendung zu diesen Gegenständen einher: In der Folge war zu diskutieren, ob man lieber affizierter Kunstliebhaber oder distanzierter Kenner sein wollte. Dass die Betrachter_innen aus unterschiedlichen Schichten unterschiedliche Wahrnehmungsweisen und Vorkenntnisse haben (und dass die religiöse Kunst darauf reagieren müsse), betonten erstmals die Kunsttraktate der Gegenreformation. Explizit von einem (Theater-)Publikum war etwa in Frankreich seit dem frühen 17. Jahrhundert die Rede.[306] Aber erst in den 1820er Jahren betonte Hegel mit allem Nachdruck, dass ein Kunstwerk [zunächst wiederum Literatur und Theater] »nicht *für sich*, sondern *für uns*, für ein Publikum« gemacht sei, wobei der »unmittelbare Genuß [...] nicht für die Kenner und Gelehrten« vorbehalten, sondern »für die Nation im großen und ganzen da« sein müsse.[307] In den Diskussionen der Jahre um 1900 zur modernen Kunst spielte dann der ›allgemeine Geschmack‹, eine mehr oder weniger breite Akzeptanz, aber auch die Notwendigkeit, das Publikum zur ›richtigen Kunstbetrachtung‹ zu erziehen, eine entscheidende Rolle: »Es ist nicht richtig, daß die Künstler allein die Kunst machen. Auch das Publikum macht sie.«[308] Kein Zufall ist, dass historische Untersuchungen zum Geschmack kurz vor 1900 einsetzten und das historische Publikum spätestens mit den 1930er Jahren zum kunstgeschichtlichen Untersuchungsgegenstand wurde (s. S. 60 f.). Dass die Rolle des Publikums allerdings weniger in aktiver Meinungsäußerung denn vor allem im Sich-Fügen in die Regeln des Kunstbetriebs bestand, kritisierte bereits 1966 Susan Sontag: Eine Kunst, die sich durch »priesterliche Ziele« definiere, setze »das Vorhandensein eines relativ passiven, nie vollständig initiierten, voyeuristischen Laienstandes voraus und bestätigt diesen, der regelmäßig zusammengerufen wird, um zu beobachten, zu lauschen, zu lesen und zu hören – und dann wieder fortgeschickt wird«[309]. Im gleichen Jahr 1966 legen Pierre Bourdieu und Alain Darbel (*Die Liebe zur Kunst*, frz. 1966, dt. 2006) erstmals eine Analyse von Besucherbefragungen europäischer Kunstmuseen vor, um auf dieser empirisch-soziologischen Basis die Formierung von Kunstgeschmack durch Bildung zu verstehen.

Der Aufstieg des Publikums veränderte aber nicht nur die Kunst, sondern auch die Kunstgeschichte. Deren Verhältnis zum großen Publikum wurde im Laufe des 19. Jahrhunderts – durch die Professionalisierung der Disziplin wie durch die neue Wahrnehmung von Wissenschaft als Arbeit bzw. Beruf – in neuer Weise zum Problem. Erst jetzt öffnet sich eine kategoriale Kluft zwischen dem Kunsthistoriker von Ausbildung und Berufs wegen zu den Laien und ihrem Umgang mit Kunst. Dies verlangt unter anderem nach einer Wissenschaftsvermittlung und macht neue Publikationsformen – die nun zudem durch den technischen Fortschritt immer reicher, besser und für weniger Geld bebildert werden können – für eine solche Leserschaft attraktiv. Wenn dann um 1900 festgestellt wurde: »Noch niemals ist so viel über bildende Kunst geschrieben worden wie in unsren Tagen«, dann ließe sich diese Aussage seitdem praktisch Jahr für Jahr mit gleicher Berechtigung wiederholen – für Publikationen von Texten und Bildern (wie sie die Möglichkeiten des Internets nochmals enorm gesteigert haben), aber auch für den Ausstellungsbetrieb, für Kunstreisen, Radio, Film, Online-Formate und andere Formen der Kunst(geschichts)vermittlung.[310] Eine zweite Bemerkung des ausgehenden 19. Jahrhunderts, dass es der Kunstgeschichte dabei ganz besonders gut gelinge, ihre aktuellen Forschungsanliegen und -ergebnisse einer breiten Leserschaft zu kommunizieren, wird man heute dagegen kaum mehr so unterschreiben wollen.[311]

Das Dilemma von Kunstgeschichte als einem Publikumsliebling mit Schwierigkeiten bei der Vermittlung seiner Anliegen zeigt sich in Deutschland nach 1945 schon auf der ersten Stufe: am Kunst(geschichts)unterricht in den Schulen. Die Bemühungen des 19. Jahrhunderts, die Fähigkeit zu ›analytischem Sehen‹ als Teil der Allgemeinbildung in Schule und Universität zu fördern, sind weitgehend vergessen. Die *Ländergemeinsamen inhaltlichen Anforderungen für die Fachwissenschaften und Fachdidaktiken in der Lehrerbildung* (Fassung vom 16.5.2019) formulieren zwar ein doppeltes, historisch-kritisches wie praktisch-ästhetisches Ideal des Kunstunterrichts: »Die kunstdidaktische Orientierung zielt vor allem ab auf die Befähigung der Kinder und Jugendlichen, sich einerseits als Teil einer historisch gewachsenen Kultur zu begreifen, in der die Kunst ein wesentliches Ausdrucks- und Reflexionsmedium ist, und sich andererseits vielfältige Experimentierfelder zugunsten von Phantasie und Imaginationen zu erschließen, in denen sie sich auf der Basis eines künstlerischen oder kunstnahen Denkens und Handelns einem eigenständigen ästhetischen Ausdruck annähern.«[312] Hier kann keine Auslegung dessen versucht werden, was unter einem künstlerischen oder kunstnahen Denken und Handeln zu verstehen ist und wie sich dieses Programm in so wenigen Schulstunden umsetzen lassen soll – zumal innerhalb der Kunstpädagogik selbst stark differierende Positionen zu künstlerisch-praktischen, didaktischen und pädagogischen Aspekten verfochten werden. Deutlich wird aber, dass weiterhin ein ›starker‹ Kunstbegriff ohne bildwissenschaftliche Erweiterung zugrunde gelegt und im praktischen Teil zugleich von einem emotional-intuitiven Zugang zu Kunst ausgegangen wird. Ein angemessen kritisches Bewusstsein für die Herausforderungen angesichts einer vor allem auch virtuell rasant erweiterten Welt der Bilder und Räume lässt sich so kaum erreichen. Zu denken gibt, dass bereits Johann Heinrich Pestalozzis Neubegründung von Unterricht und Erziehung um 1800 und insbesondere seine Anschauungspädagogik, seine Betonung des Visuellen und des Zeichnens, hier in mancher Hinsicht fortschrittlicher klingt.

Vor der Folie dieser Erwartungen an die schulische Ausbildung fällt umso deutlicher auf, dass offenbar gerade die zeitgenössischen Künste vor den späteren demokratischen Mehrheitsentscheidungen solch ehemaliger Schüler in Schutz genommen werden müssen: Die nicht von ungefähr gesetzlich geschützte ›Freiheit der Kunst‹ gelte es, solchen Plebisziten, die das Wesen dieser Kunst nicht verstünden, zu entziehen. Auch hier lassen sich Traditionen mindestens seit der Zeit um 1900 erkennen, wenn etwa ausgerechnet Julius Meier-Graefe, der 1904 die für Jahrzehnte wirkmächtigste *Entwicklungsgeschichte der modernen Kunst* vorlegte, der »dumme[n] und ungerechte[n] Masse, die immer irrt, ob sie lobt oder tadelt«, jedes Urteilsvermögen abspricht.[313] Der triumphale Aufstieg der zeitgenössischen Kunst nach 1945 hat dann teilweise zu geradezu grotesken Argumentationswindungen geführt, wer eigentlich weshalb in der Lage sei, kunstkritisch über Gegenwartskunst zu urteilen.[314] Vor allem aber zeigt sich hier eben auch, dass der schulischen Ausbildung zwar zugetraut wird, politisch, nicht aber aisthetisch mündige Bürger_innen hervorzubringen. Wobei es sich dabei nicht um eine Frage des persönlichen Geschmacks oder langjährig erworbener Kompetenzen, sondern um ein unabdingbares kritisches Grundbewusstsein für den Umgang mit der visuell gestalteten und vermittelten Umwelt handelt.

Dazu kommen nicht leicht zu dekonstruierende Beharrungskräfte bei bestimmten Themen und Fragestellungen, die Kanonbildung und Starkult favorisieren: So ist es insbesondere bei älterer Kunst viel wahrscheinlicher, dass eine Ausstellung, ein für den größeren Markt produziertes Buch, ein Film- oder Radio-Feature einmal mehr über Leonardo da Vinci, Dürer, Rembrandt, ja selbst Andy Wahrhol oder Cindy Sherman handelt als über einen (neuen) Fragekontext. Das mag aber auch aus mangelnden Ideen und fehlendem Mut der Ausstellungsmacher_innen, Autor_innen, Verleger_innen usw. resultieren, die diesem Publikum am liebsten das zuverlässig Bekannte in leicht variierter Verpackung immer wieder vorsetzen und etwa in den Museumsshops bevorzugt verkaufen. Die Textgattung des ›Kunsthistorischen Schnellkurses für alle‹ beginnend 1622 mit dem *Essai des Merveilles de Nature, et des plus nobles Artifices* des Étienne Binet alias René François bis hin zu Jesse B. Wilders *Art History for Dummies* (2007) liefert das Kondensat dieses Denkens. Erahnen lässt sich so aber auch, warum etwa das Potenzial von Audioguides in Museen bislang nicht viel konsequenter ausgereizt wird.[315] An dieser *self-fulfilling prophecy* hat im Übrigen bislang die virtuelle Datenfülle des Internets noch wenig geändert: Der alte Kanon löst sich nicht auf, sondern scheint sich – zwar global erweitert und leicht modifiziert – durch die neuen Medien, durch deren Such- und Ordnungskriterien wie durch Social Media nur mit neuer Macht zu verfestigen.

Nun gibt es jüngst auch genau entgegengesetzte Überlegungen zu *Citizen Science*, wodurch die beschriebene Kluft zwischen Wissenschaftlern und Laien wieder rückgängig gemacht und andere, individuelle Sichtweisen, Funde, Erkenntnisse und Schwerpunkte (mündiger, engagierter) Bürger_innen in die Diskussion eingebracht werden sollen. Gerade unter den Bedingungen des Internets könne doch eigentlich jede/r Interessierte zu einem (geistes)wissenschaftlichen Gebiet Beobachtungen und Daten beitragen. Ein Beispiel seien Hobbyarchäologen, die mit ihren

Funden den Materialbestand bereichern.[316] Für manche Disziplinen und Fragen hinsichtlich der erfassenden, quantitativen Ebene mag dies tatsächlich zutreffen und zu neuen Datengrundlagen führen. Allein komplexere Forschungsansätze und -methoden erfordern den Einsatz von viel Zeit, Energie, benötigen Ausbildung und Systematik. Hier dürften daher schnell auch die Grenzen dieser *Citizen Science* aufscheinen.

Bei aller Kritik ist insgesamt aber der Glücksfall nicht genug zu betonen, dass es für die Kunstgeschichte überhaupt ein großes Publikum gibt, dass sich eine breite Öffentlichkeit für die Disziplin, ihre Gegenstände und Fragen interessiert. Das heißt nicht, dass eine Reihe schlichter Klischees in Literatur und Film über eine zweck- und sinnfreie, unpolitische Luxusbeschäftigung oder aber Geheimwissenschaft Kunstgeschichte und vor allem über gutaussehende Kunsthistorikerinnen in Nebenrollen einfach zu akzeptieren wären.[317] Es lassen sich jedoch auch Beispiele anführen, bei denen die Kommunikation zwischen Wissenschaft und interessierten Laien herausragende, für die Kunstgeschichte selbst wie auch für andere Disziplinen interessante Wege eröffnet hat: Ernst H. Gombrich, der aus dem von den Nazis besetzten Österreich emigrierte, spätere Direktor des Warburg Institute in London zeigte, wie sich im ›alten‹ Medium des Buches auf rund vierhundert Seiten eine *Geschichte der Kunst* differenziert und weltweit erfolgreich verfassen lässt (Erstauflage 1950, in der Zwischenzeit 16. überarbeitete Aufl. mit Übersetzungen in 25 Sprachen). Kenneth Clark machte mit seinen Fernsehbeiträgen ab 1954, vor allem mit der ab 1969 in der BBC ausgestrahlten Serie *Civilisation: A Personal View by Kenneth Clark* vor, wie sich eine breite Öffentlichkeit jenseits der Fachwissenschaften adressieren ließ. John Berger reagierte 1972 und ebenfalls in der BBC mit *Ways of Seeing* darauf, indem er anstelle von Clarks eher konservativer Kunstgeschichte neue Zugänge vermitteln wollte.

Im deutschsprachigen Bereich dürften das *Funkkolleg Kunst* (1984–1985) und das *Funkkolleg Moderne Kunst* (1989–1990), aufbauend auf einer Tradition der Kunst(geschichts)vermittlung im Radio seit den 1920er Jahren und konzipiert im Zusammenspiel mit gedrucktem Studienmaterial, wesentlich zur Akzeptanz neuer Fragen und Methoden der Kunstgeschichte beigetragen haben – auch wenn es dazu noch keine größere wissen(schaft)sgeschichtliche Untersuchung gibt.[318] Untersuchungen fehlen genauso noch zu dem aktuellen, nicht mehr überschaubaren Online-Angebot von Websites, Blogs und Videos zur Kunstgeschichte. Sieht man sich nur den Blog *Canvas* der weltgrößten Online-Galerie Saatchi Art an, der kunsthistorische Zusammenhänge, Biografisches und O-Töne von Künstler_innen, Grundkenntnisse des Kunstmarkts und Lifestyle nebeneinander präsentiert, dann lässt sich nicht nur das Potenzial dieser Kommunikationsform ersehen und zugleich punktgenau erkennen, welche Interessen eine weitere Öffentlichkeit hat. Erahnbar wird, wie heute mehr denn je künstlerisches Produzieren, Kunstmarkt, Kunstgeschichte und breite öffentliche Wahrnehmung aufs Engste als ›Kunstfeld‹ miteinander zusammenhängen.[319]

Engagierte Kunstgeschichte

»Ich bin ein Bewohner des Elfenbeinturms«: Mit dieser mindestens doppelten Zumutung (frei nach Peter Handke) muss jeder Kunsthistoriker, jede Kunsthistorikerin leben.

Die erste mit dieser Metapher verbundene Zumutung besteht in der immer noch weitverbreiteten Annahme, eine historisch-kritische Auseinandersetzung mit Kunst, mit Bildern, Artefakten – weniger mit Architektur – sei ein Luxusproblem ohne größere Relevanz für die eigentlich entscheidenden Herausforderungen des Lebens, jedenfalls keine ernsthafte Wissenschaft. Abgesehen davon, dass in Deutschland in der Zwischenzeit im Fach Kunstgeschichte und den dazu gehörenden, spezialisierteren Studiengängen ungefähr gleich viele BA- und MA-Studierende eingeschrieben sind wie in den Geschichtswissenschaften, scheint (wieder) zu gelten, was eine kritische Stimme schon 1970 so formulierte: »Offenbar sind gerade Studenten und überwiegend Studentinnen, die vorgeprägt mit bestimmten bildungsbürgerlichen Motivationen das Studium der Kunstgeschichte beginnen, in besonderem Maße unkritisch und zu [...] Anpassung bereit.« Anders freilich als 1970, da die unpolitischen Studierenden für ihr vermeintlich »›freies wissenschaftliches Arbeiten‹« und ihre Bewunderung »der Hochschullehrer altbekannter Prägung« kritisiert wurden, scheint das Studienziel heute, zumeist möglichst umstandslos einen attraktiven Beruf in Kunstmarkt oder der Kulturbranche zu ergattern. Egal worin man die akademische ›Fehlleistung‹ sieht, man glaubte sie 1970 und glaubt sie teils heute noch in Reinform in den Forschungsinstituten des Faches zu finden: »Eine kleine Zahl von Kunsthistorikern betreibt reine und freie (also nicht an gesellschaftlichen Notwendigkeiten orientierte) Kunstgeschichtsforschung im Münchener Zentralinstitut für Kunstgeschichte, im Florentiner Kunsthistorischen Institut und in der römischen Bibliotheca Hertziana, den drei Elfenbeintürmen der bundesrepublikanischen Kunstwissenschaft.«[320]

Die zweite Zumutung liegt darin, dass die Lösung des Problems nicht einfach das Verlassen des Turms – oder wie es der deutsche Studententag bereits 1960 forderte: der »Abschied vom Elfenbeinturm«, eine allgemeine Politisierung und Festlegung auf gesellschaftliche Relevanz aller Wissenschaften – sein kann.[321] Vielmehr – und das hat bereits Erwin Panofsky seit 1953 in mehreren Vorträgen und Publikationen betont[322] – gilt es, die zurückgezogene, aber gerade dadurch auch ›erhöhte‹, will sagen: kritisch-distanziert analysierende, Position auszuhalten und sich zugleich mit den so gewonnenen disziplinären Erkenntnissen aktiv in Gesellschaft und Welt einzubringen. Die »gesellschaftliche Verantwortlichkeit des Kunsthistorikers« und der Kunsthistorikerin kann jedenfalls nicht bedeuten, die eigene Wissenschaft ausschließlich auf eine solche vermeintlich unmittelbare Wirksamkeit hin auszurichten.[323]

Spätestens Friedrich Schillers Programmschrift *Über die ästhetischen Erziehung des Menschen* (1795) hat den politischen Künstler auch theoretisch konturiert, »der den Menschen zugleich zu seinem Material und seiner Aufgabe macht«, Kunst als das Medium begreift, durch das die Menschen sich zur wahren gesellschaftlichen und politischen Freiheit und Verantwortung heranbilden würden. Diese Herausforderung ist seitdem zentrales Thema der Kunst, für die mehrfach argumentiert wurde, dass sie gerade auch in einer »Ästhetik des Widerstands« oder einer »Ästhetik des Dissens« zu ihrer eigentlichen Autonomie und Bestimmung finde.[324] Mit Blick auf die aktuellen Auseinandersetzungen um Kunst in den letzten zwanzig Jahren gibt es sogar Stimmen, die behaupten, Kunst sei derzeit politisierter denn je.[325] Ähnliches ließe sich für das Design bzw. die Objektästhetik, deren widerständig-revolutionäres Potenzial die spektakulär erfolgreiche Ausstellung *Disobedient Objects* am Londoner Victoria & Albert Museum (2014-2015) vorgeführt hat, und für die Architekturtheorie behaupten, wenn es sich bei dieser tatsächlich um konsequent »aus dem Medium der Architektur entfaltete Gesellschaftstheorie« handelt.[326] Die spezifisch wissenschaftlich-gesellschaftliche Verantwortung der Kunstgeschichte liegt aber – im Unterschied zur Unmittelbarkeit von Kunst, Architektur, Fotografie, Design – darin, die Entwürfe und Herausforderungen dieser Kunst, Bilder, Artefakte und Architekturen auf einer weiteren, historisch-systematischen Ebene zu distanzieren, zu analysieren und zu hinterfragen. Es geht idealerweise um eine »Beobachtung[sanstrengung] zweiter Ordnung« – auch wenn zu bezweifeln bleibt, dass man sich so je »einen universalen Weltzugang« erschließen kann (Niklas Luhmann: *Soziologische Aufklärung 5*, Opladen 1980: 16).

Es gibt prominente ältere Beispiele von gesellschaftlich und politisch äußerst aktiven Kunsthistorikern, freilich mit sehr unterschiedlichen Motivationen – vom zeitweiligen Märtyrer der gegen Preußen gerichteten Revolution 1849/50 Johann Gottfried Kinkel über verschiedene enthusiastische Sozial-, Bildungs- und Kulturreformer (vor allem auch in den Museen), Fortschritts- und Technikverfechter, andererseits willige kunsthistorische Erfüllungsgehilfen totalitärer Ideologien und Mächte bis hin zum britisch-sowjetischen Doppelagenten während des Zweiten Weltkriegs Anthony Blunt. Die Instrumente der Kunstgeschichte ließen sich dabei in alle Richtungen verwenden: Im Ersten und Zweiten Weltkrieg nutzten deutsche wie französische Kunsthistoriker ihr Fach, um den Gegner intellektuell anzugreifen.[327] Und während in Deutschland mit der Ausstellung *Entartete Kunst* 1937 eine unliebsame Moderne lächerlich gemacht und ausgelöscht werden sollte, versuchte das Warburg Institute in England mit der Fotoausstellung *English Art and the Mediterranean* während des Krieges 1941, an die gemeinsamen Wurzeln der europäischen Kulturen im Mittelmeerraum zu erinnern und so Trost und Mut zu stiften. Vorgeschlagen wurde auch, Erwin Panofskys Beschäftigung mit der Renaissance und sein Insistieren auf den humanistischen Grundlagen dieser Kunst als mehr oder weniger unbewusste Form der Kompensation und Selbstvergewisserung angesichts von Nazigräueln und Vertreibung zu verstehen.

Entscheidend ist hier aber vor allem, dass im Moment der härtesten Kritik an der ›Luxus-Disziplin‹ im Gefolge der 68er-Studentenrevolte auch Weichenstellungen für eine neue Stufe engagierter Kunstgeschichte vollzogen wurden. Zum einen erhielten Themen wie Nationaldenkmäler, Kunst im öffentlichen Raum oder politische Karikaturen neue Aufmerksamkeit – wobei der als Alternative zum Deutschen Kunsthistorikerverband gegründete Ulmer Verein solche Themen zudem förderte. Zum anderen gelang es insbesondere Martin Warnke mit seinem skandalumwitterten Vortrag auf dem Deutschen Kunsthistorikertag in Köln 1970, die weltanschauliche und ideologische (nationalistische) Verhaftung kunsthistorischer Sprache selbst bei scheinbar ganz unverfänglichen Themen aufzuzeigen. Zuvor hatte man dankbar geglaubt und nicht weiter hinterfragen wollen, was Herbert von Einem zur Eröffnung der Ersten Deutschen Kunsthistorikertagung in Bonn 1948 als Losung verkündet hatte, dass die während des »Dritten Reiches« in Deutschland gebliebenen Kunsthistoriker – von den ganz offensichtlichen Nazis natürlich abgesehen – »in der Heimat still die Fackel echten Geistes und echter Wissenschaft gehütet und sie an Jüngere weitergegeben« hätten.[328] Kunstgeschichte, so dagegen die bleibende Botschaft von Warnkes Vortrag, war und ist eben nie unpolitisch. Warnke sollte ab den 1980er Jahren auch das Programm einer politischen Ikonografie – die der Sache nach natürlich auch schon zuvor untersucht worden war – explizit begründen und institutionalisieren (zugleich ein wichtiger erster Schritt hin zur späteren Bildwissenschaft). Parallel dazu zeigte etwa die Frauen-, dann Genderforschung immer detaillierter auf, welche Funktion vor allem auch Bildern bei der (unterbewussten) Festschreibung und Propagierung von gesellschaftlichen Stereotypen und Rollenmodellen zukommt. Entsprechendes gilt für die postkoloniale Kritik an unreflektierten eigenen geografisch und kulturell bedingten Standpunkten und an den tatsächlichen, intellektuellen und visuellen Kolonialisierungen der Welt vor allem durch den Westen.

Seitdem trägt Kunstgeschichte zu den Diskussionen über Natur und Ökologie, zu Körperbildern und Genderfragen, zum Streit um ›Leitkultur‹ und Heimatvorstellungen, zu Raubkunst und Provenienzforschung, zu Denkmälern und Erinnerungsorten, Geschichts- und Propagandabildern, zu den Gefahren visueller Überwachung, zum Konflikt zwischen Freiheit der Kunst und Macht des Marktes, zu Möglichkeiten und Grenzen des Digitalen und vielem mehr bei. Als eine weitere Zumutung des Elfenbeinturms erscheint, dass die dabei erzielten kunstwissenschaftlichen Erkenntnisse kaum je in Reinform Letztbegründungen und Handlungsanweisungen liefern können, vielmehr in einen aufwendigen Vermittlungsprozess mit anderen Bereichen, Interessens- und Argumentationsfeldern treten müssen, in dem sie selten an erster Stelle stehen: mit Recht, Politik, Ethik, Ökonomie, Ökologie usw. Dies ändert freilich nichts an ihrer prinzipiellen Bedeutung. Und es ändert auch nichts daran, dass Kunstgeschichte gar nicht anders denn gesellschaftlich involviert und engagiert gedacht werden kann.

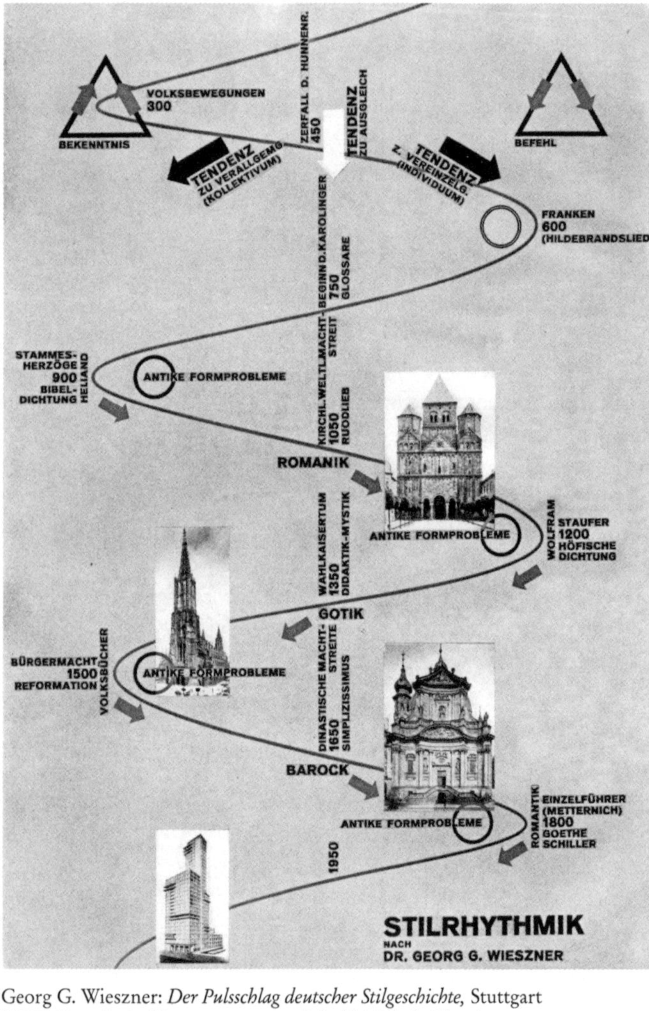

Georg G. Wieszner: *Der Pulsschlag deutscher Stilgeschichte,* Stuttgart [1929], Frontispiz (Fotomontage von László Moholy-Nagy)

Zurück in die Zukunft der Kunstgeschichte

Die Zukunft jeder Wissenschaft entwickelt sich in der Regel dann gut und produziert wirklich aufregend Neues, wenn die Zukunftsprognosen nicht zutreffen, wenn die Entdeckungen, Wendungen, Kontingenzen des Kommenden die Erwartungen hinter sich lassen. In diesem Sinne lagen die Prophezeiungen für die Künste wie für die Kunstgeschichte bislang auch eigentlich immer zuverlässig daneben. Weder wurden alle ›nur‹ nachahmenden, daher angeblich nicht-wissenden und gefährlichen Bild- und Textkünste aus dem Staat verbannt, wie es Platon kurz vor 400 v. Chr. wollte, noch sahen die Maler ihre Hauptaufgabe im Erstellen enzyklopädischer Lehrgemälde an den Mauern der idealen Sonnenstadt, wie Tommaso Campanella (1602/1623) imaginierte.

Ab der zweiten Hälfte des 18. Jahrhunderts lassen sich dann die Emanzipation des Kunstbegriffs und der gesellschaftliche Aufstieg der Künstler auch daran ablesen, dass diese in alternativ-utopischen Daseins- und Zukunftsentwürfen nicht mehr nur erwähnt werden, sondern zunehmend prominent als Experimentatoren, sensible Künder, avantgardistische Wegbereiter, auserwählte Führergestalten und aktive Umgestalter fungieren: Das Feld der Kunst ist prädestiniert für Zukunftsvisionen aller Art. Ob und wie freilich die Kunstliebhaber, Kunstverständigen, gar Kunsthistoriker_innen als Gefolgsleute daran partizipieren, wurde unterschiedlich beurteilt. So gilt etwa bereits für den Sozialutopisten Claude-Henri de Saint-Simon zu Beginn des 19. Jahrhunderts als ausgemacht: »Die Künstler, die Menschen mit Phantasie [...] werden die Zukunft der Menschheit verkünden.«[329] Allerdings hatte schon knapp fünfzig Jahre zuvor Louis-Sébastien Mercier in seiner *Proto-Science-Fiction* der idealen Stadt Paris im Jahr 2440 präzisiert: »Es gab auch nicht mehr dicke Männer, die man Kunstliebhaber nannte, und die dem Genie des Künstlers mit der Geldbörse in der Hand geboten. Das Genie war frey, folgte bloß seinen eignen Vorschriften und erniedrigte sich nicht.«[330] In diesen Jahren um 1800 wurde zudem erstmals konsequent darüber diskutiert, wie das eigene Verhältnis zur Kunst der Gegenwart, Zukunft und Vergangenheit – konkret zur Kunst der Antike – aussehen sollte: Trauer der Vollendung beim Blick in den ›Rückspiegel‹ der überlieferten Artefakte einer niemals wieder so erlangbaren Vergangenheit, hinter der alles Weitere nur zurückbleiben konnte, oder aber dauernde Re-Aktualisierung dieser Relikte in einem zukunftsgerichteten Strom des menschlichen Lebens und der Kultur?[331] Die Grundspannung der Kunstgeschichte zwischen Geschichte und vorausblickender Gegenwart, zwischen Präsenz und Veränderung ihres Gegenstandes ist hier im Prinzip benannt.

Spätestens ab diesem Zeitpunkt entwickeln sich spezifisch kunsthistorische Zukunftsentwürfe – zumeist und wie in anderen Bereichen auch motiviert durch eine fast permanente Krisendiagnostik des aktuellen Zustandes. Dabei erkennt Alfred Lichtwark in seinen schon zitierten Überlegungen *Der Deutsche der Zukunft* (1901) auch im Wandel des akademischen Selbstverständnisses einen wichtigen Faktor für neue Entwicklungen: »In dieser Krisis sehen wir im deutschen Professorenstande Bestrebungen einsetzen und stärker werden, die eine neue Zeit mit heraufführen können. Der Professor, der früher in unerreichbarer Höhe über der Welt stand und es unter seiner Würde hielt, das himmlische Feuer selber den Sterblichen hinabzutragen, beginnt sich Mensch unter Menschen zu fühlen. Er hat erfahren, daß die hochmütige Abwehr jeder Laienteilnahme an der Wissenschaft ihren Bestand gefährdet. [...]. Auch andere Vorurteile sind gefallen. Mehr und mehr zeigt sich die Neigung, das Leben der Gegenwart zu erforschen und als ein vollwertiges Objekt der wissenschaftlichen Untersuchung gelten zu lassen.« Adressierung des großen Publikums und Beschäftigung mit der Gegenwartskunst waren Lichtwarks Hauptanliegen. Dagegen verlangte Josef Strzygowski, der 1903 *Die Zukunft der Kunstwissenschaft* noch im methodischen Wandel zur »Wesenswissenschaft« gesehen hatte, angesichts einer fortdauernden, ja wieder erstarkten *Krisis der Geisteswissenschaften* (1923: 37, 53 f.) nun in avantgardistischer Radikalerneuerungsdiktion, dass das Fach »von Grund auf neu begonnen werden muß« – selbstverständlich nach dem von ihm selbst entworfenen Programm einer umfassenden, global vergleichenden »Kunstforschung von morgen«. Die Hoffnungen der Zeit auf ein insgesamt gewandeltes Verhältnis von »Kunst, Wissenschaft und Gesellschaft von morgen«, die Ideen zu einem »neuen Menschen«, wie sie zunächst im revolutionären Russland formuliert worden waren, endeten freilich in der Katastrophe der Nazibarbarei und des Zweiten Weltkriegs.[332] Kunstgeschichte im Nachkriegsdeutschland wurde danach lange ausschließlich als ›reine‹, nicht als relevante und visionäre Wissenschaft begriffen.

Erst die Erneuerung des Faches und der (Geistes-)Wissenschaften insgesamt im Gefolge von 1968, die Bemühungen um eine *New Art History* seit den 1970er Jahren haben zu entscheidenden Erweiterungen auf feministische, marxistische, soziologische, diskursanalytische, postkoloniale, globale usw. Perspektiven geführt. Und doch haben Zukunftsentwürfe für die Disziplin insgesamt offenbar ausgedient: Das einzige kunsthistorische Buch des späten 20. Jahrhunderts, das sich im Titel nochmals prominent auf die Zukunft der Kunstgeschichte beruft, ist Horst Bredekamps *Antikensehnsucht und Maschinenglaube: Die Geschichte der Kunstkammer und die Zukunft der Kunstgeschichte* (1993). Eingefordert wird dort für das neue Spektrum dezidiert noch Objekt-, Sammlungs- und Wissensgeschichte. Seitdem sind ein Artikel von Whitney Davis und ein Sammelband *Visions of a Future. Art and Art History in Changing Contexts* erschienen.[333] Man könnte diese Zurückhaltung mit der Einsicht in die kurze bis kürzeste Halbwertszeit geisteswissenschaftlicher Zukunftsprognosen erklären oder auch als Bescheidenheit angesichts einer immer komplexeren Forschungslage; zumal die aktuelle Welt-Situation drastisch in Erinnerung gerufen hat, wie fragil doch (und weit über die tatsächlichen oder auch selbstgemachten Probleme der Geisteswissenschaften hinaus) das menschliche Dasein und globale Miteinander insgesamt, die geistigen und materiellen Errungenschaften, alle häufig für so selbstverständlich gehaltenen Aspekte von Kultur(en) sind.

Andererseits laufen seit einigen Jahrzehnten Entwürfe zu neuen *turns*, zu theoretischen, methodischen und thematischen Neuausrichtungen des Faches zu Hochkonjunktur auf. Deren Anspruch zielt in der Regel nicht auf die Zukunft der (gesamten) Kunstgeschichte, sondern auf zusätzliche Aspekte. Entsprechend scheint häufig die Wahrnehmung: Kann man machen, muss man nicht. Resultat ist eine weitere Partialisierung des Faches zwischen Museum, Kunstmarkt, Kulturbetrieb und akademischer Forschung, zwischen Verfechtern eines objektbasierten Zugangs und verschiedensten theoretischen und methodischen Ansätzen, zwischen Spezialisten und Generalisten, zwischen Kunstgeschichte der Gegenwartskunst und der ›Alten Kunst‹. Die These dieses Buches zum Anfang der Kunstgeschichte ist dagegen, dass die Zukunft des Faches bei aller Hoffnung auf neue, unerwartete, alles verändernde Fragen, Themen und Ansätzen doch immer auch und konsequenter als bislang ein gegenwarts- und zukunftsorientiertes Zurück zu Grundproblemen, Aporien und kritischer Reflektion der eigenen wissen(schaft)sgeschichlichen Fundierung umfassen muss.

Für die Zukunft der Kunstgeschichte scheint mir jedenfalls bedeutsamer, als neue Themen- und Theoriefelder schon vorab zu identifizieren, dass die Disziplin ihre spezifische wissenschaftliche Kompetenz im Reigen der anderen Fächer und ihre daraus resultierende gesellschaftliche Verantwortung mit Nachdruck herausstellt und annimmt. Denn mit Blick auf Themen, Methoden und Theorien steht doch längst außer Frage, dass das Digitale ein selbstverständlicher und immer wichtigerer Teil der Kunstgeschichte ist und weiter wird, als Instrumentarium, methodische Erweiterung und als Forschungsgegenstand. Und dass die neuen virtuellen Möglichkeiten im Gegenzug dem realen Miteinander und räumlichen, physischen Gegenüber zu den Artefakten neue Intensität verleihen. Klar scheint aber auch, dass die Herausforderung und Faszination von Kunst und Kunstgeschichte noch für längere Zeit gerade auch dort liegen werden, wo Digitales und KI nicht automatisiert und selbsttätig ankommen. Ähnliches gilt für die vier anderen großen, allesamt zusammenhängenden Herausforderungen der Gegenwart: das Globale, die Ökologie, gerechte Ökonomie und das gesellschaftliche Miteinander und Wohlbefinden.[334] Hier hat die Disziplin viel zu verlieren, wenn es ihr nicht noch deutlicher zu machen gelingt, welche entscheidende Rolle Kunst, Artefakte, Architekturen, Bilder, Design und ästhetische Komponenten insgesamt in allen diesen Bereichen spielen (gerade auch für Natur-, Technik-, Lebens- und Sozialwissenschaften) und was die Augenwissenschaft Kunstgeschichte beizusteuern hat.

Eine besondere Verantwortung der Kunstgeschichte in Deutschland liegt schließlich in der Ausbildung: In den Schulen muss (endlich) ein adäquat analytischer und kritischer Umgang mit Bildern, Artefakten und virtuellen Welten des Alltags, des Politischen, des Kommunizierens, Konsums und letztlich auch der Kunst eingeführt werden. Das ist mit dem bisherigen Kunstunterricht kaum zu leisten. Und für die universitäre Weiterbildung muss die richtige Balance zwischen den derzeit verabsolutierten Dienstleitungs- und Ökonomisierungsanforderungen und den immer anspruchsvolleren wissenschaftlichen Herausforderungen der Disziplin neu gefunden werden.

Auch diese Zukunftsprognosen fallen selbstverständlich unter die oben konstatierten Bedingtheiten. Und sie tragen bei zur Selbsterhaltung und autogenerativen Steigerung des Systems Kunstgeschichte – denn zumindest manchmal trifft doch zu: »Die Forschung ist ein Kapitalkreislauf, Aussagen und Situationen haben keinen eigenständigen Wert, allein die Reproduktion und die Erweiterung des Kreislaufs zählen.«[335] Als Rechtfertigung und teilweiser Ausweg aus diesem frustrierenden Kreislauf lässt sich einmal mehr auf die perpetuierte Anfangssituation verweisen: Kunst und die damit zusammenhängenden Fragen und Herausforderungen betreffen uns stets neu und unmittelbar.

Als der gut 75-jährige Tizian um 1565/70 – also gleichzeitig mit dem Erscheinen der zweiten, illustrierten Ausgabe von Giorgio Vasaris Künstlerviten als einem Beginn der neuzeitlichen Kunstgeschichtsschreibung – die Bildnisse seines Sohnes, seines Neffen und seiner selbst zu einem allegorischen Drei-Gesicht zusammenfügte, entstand ein schwer zu fassendes Sinnbild. Dessen Bedeutung klären auch die beigefügten Inschriften darüber und die drei Tierköpfe von Wolf, Löwe und Hund darunter nicht eindeutig. Der Lauf der Zeit: Greis, Mann, Jüngling, wird überblendet mit Wissens- und Weisheitsvorstellungen von Erinnern, klugem Handeln und Voraussicht. Zugleich könnte aber ein mahnendes Bedauern über Versäumnisse in der Jugend und Reue im Alter mitschwingen. Ganz unabhängig davon, ob das Gemälde wirklich als eine Art Selbstzeugnis für Tizians Befindlichkeit zu deuten ist, dürfte der Venezianer jedenfalls kaum weiter darüber nachgedacht haben, dass er seine Familienabfolge rein männlich dachte, ja dass diese Porträts Aspekte eigentlich weiblicher Weisheits- und Zeitpersonifikationen absorbieren. Bewusst gewesen sein dürfte Tizian aber, dass seine späte Malerei mit offenem Pinselstrich einen Höhepunkt der neuen europäischen Kunst und Ästhetik darstellte. Wie wäre ein entsprechendes Sinnbild für Vergangenheit, Gegenwart und Zukunftserwartungen einer globalen Kunstgeschichte als einer alten Disziplin am Anfang ins Bild zu setzen?

Dank

Jan von Brevern, Matteo Burioni, Burcu Dogramaci, Frank Fehrenbach, Hans Christian Hönes, Henry Kaap, Wolfgang Kemp, Léa L. Kuhn, Cornelia Logemann und Michael Zimmermann haben Passagen oder das ganze Manuskript gelesen. Allen danke ich herzlich für wichtige Hinweise und Kritik. Ein großer Dank geht auch an den Verlag und Steffen Herrmann für die gute Zusammenarbeit und sorgfältige Realisierung des Buches.

Anmerkung

1 Boris Groys: Über das Neue. Versuch einer Kulturökonomie, Frankfurt a.M. 1999; Karl-Heinz Kohl/Richard Kuba/Hélène Ivanoff (Hgg.): Kunst der Vorzeit. Felsbilder aus der Sammlung Frobenius, München u.a. 2016; Ulrich Pfisterer: Altamira – oder: Die Anfänge von Kunst und Kunstwissenschaft, in: Vorträge aus dem Warburg-Haus 10 (2007), S. 13–80.

2 Bruno Latour: Wir sind nie modern gewesen. Versuch einer symmetrischen Anthropologie, Berlin 1995 [frz. 1991]; auch Hartmut Böhme: Fetischismus und Kultur. Eine andere Theorie der Moderne, Frankfurt a.M. 2006, S. 23: »Keine Theorie der Moderne könnte falscher sein als die, welche Modernisierung mit linearem Rationalitätszuwachs identifiziert.« – Vgl. bereits Heinrich Klotz: Anfang der Kunstgeschichte? Ein Fach noch immer auf der Suche nach sich selbst, in: Anne-Marie Bonnet/Gabriele Kopp-Schmidt (Hgg.): Kunst ohne Geschichte? Ansichten zur Kunst und Kunstgeschichte heute, München 1995, S. 38–49.

3 S. nur Felwine Sarr/Bénédicte Savoy: Zurückgeben. Über die Restitution afrikanischer Kulturgüter, Berlin 2019 [frz. 2018].

4 Retort (Hg.): Afflicted Powers. Capital and Spectacle in a New Age of War, London/New York 2005.

5 Georg Franck: Ökonomie der Aufmerksamkeit, München/Wien 1998; Peter Lunenfeld: Digitale Fotografie. Das dubitative Bild, in: Herta Wolf (Hg.): Paradigma Fotografie, Frankfurt a.M. 2002, S. 158–177.

6 Vilém Flusser: Ins Universum der technischen Bilder, Göttingen 1990; Jean Baudrillard: Agonie des Realen, Berlin 1978.

7 Jauß 1973; Jörn Rüsen: Ästhetik und Geschichte. Geschichtstheoretische Untersuchungen zum Begründungszusammenhang von Kunst, Gesellschaft und Wissenschaft, Frankfurt a.M. 1976; Daniel Fulda:

Wissenschaft als Kunst. Die Entstehung der modernen deutschen Geschichtsschreibung 1760–1860, Berlin/New York 1996.

8 Vgl. bereits Paul Feyerabend: Wissenschaft als Kunst, Frankfurt a.M. 1984.

9 Max Weber: Die ›Objektivität‹ sozialwissenschaftlicher und sozialpolitischer Erkenntnis, in: Archiv für Sozialwissenschaft und Sozialpolitik 19 (1904), S. 22–87, hier S. 79 f.

10 Kritische Friedrich-Schlegel-Ausgabe, Bd. 16, Paderborn u.a. 1981, S. 46; dazu Heinz Schlaffer: Poesie und Wissen. Die Entstehung des ästhetischen Bewusstseins und der philologischen Erkenntnis, Frankfurt a.M. 1990, S. 196 f.

11 Lutz Raphael: Geschichtswissenschaft im Zeitalter der Extreme. Theorien, Methoden, Tendenzen von 1900 bis zur Gegenwart, München 2003, S. 16.

12 Belting 1983; im Rekurs auf Jean-François Lyotard: Das postmoderne Wissen, Wien 2009 [frz. 1979]; möglicherweise auch Paul Feyerabend: Wider den Methodenzwang. Skizze einer anarchistischen Erkenntnistheorie, Frankfurt a.M. 1976 [engl. 1975]; vgl. für die Archäologie etwa Adrian Stähli: Vom Ende der klassischen Archäologie, in: Stefan Altekamp u.a. (Hgg.): Posthumanistische klassische Archäologie. Historizität und Wissenschaftlichkeit von Interessen und Methoden, München 2001, S. 145–170.

13 Eva Geulen: Das Ende der Kunst. Lesarten eines Gerüchts nach Hegel, Frankfurt a.M. 2002; Regine Prange: Ende der Kunst, in: Pfisterer 2010, S. 104–106; Ullrich 2005, S. 229–252; zu anderen ›End-Spielen‹ s. Karl O. Werckmeister: Das Ende der Ästhetik, Frankfurt a.M. 1971; James Elkins/Sunil Manghani/Gustav Frank (Hgg.): Farewell to Visual Studies, University Park (PA) 2015; insgesamt Karlheinz Stierle (Hg.): Das Ende. Figuren einer Denkform, München 1996.

14 Heinrich Hübsch: In welchem Style sollen wir bauen? Karlsruhe 1828; die weiteren Zitate übersetzt nach Jean Baudrillard: Towards the Vanishing Point of Art, in: Kunstforum International 100 (1989), S. 386–391, hier S. 389.

15 Vgl. nur Mainardi 2011 oder Hans U. Gumbrecht: Wer würde denn die Geisteswissenschaften vermissen?, in: Neue Züricher Zeitung, 29.10.2019 [https://www.nzz.ch/feuilleton/hans-ulrich-gumbrecht-geistes

wissenschaften-wer-vermisste-sie-ld.1518223] mit Reaktion von Andreas Kablitz: Geisteswissenschaften am Ende? Apokalyptiker und Alimentierte, in: Frankfurter Allgemeine Zeitung. 19.11.2019 [https://www.faz.net/aktuell/wissen/geist-soziales/hans-ulrich-gumbrecht-und-die-geisteswissenschaften-16469039.html].

16 Julius Schnorr von Carolsfeld: Betrachtungen über den Beruf und die Mittel der bildenden Künste Antheil zu nehmen an der Erziehung und Bildung des Menschen, nebst einer Erklärung über Auffassungs- und Behandlungsweise der Bibel der Bilder, in: ders.: Die Bibel in Bildern, Leipzig 1860, S. 8 f.; Ernst R. Curtius: Europäische Literatur und lateinisches Mittelalter, Bern 1948, S. 24.

17 Ernst H. Gombrich: Warburg. Eine intellektuelle Biographie, Hamburg 1992 [engl. 1970], S. 181–183.

18 Auch dafür existieren wichtige frühere Versuche, voran Dagobert Frey: Probleme einer Geschichte der Kunstwissenschaft, in: Deutsche Vierteljahrsschrift für Literaturwissenschaft und Geistesgeschichte 32 (1958), S. 1–37; darauf verweist auch Locher 2001/2010, S. 25, der seine eigene Analyse allerdings um 1950 enden lässt; jetzt Iversen/Melville 2010.

19 Harris 2001.

20 Rampley 2012.

21 Paul O. Kristeller: Das moderne System der Künste, in: ders.: Humanismus und Renaissance II, München 1976, S. 164-206 [engl. 1951–1952]; Larry Shiner: The Invention of Art, Chicago 2001; Ullrich 2005.

22 Étienne-Maurice Falconet: Œuvres, 6 Bde., Lausanne 1781, Bd. 1, S. 34; Tom Holert: Künstlerwissen. Studien zur Semantik künstlerischer Kompetenz im Frankreich des 18. und frühen 19. Jahrhunderts, München 1998.

23 Honoré de Balzac: Des artistes [1830], in: ders.: Œuvres diverses, hg. v. Marcel Bouteron/Henri Lognon, Paris 1935, Bd. 1, S. 351–360.

24 Dazu Oskar Bätschmann: Entfernung der Natur. Landschaftsmalerei 1750–1920, Köln 1989, S. 72.

25 Zu Klimts Eröffnungsrede der Wiener Secession Kunstschau 1908 s. Christian M. Nebehay: Gustav Klimt. Dokumentation, Wien 1969, S. 394.

26 Robert Morris: Bemerkungen zur Skulptur, hg. v. Clemens Krümmel/Susanne Titz, Zürich 2010.

27 Bätschmann 1997, S. 218 f.; Wolfgang Kemp: Der explizite Betrachter. Zur Rezeption zeitgenössischer Kunst, Konstanz 2015.

28 Märten 1919/1990, S. 10; zu den Diskussions-Stufen der Genderforschung Zimmermann 2006.

29 Thomas Lersch: Der Taufschein der Anti-Kunst: Wilhelm Pinder schüttelt den Flaschentrockner, in: Kunstchronik 42 (1989), S. 691–703.

30 Theodor W. Adorno: Philosophie der neuen Musik, Tübingen 1949, S. 37; Hans Belting: Zum Werkbegriff der künstlerischen Moderne, in: ders.: Szenarien der Moderne. Kunst und ihre offenen Grenzen, Hamburg 2005, S. 65–80.

31 Johann Joachim Winckelmann: Geschichte der Kunst des Alterthums, Dresden 1764, S. 393.

32 Vgl. Dilly 1979, S. 80–89 und 260; siehe zuvor die Sammlung von Natur- und Medicin- wie auch hierzu gehörigen Kunst- und Literatur-Geschichten 1 (1717 [1718]); zu den frühen Zeitschriften Ernst H. Lehmann: Die Anfänge der Kunstzeitschrift in Deutschland, Leipzig 1932, v.a. S. 3–7 und 85–100.

33 Johann Samuel Halle: Werkstäte der heutigen Künste, oder die neue Kunsthistorie, 6 Bde., Brandenburg/Leipzig 1761–1779; entsprechend Christian H. Schmid: Abrisz der Gelehrsamkeit für encyklopädische Vorlesungen, Berlin 1783, S. 327 f. (Kap. 127). Daneben wurden alte Wissensordnungen fortgeführt, so etwa in der Kern-Historie aller Freien Künste und Schönen Wissenschaften, 9 Bde., Leipzig 1748–1752, einer Zusammenstellung zur Geschichte von Zeichenkunst und Malerei, Druckgrafik, Bildhauerei, Architektur, Heraldik, Schiffbau usw. (aber explizit unter Ausschluss der ›Handwerke‹), wie man sie aus den frühneuzeitlichen Ritter- und Kavaliershandbüchern kannte. – Letztlich geht der Begriff einer ›Geschichte der Kunst‹ auf die Diskussionen zur Wissenssystematik um 1600 zurück, als etwa Bartholomäus Keckermann neben der Universalhistorie *historiae particulares* einforderte, darunter eine »historia pertinens ad artem«, wozu neben Medizin etwa auch Malerei und Skulptur zähle, siehe Bartholomäus Keckermann: Opera Omnia, Genf 1614, Bd. 2, Sp. 1353 f.

34 Amadeus Wendt: Über die Hauptperioden der schönen Kunst, oder die Kunst im Laufe der Weltgeschichte, Leipzig 1831, S. 2 f.; vgl. Wilhelm von Lüdemann: Geschichte der Mahlerey und Zeichenkunst, Dresden 1828, S. VII.

35 Der in Anlehnung an Johann Gustav Droysens *Grundriss der Historik* (1868) entwickelte Vorschlag von Hermann Bauer: Kunsthistorik. Eine kritische Einführung in das Studium der Kunstgeschichte, München 1976, hat sich nicht durchgesetzt.

36 So etwa schon Willibald Sauerländer: Der Kunsthistoriker angesichts des entlaufenen Kunstbegriffs. Zerfällt das Paradigma einer Disziplin?, in: Jahrbuch des Zentralinstituts für Kunstgeschichte 1 (1985), S. 375–399.

37 Zu Autonomie und L'art pour l'art s. Ralph Ubl, in: Pfisterer 2003/2010, S. 45–49; Ullrich 2005, S. 124–143.

38 Carl Frey: Michelagniolo Buonarroti. Quellen und Forschungen, Berlin 1907, S. 79 f.

39 Michael Müller/Horst Bredekamp/Berthold Hinz/Franz Verspohl/Jürgen Fredel/Ursula Apitzsch: Autonomie der Kunst. Zur Genese und Kritik einer bürgerlichen Kategorie, Frankfurt a.M. 1972; Serge Guilbaut: How New York Stole the Idea of Modern Art, Chicago 1983.

40 Fried 1980.

41 Imdahl 1980; ein wichtiger, bislang nicht benannter Impuls für Imdahl scheinen die Überlegungen von Levy-Deinhard 1967, S. 31–42; vgl. auch Bätschmann 1984; zur Wissenschaftsgeschichte etwa Hans Körner: Auf der Suche nach der wahren Einheit. Ganzheitsvorstellungen in der französischen Malerei und Kunstliteratur vom mittleren 17. bis zum mittleren 19. Jahrhundert, München 1988.

42 Eine Ausnahme ist etwa die mit dem 16. Jahrhundert befasste Arbeit von Michael Cole: Ambitious Form. Giambologna, Ammanati, and Danti in Florence, Princeton 2011.

43 Von »Verfransung« spricht Theodor W. Adorno: ›Die Kunst und die Künste‹, in: ders.: Gesammelte Schriften, Bd. 10.I., Frankfurt 1977, S. 432–453, hier S. 432; vgl. jüngst Wood 2019, S. 380: »The main shift, and it has been obvious for decades, is that art history can no longer occupy itself in an innocent fashion with the biography of form because art itself is no longer preoccupied with form.«

44 Vgl. etwa Frank Fehrenbach/Robert Felfe/Karin Leonhard (Hgg.): Kraft, Intensität, Energie. Zur Dynamik der Künste zwischen Früher Neuzeit und Moderne, Berlin /Boston 2018; Christoph Menke: Die Kraft der Kunst, Berlin 2013.

45 Aus literaturwissenschaftlicher Perspektive unterscheidet Dieter Bursdorf: Poetik der Form. Eine Begriffs- und Problemgeschichte, Stuttgart/Weimar 2001, S. 2, nur zwischen »emphatischem« (hier als manifestierend bezeichnet) und technischem Formverständnis; vgl. auch Malika Maskarinec: The Forces of Form in German Modernism, Evanston (IL) 2018.

46 Fiedler 1991, Bd. 2, S. 23.

47 Ernst Cassirer: Der Begriff der symbolischen Form im Aufbau der Geisteswissenschaften (1923), in: ders.: Gesammelte Werke, hg. v. Birgit Recki, Hamburg 2003, Bd. 16, S. 75–104, hier S. 79.

48 Uwe Hebekus: Der Wille zur Form. Politischer Ästhetizismus bei Georg Simmel, Ernst H. Kantorowicz – und Alfred Rosenberg, in: ders./Ingo Stöckmann (Hgg.): Die Souveränität der Literatur. Zum Totalitären der Klassischen Moderne, München 2008, S. 45–75.

49 Panofsky 1998, Bd. 2, S. 1064–1077; Erwin Panofsky: Gotische Architektur und Scholastik, hg. v. Thomas Frangenberg, Köln 1989; vgl. für die Relevanz von »special habits [...] producing the phenomena of human life« aber auch schon Tylor 1871, S. 12.

50 Zur Kritik Wolfgang Kemp: Kein Formbegriff in Sichtweite. Kann uns die Systemtheorie helfen?, in: Merkur 73/842 (2019), S. 31–44.

51 Zur zentralen Bilderfindung des Frontispizes gibt es bislang keine allgemein akzeptierte Deutung, s. Irmgard Müsch, in: Herbert Beck, Peter C. Bol, Maraike Bückling (Hgg.): Mehr Licht. Europa um 1770. Die bildende Kunst der Aufklärung, München 1977, S. 228 (Kat. 135); dagegen interpretiert die Mittelfigur als ›Wahrheit‹ Carsten Zelle: Ästhetischer Enzyklopädismus – Johann Georg Sulzers europäische Dimension (2006), https://homepage.ruhr-uni-bochum.de/carsten.zelle/dateien/Sulzer.pdf; entscheidend scheinen mir für das Verständnis des Frontispizes auch Sulzers Überlegungen im Stichwort »Künste; Schöne Künste« zum »Liebe« erzeugenden »Bild der Tugend« im »vollen Reize der Schönheit«; s. insgesamt Gerhard Kurz: Das Wahre, Schöne, Gute. Aufstieg, Fall und Fortbestehen einer Trias, Paderborn 2015.

52 Zusammenfassend Jakob Steinbrenner, in: Barck 2005, Bd. 6, S. 588–617.

53 Wiederabgedruckt in: Wiener Jahrbuch für Kunstgeschichte 36 (1983), S. 143; vgl. dagegen etwa noch Förster 1862, S. 87 f.

54 André Malraux: Psychologie der Kunst. Das imaginäre Museum [1947], Reinbek bei Hamburg 1957, S. 17; Hermann Bahr: Secession, Wien 1900, S. 180; dazu Demand 2010, S. 160 f.

55 Hermann Hettner: Gegen die speculative Aesthetik (1845), in: ders.: Kleine Schriften, hg. v. Anna Hettner, Braunschweig 1884, S. 164–208, hier S. 180.

56 Schmarsow 1891, S. 52 und 56 f.

57 Worringer 1907/1911, S. 138 (dieser Satz im Anhang erst ab dieser Ausgabe).

58 Wassily Kandinsky: Über das Geistige in der Kunst, München 1912, S. 3.

59 Hans Sedlmayr: Verlust der Mitte, Salzburg 1948, S. 9; vgl. ders.: Normen der bildenden Kunst [1958], in: ders.: Der Tod des Lichtes. Übergangene Perspektiven zur modernen Kunst, Salzburg 1964, S. 137–148, hier S. 148: »Die Kunst, die – ihren Wesensnormen gehorsam – ihr Wesensgesetz erfüllt, ist ein im höchsten Sinne Menschenverbindendes. Die es verfehlt, schafft immer nur Zerstreuung.«

60 Theodor W. Adorno: Ästhetische Theorie, Frankfurt a.M. [5]1981, S. 184 [1970].

61 Wilhelm Pinder: Die Kunst der ersten Bürgerzeit, Leipzig 1937, S. 199.

62 Geimer 2002, S. 15–26; Élisabeth Décultot: Winckelmann's Model of Art Historiography and Its Reception in the Late 18th and 19th Century, in: Efraim Podoksik (Hg.): Doing Humanities in Nineteenth-Century Germany, Leiden 2020, S. 85–109, hier S. 93.

63 Stefano della Bella: Grèce, aus dem 1644 publizierten Kartenspiel für Ludwig XIV., das noch 1780 als *Iconologie des Empires, Royaumes et Républiques de l'Europe, et des autres etats des quatre parties du monde* in Paris gedruckt wurde.

64 Alois Riegl: Gesammelte Aufsätze, hg. v. Wolfgang Kemp, Berlin 1995 [1929], die Zitate S. 28–39, 60, 3–9; zum Aspekt der »Doppelerscheinung« Hofmann 2003; mit anderen Perspektiven Katharina Brandl: Vertikale, Horizontale. Zur impliziten Horizontalität in Alois Riegls

Grundbegrifflichkeiten, in: all-over. Magazin für Kunst und Ästhetik, Okt. 2014 [https://allover-magazin.com/?p=1840#endnote10sym].

65 Louis Bourdeau: L'Histoire et les historiens. Essai critique sur l'histoire considérée comme science positive, Paris 1888, S. 122. Ausgangspunkt dürfte letztlich Lukrez: De rerum natura II, 1–4 gewesen sein.

66 So Riegl nach Max Dvořák: Gesammelte Aufsätze zur Kunstgeschichte, München 1929, S. 285; vgl. auf dieser Linie dann etwa Pächt 1977, S. 17–58 (»Gestaltungsprinzipien der westlichen Malerei des 15. Jahrhunderts«, 1933).

67 Jürgen Habermas: Erkenntnis und Interesse, Frankfurt a.M. [2]1973 [1968], S. 374; Niklas Luhmann: Einführung in die Systemtheorie, Heidelberg 2011 [1991], S. 137.

68 Edward H. Carr: What is History?, Harmondsworth 1961, S. 22: »[...] when we take up a work of history, our first concern should be not with the facts it contains but with the historian who wrote it.«

69 Jahn 1924; Martina Sitt (Hg.): Kunsthistoriker in eigener Sache. Zehn autobiographische Skizzen, Berlin 1990.

70 Jacques Rancière: Die Wörter der Geschichte. Versuch einer Poetik des Wissens, übers. v. Eva Moldenhauer, Berlin 2015 [frz. 1992].

71 Hayden White: Metahistory. Die historische Einbildungskraft im 19. Jahrhundert in Europa, Frankfurt a.M. 1991 [engl. 1973]; ders.: Auch Klio dichtet oder: Die Fiktion des Faktischen. Studien zur Tropologie des historischen Diskurses, Stuttgart 1987 [engl. 1978]; ders.: Die Bedeutung der Form. Erzählstrukturen in der Geschichtsschreibung, Frankfurt a.M. 1990 [engl. 1987].

72 Jacques Rancière: Die Wörter der Geschichte. Versuch einer Poetik des Wissens, übers. v. Eva Moldenhauer, Berlin 2015 [frz. 1992], S. 27.

73 René François [Étienne Binet]: Essay des Merveilles de Nature, et des plus nobles Artifices, Besançon 1622 [1621], S. 305 f. (Kap. 39) und 313–316 (Kap. 40).

74 Johannes Rößler: Poetik der Kunstgeschichte. Anton Springer, Carl Justi und die ästhetische Konzeption der deutschen Kunstwissenschaft, Berlin 2009.

75 Bezeichnenderweise stammt eine neue diskursanalytische Untersuchung aus der Literaturwissenschaft, s. Marcus Müller: Geschichte – Kunst – Nation. Die sprachliche Konstituierung einer ›deutschen‹

Kunstgeschichte aus diskursanalytischer Sicht, Berlin 2007; insgesamt Julia Voss/Michael Stolleis (Hgg.): Fachsprachen und Normalsprache, Göttingen 2012.

76 Lena Bader: Hat die Wissenschaftsgeschichte der Kunstgeschichte keine ›Lust am Bild‹?, in: Kunstgeschichte. Texte zur Diskussion, 2009 (urn:nbn:de:0009-23-17713).

77 Wolfram Hogrebe: Metaphysik und Mantik. Die Deutungsnatur des Menschen, Frankfurt a.M. 1992, S. 21.

78 Gottfried Boehm: Das Paradigma ›Bild‹. Die Tragweite der ikonischen Episteme, in: Hans Belting (Hg.): Bilderfragen, München 2007, S. 77–82, hier S. 81.

79 Horst Bredekamp: »Um zu bestehen, braucht die Kunstgeschichte einen Rahmenwechsel«, Interview von Boris Hohmeyer und Alfred Welti, in: art. Das Kunstmagazin (1997) Heft 9, S. 60 f. und S. 103; vgl. Hans D. Huber/Gottfried Kerscher: Kunstgeschichte im ›Iconic Turn‹. Ein Interview mit Horst Bredekamp, in: kritische Berichte 26 (1998), S. 85–93.

80 Belting 1995, S. 7 f.; kritisch dazu Germer 1995.

81 Hal Foster: The Archive without Museums, in: October 77 (1996), S. 97–119, hier S. 100; auch die anderen Beiträge dieses Heftes verteidigen mehrheitlich die Leistungen der Kunstgeschichte gegen die Visual Studies; vgl. dagegen die umfassende Kritik 1983 aus britischer Perspektive bei Bryson 2001, S. 19 f.

82 Mainardi 2011; s. auch Larry Silver: The Crisis in Publishing and the Problem of Art History Tenure, in: The Art Book 12/2 (2005), S. 23 f.

83 James Elkins in den CAA Reviews (DOI: 10.3202/caa.reviews.2012.57).

84 Sigrid Schade: Vom Wunsch der Kunstgeschichte, Leitwissenschaft zu sein. Pirouetten im sogenannten »pictorial turn«, in: Juerg Albrecht/Kornelia Imesch (Hgg.): Horizonte. Beiträge zu Kunst und Kunstwissenschaft. 50 Jahre Schweizerisches Institut für Kunstwissenschaft, Ostfildern-Ruit 2001, S. 369–378.

85 Der 1992 in *Artforum* erschienene Artikel jetzt übersetzt als W.J.T. Mitchell: Pictorial Turn [1992], in: ders.: Bildtheorie, hg. v. Gustav Frank, Frankfurt a.M. 2007, S. 101–135; dann als erstes Kapitel in W.J.T. Mitchell: Picture Theory, Chicago 1994, S. 16.

86 Dagegen belässt es die wichtige Studie von David Freedberg: The Power of Images, Chicago 1989, etwa S. XII, letztlich dabei, dass Bilderwerke doch nur zu handeln scheinen.

87 S. etwa Rudolf Arnheim: New Essays on the Psychology of Art, Berkeley 1986, S. 50–62 [Wiederabdruck eines Rückblicks 1967 auf Wilhelm Worringers *Abstraktion und Einfühlung*]; Kubler 1962/1982, S. 171, spricht noch mit Einschränkung davon, »dass den Dingen selbst reproduktive Kräfte innezuwohnen scheinen«.

88 Zusammenfassend Bruno Latour: Eine neue Soziologie für eine neue Gesellschaft. Einführung in die Akteur-Netzwerk-Theorie, Frankfurt a.M. 2007 [frz. 2005]; Gell 1998.

89 S. für diese anderen Disziplinen nur Volker Bohn (Hg.): Bildlichkeit, Frankfurt a.M. 1990; Klaus Sachs-Hombach: Das Bild als kommunikatives Medium. Elemente einer allgemeinen Bildwissenschaft, Köln 1993; Gernot Böhme: Theorie des Bildes, München 1999; Martin Seel: Ästhetik des Erscheinens, Frankfurt a.M. 2000; Lambert Wiesing: Artifizielle Präsenz. Studien zur Philosophie des Bildes, Frankfurt a.M. 2005; ders.: Sehen lassen. Die Praxis des Zeigens, Berlin 2003; eine kritische Diskussion dieser Positionen bei Büchsel 2019.

90 Allerdings wird Beltings Auswahl von Beispielen nicht nur als beliebig bzw. zu sehr auf ›Menschen-Bilder‹ fokussiert kritisiert, sondern auch als »unter-theoretisiert«, s. Matthew Rampley: Bildwissenschaft: Theories of the Image in German Language Scholarship, in: Rampley 2012, S. 119–134, hier S. 128.

91 Etwa Eva Schürmann: Vorstellen und Darstellen. Szenen einer medienanthropologischen Theorie des Geistes, Paderborn 2018.

92 Davis 2011, S. 184 f.; Daniel Hornuff: Bildwissenschaft im Widerstreit: Belting, Boehm, Bredekamp, Burda, München 2012; Eck 2015; Büchsel 2019. – Papapetros 2012, S. 322 f., Anm. 55, setzt sich einerseits von Bredekamp ab und will Objekte behandeln, allerdings scheinen gerade seine Einleitungsbeispiele, S. 1–8 , in eine ähnliche Richtung zu gehen.

93 Grau 2001; Philippe Cordez: Die kunsthistorische Objektwissenschaft und ihre Forschungsperspektiven, in: Kunstchronik 67 (2014), S. 364–373.

94 Anders akzentuiert Johannes Grave: Die Kunstgeschichte als Unruhestifter im Bilddiskurs. Zur Rolle der Fachgeschichte in Zeiten des Iconic Turn, in: Kunstgeschichte. Texte zur Diskussion, 2009 (urn:nbn:de:0009-23-17889).

95 Thomas Hensel: Wie aus der Kunstgeschichte eine Bildwissenschaft wurde. Aby Warburgs Graphien, Berlin 2011.

96 Schlosser 1935, S. 8; allerdings versteht Schlosser unter ›Kunst‹ nicht die kanonische ›Hochkunst‹ der Zeit, vgl. S. 21; außerdem zu den genannten zwei Arbeiten das Selbstzeugnis in Julius von Schlosser: Ein Lebenskommentar, in: Jahn 1924, S. 95–134, hier S. 120: »Wo war hier das Gebiet der Kunst überschritten und wo nicht?«

97 S. etwa Jörg Probst/Jost Ph. Klenner (Hgg.): Ideengeschichte der Bildwissenschaft: Siebzehn Porträts, Frankfurt a.M. 2009. Horst Bredekamp: A Neglected Tradition? Art History as Bildwissenschaft, in: Critical Inquiry 29, 2003, S. 418–428; zu 1968/69 Mittig 2010, S. 41.

98 Sigrid Schade: Scheinalternative Kunst- oder Bildwissenschaft: ein kulturwissenschaftlicher Kommentar, in: Heusser/Imesch 2004, S. 87–100; Davis 2011, S. 8.

99 Wilhelm Worringer: Ars una?, in: ders.: Fragen und Gegenfragen, München 1956, S. 155–163.

100 Gottfried Boehm: Kunst versus Geschichte. Ein unerledigtes Problem. Zur Einleitung in George Kublers *Die Form der Zeit*, in: Kubler 1982, S. 7–26, hier S. 13.

101 Riegl 1903, S. 22–39.

102 Das Zitat nach Aby Warburg: Italienische Kunst und internationale Astrologie im Palazzo Schifanoja zu Ferrara (1912), in: Warburg 1998 ff., Bd. I.2, S. 478.

103 Jürgen Trabant: Neue Wissenschaft von alten Zeichen: Vicos Sematologie, Frankfurt a.M. 1994.

104 Robert Hooke: Discourses of Earthquakes, in: ders.: The Posthumous Works, London 1705, S. 321; s. Carlo Ginzburg: Medals and Shells: On Morphology and History. Once Again, in: Critical Inquiry 45 (2019), S. 380–395.

105 Carl H. von Heineken in einer Besprechung des 6. Teils von Murrs *Journal zur Kunstgeschichte* in: Neue Bibliothek der schönen Wissenschaften und der freyen Künste 23 (1779), S. 108–129, hier S. 115; Christoph G. von Murr: Versuch einer nürnbergischen Kunstgeschich-

te vor den Zeiten Albrecht Dürers. Erstes Stück, in: ders.: Journal zur Kunstgeschichte und zur allgemeinen Litteratur 2 (1776), S. 31–74, hier S. 39 mit Hinweis auf Horace Walpoles *Anecdotes of Painting in England* (1765). – Neben Rumohr ist als wegweisend für die neuen Quellenstudien auch auf Johannes Gaye: Carteggio inedito d'artisti dei secoli (XIV., XV., XVI.) publiccato ed illustrato con documenti pure inediti, Florenz 1839-1840, 3 Bde. hinzuweisen.

106 Wiederabgedruckt in: Wiener Jahrbuch für Kunstgeschichte 36 (1983), S. 144.

107 Berenson 1902/1962, S. 119 f.

108 Carl Frey: Ursprung und Entwicklung Staufischer Kunst in Süditalien, in: Deutsche Rundschau 68 (1891), S. 271–297, hier S. 296 f.; dazu Fabian Jonietz: Carl Frey (1857–1917) e il rapporto tra *Stilkritik* e *Quellenkritik*, in: Francesco Caglioti/Andrea De Marchi/Alessandro Nova (Hgg.): I conoscitori tedeschi tra Otto e Novecento, Mailand 2018, S. 139–160 und S. 204–211.

109 Eduard Dobbert: Kunstgeschichte als Wissenschaft und Lehrgegenstand, Berlin 1886, S. 7; vgl. etwa für Frankreich Émile Bertaux: L'Histoire de l'art et les œuvres d'art, in: Revue de synthèse historique 12/4 (1902), S. 266–275.

110 Die Charakterisierung Lamprechts aus Gerard Heymans: Die Geschichte als Wissenschaft (1906), zit. nach ders.: Gesammelte kleinere Schriften zur Philosophie und Psychologie, Haag 1927, Bd. 1, S. 204; Karl Lamprecht: Die kulturhistorische Methode, Berlin 1900, S. 34; ders.: Moderne Geschichtswissenschaft, Berlin 1905, S. 123 (Kapitel »Universalgeschichtliche Probleme«).

111 Charles Samaran (Hg.): L'Histoire et ses méthodes, Paris 1961, S. 187–446; vgl. Daniela Kneissl: L'historien saisi par l'image: Bildzeugnisse als Forschungsgegenstand in der französischsprachigen Geschichtswissenschaft des 20. Jahrhunderts, in: Jäger/Knauer 2009, S. 149–199.

112 Aus den zahlreichen Publikationen beider sei exemplarisch jeweils nur auf einen Beitrag verwiesen: Martin Warnke: Politische Ikonographie, in: Beyer 1992, S. 23–28; Rainer Wohlfeil: Das Bild als Geschichtsquelle, in: Historische Zeitschrift 243 (1986), S. 91–100, schon im Titel erkenntlich der Rückgriff auch auf Erich Keyser: Das Bild als Geschichtsquelle, in: Walter Götz (Hg.): Historische Bildkunde, Heft 2, Hamburg 1935, S. 2–32.

113 Vgl. ähnlich Bernd Roeck: Das historische Auge. Kunstwerke als Zeugen ihrer Zeit. Von der Renaissance zur Revolution, Göttingen 2004; dagegen etwa Klaus Krüger: Geschichtlichkeit und Autonomie. Die Ästhetik des Bildes als Gegenstand historischer Erfahrung, in: Otto G. Oexle (Hg.): Der Blick auf die Bilder. Kunstgeschichte und Geschichte im Gespräch, Göttingen 1997, S. 55–90; Martina Heßler: Bilder zwischen Kunst und Wissenschaft. Neue Herausforderungen für die Forschung, in: Geschichte und Gesellschaft 31 (2005), S. 266–292; Gerhard Paul: Von der Historischen Bildkunde zur Visual History, in: ders. (Hg.): Visual History. Ein Studienbuch, Göttingen 2006, S. 7–36.

114 Jürgen Danyel/Gerhard Paul/Annette Vowinckel (Hgg.): Arbeit am Bild. Visual History als Praxis, Göttingen 2017; s. dagegen etwa Bernd Jussen: Plädoyer für eine Ikonologie der Geschichtswissenschaft. Zur bildlichen Formierung historischen Denkens, in: Hubert Locher (Hg.): Reinhart Koselleck. Politische Ikonologie. Perspektiven interdisziplinärer Bildforschung, München/Berlin 2013, S. 260–279.

115 Horst Bredekamp: Bild – Akt – Geschichte, in: Geschichtsbilder. 46. Deutscher Kunsthistorikertag. Berichtsband, Konstanz 2007, S. 289–309; Gerhard Paul: Bilder des Krieges – Krieg der Bilder. Die Visualisierung des modernen Krieges, Paderborn 2004.

116 Georges Didi-Huberman: Das Nachleben der Bilder. Kunstgeschichte und Phantomzeit nach Aby Warburg, Berlin 2010 [frz. 2002], S. 77 f., zur »Unreinheit der Zeit« nach Warburg; vgl. Jacques Ranciere: Der Begriff des Anachronismus und die Wahrheit des Historikers, in: Kernbauer 2015, S. 33–50 [frz. 1996].

117 Hubert Damisch: Le jugement de Pâris, Paris 1992, S. 113 f.; Bal 1999; Angela Mengoni (Hg.): Anacronie. La temporalità plurale delle immagini, Lucca 2013.

118 Nagel/Wood 2010; Ulrich Pfisterer: Donatello und die Entdeckung der Stile, 1430–1445, München 2002.

119 Werner Busch: Das sentimentalische Bild. Die Krise der Kunst im 18. Jahrhundert und die Geburt der Moderne, München 1993; Léa L. Kuhn: Gemalte Kunstgeschichte. Bildgenealogien in der Malerei um 1800, Paderborn 2020.

120 Schmidt-Burkhardt 2005.

121 Stefan Germer: Die schwierigen Zeitgenossen. Über die Probleme der Historisierung aktueller Kunst [1994], in: Julia Bernard (Hg.): Germeriana, Köln 1999, S. 219–232; Mark Godfrey: The Artist as Historian, in: October 120 (2007), S. 140-172.

122 Walter Benjamin: Das Passagen-Werk (GS V.1), Frankfurt a.M. 1982, Bd. 1, S. 578; s. auch Reinhart Koselleck: Standortbindung und Zeitlichkeit. Ein Beitrag zur historiographischen Erschließung der geschichtlichen Welt, in: Koselleck 1979, S. 176–207.

123 Die Formulierung nach Hans Tietze: Lebendige Kunstwissenschaft. Zur Krise der Kunst und Kunstgeschichte, Wien 1925; Germer 1995, S. 141, der im Weiteren freilich differenziert und nicht gegen Historisierung argumentiert.

124 Die »Inselhaftigkeit« des Kunstwerks nach Jonas Cohn betont Julius von Schlosser: Stilgeschichte und Sprachgeschichte der bildenden Kunst. Ein Rückblick, München 1935, S. 10.

125 Juliane Rebentisch: Abject, Informe und die Frage nach der Angemessenheit von Interpretation, in: Texte zur Kunst 24 (1996), S. 83–93; dazu auch Annette Tietenberg: Vom Nutzen und Nachteil der Zeitgenossenschaft für die kunsthistorische Forschung, in: Kunstchronik 68 (2015), S. 370–376.

126 Verena Krieger: Paradoxien einer Kunstgeschichte der Gegenwart, in: Kunstchronik 68 (2015), S. 396–401.

127 Karin Hellwig: Von der Vita zur Künstlerbiographie, Berlin 2005; Gabriele Guercio: Art as Existence. The Artist's Monograph and Its Project, Cambridge 2006; Beate Böckem (Hg.): Die Biographie – Mode oder Universalie? Zu Geschichte und Konzept einer Gattung in der Kunstgeschichte, Berlin/Boston 2016.

128 So Pierre Bourdieu: Die biographische Illusion, in: Bios. Zeitschrift für Biographieforschung und Oral History 4/1 (1990) [frz. 1986], S. 75–81.

129 Gabriele Bickendorf: Der Beginn der Kunstgeschichtsschreibung unter dem Paradigma ›Geschichte‹. Gustav Friedrich Waagens Frühschrift ›Über Hubert und Johann van Eyck‹, Worms 1985; Elisabeth Schröter: Raffael-Kult und Raffael-Forschung: Johann David Passavant und seine Raffael-Monographie im Kontext der Kunst und Kunstgeschichte seiner Zeit, in: Römisches Jahrbuch der Bibliotheca Hertziana 26 (1990), S. 303–397; Henrik Karge: Franz Kugler und

Karl Schnaase. Zwei Projekte zur Etablierung der ›Allgemeinen Kunstgeschichte‹, in: Michel Espagne/Bénédicte Savoy/Céline Trautmann-Waller (Hgg.): Franz Theodor Kugler. Deutscher Kunsthistoriker und Berliner Dichter, Berlin 2010, S. 83–104.

130 Zit. nach Schmarsow 1891, S. 11.

131 Caran d'Ache & Luque: Peintres & Chevalets, Paris [1887].

132 Norbert M. Schmitz (Hg.): Der kinematographische Vasari. Zur Ästhetik des filmischen Künstlerporträts, Wien 2019.

133 Peter von Matt: »Ihr guten Leute und schlechten Musikanten!« Über die biographische Falle im Umgang mit der Literatur, in: ders.: Das Wilde und die Ordnung. Zur deutschen Literatur, München 2007, S. 239–247.

134 Nochlin 1997 [engl. 1971]; vgl. Catherine Soussloff: The Absolute Artist. The Historiography of a Concept, Minneapolis 1997.

135 Jean-Baptiste Dubos: Refléxions critiques sur la poésie et sur la peinture, Paris 1733 [11719], Bd. 2, S. 323–325 (sect. 22); dt. Kopenhagen 1760, S. 303; dazu Bätschmann 1997, S. 52–57.

136 S. neben Anm. 22 jetzt Ewa Lajer-Burcharth: The Painter's Touch. Bocher, Chardin, Fragonard, Princeton 2018.

137 Alexandra Pontzen: Künstler ohne Werk. Modelle negativer Produktionsästhetik in der Künstlerliteratur von Wackenroder bis Heiner Müller, Berlin 2000; vgl. dann Sol LeWitt, der in den *Paragraphs on Conceptual Art* (1967) die Idee wiederbelebt: »The idea itself, even if not made visual, is as much a work of art as any finished product.«

138 Vera Wolff: Die Rache des Materials. Eine andere Geschichte des Japonismus, Zürich 2015.

139 Günter Bandmann: Bemerkungen zu einer Ikonologie des Materials, in: Städel-Jahrbuch N.F. 2 (1969), S. 75–100; Robert Klein: L'art et l'attention au technique (1964), in: ders.: La forme et l'intelligible, hg. v. André Chastel, Paris 1970, S. 382–393.

140 Aus anthropologischer Sicht Tim Ingold: Making. Anthropology, Archaeology, Art and Architecture, London/New York 2013, für die Kunst- und Wissenssoziologie Tasos Zembylas: Auf den Spuren von tacit knowing im künstlerischen Schaffensprozess, in: Sociologia Internationalis 50 (2012), S. 87–113.

141 (Hgg. mit Benjamin Schmidt): Making Knowledge in Early Modern Europe. Practices, Objects, and Texts, 1400 – 1800, 2007; (Hgg. mit

Amy R.W. Meyers/Harold J. Cook) Ways of Making and Knowing. The Material Culture of Empirical Knowledge, 2014; Entangled Itineraries. Materials, Practices, and Knowledge across Eurasia, 2019.

142 Henri Lefebvre: La production de l'éspace, Paris 1974.

143 Beyer 1923, S. 11.

144 Daran änderte auch die verspätete, ausführliche Rezension von Georg Schwaiger, in: Zeitschrift für Ästhetik und allgemeine Kunstwissenschaft 22 (1928), S. 500–504, nichts. Zu den Anfängen von ›Weltkunstgeschichte‹ s. Ulrich Pfisterer: Origins and Principles of World Art History: 1900 (and 2000), in: Kitty Zijlmans/Wilfried van Damme (Hgg.): World Art Studies: Exploring Concepts and Approaches, Amsterdam 2008, S. 69–89; Susanne Leeb: Die Kunst der Anderen. ›Weltkunst‹ und die anthropologische Konfiguration der Moderne, Berlin 2015.

145 Hans Belting: Contemporary Art as Global Art: A Critical Estimate, in: ders./Andrea Buddensieg (Hgg.): The Global Art World. Audiences, Markets, and Museums, Ostfildern 2009, S. 38–73.

146 Roland Robertson: Glokalisierung: Homogenität und Heterogenität in Raum und Zeit, in: Ulrich Beck (Hg.): Perspektiven der Weltgesellschaft, Frankfurt a.M. 1998, S. 192–220.

147 Burcu Dogramaci: Heimat. Eine künstlerische Spurensuche, Köln/Weimar/Wien 2016.

148 Anne Harrington: Reenchanted Science: Holism in German Culture from Wilhelm II to Hitler, Princeton (NJ) 1996, S. 34–71.

149 Ein Sonderfall ist Dagobert Frey: Grundlegung zu einer vergleichenden Kunstwissenschaft. Raum und Zeit in der Kunst der afrikanisch-eurasischen Hochkulturen, Wien 1949.

150 Vgl. den Wandel von Reiner Hausherr: Kunstgeographie: Aufgaben, Grenzen, Möglichkeiten, in: Rheinische Vierteljahrsblätter 34 (1970), S. 158–171 zu Kaufmann 2004.

151 Susanne Wacker: Ottonik-Rezeption, Diss. Univ. Hamburg 2001 (https://ediss.sub.uni-hamburg.de/volltexte/2001/500/pdf/Wacker-DISS2001.pdf); Wolfgang Ullrich: Uta von Naumburg. Eine deutsche Ikone, Berlin 1998.

152 Barbara Paul: Schöne heile Welt(ordnung): Zum Umgang der Kunstgeschichte in der frühen Bundesrepublik Deutschland mit außereuropäischer Gegenwartskunst, in: kritische berichte 31 (2003), S. 5–

27; vgl. für eine kritische Analyse des für Jahrzehnte wichtigsten US-amerikanischen Überblickwerks für Kunstgeschichtsstudierende, Horst W. Janson: History of Art. A Survey of the Major Visual Arts from the Dawn of History to the Present Day, New York 1962 (mit zahllosen, revidierten Neuauflagen), Robert S. Nelson: The Map of Art History, in: Art Bulletin 79 (1997), S. 28–40.

153 Nach Ansätzen bereits bei Jan Białostocki: A Comparative History of World Art, is it Possible?, in: Problemi di metodo, hg. v. Lajos Vayer, Bologna 1982, S. 207–216; jetzt Piotr Piotrowski: On the Spatial Turn, or Horizontal Art History, in: Umění 56 (2008), S. 378–383; vgl. auch Enrico Castelnuovo/Carlo Ginzburg: Zentrum und Peripherie, in: Luciano Bellosi u.a.: Italienische Kunst. Eine neue Sicht auf ihre Geschichte, Berlin 1987 [ital. 1979–1983], Bd. 1, S. 21–91.

154 Dazu schon George Kubler: History – Or Anthropology – of Art?, in: Critical Inquiry 1 (1975), S. 757–767; Gell 1998; Belting 2001.

155 Burcu Dogramaci: Towards a Migratory Turn. Art History and the Meaning of Flight, Migration and Exile, in: Mieke Bal (Hg.): Handbook of Art and Global Migration, Berlin/Boston 2019, S. 17–37; David Kim: The Traveling Artist in the Italian Renaissance, New Haven/London 2014; s. Mieke Bal: Travelling Concepts in the Humanities, Toronto u.a. 2002.

156 Alessandra Russo: The Untranslatable Image. A Mestizo History of the Arts in New Spain, 1500–1600, Austin 2014; Jennifer L. Roberts: Transporting Visions. The Movement of Images in Early America, Berkeley u.a. 2014; Peter Burke: Hybrid Renaissance. Culture, Language, Architecture, Budapest/New York 2016; Christian Kravagna: Transmoderne. Eine Kunstgeschichte des Kontakts, Berlin 2019.

157 Johannes Fabian: Time and the Other. How Anthropology Makes its Objects, New York 1983 (zit. erw. Ausg. 2014); vgl. zur Vorgeschichte Miller 2007, S. 68–72; Carlo Ginzburg: Medals and Shells: On Morphology and History, Once Again, in: Critical Inquiry 45 (2019), S. 380–395.

158 Arnoldo Momigliano: Ancient History and the Antiquarian, in: Journal of the Warburg and Courtauld Institutes 13 (1950), S. 285–315, hier S. 286.

159 Carlotta Santini: Can Humanity be Mapped? Adolf Bastian, Friedrich Ratzel and the Cartography of Culture, in: History of Anthro-

pology Newsletter 42 (2018) [http://histanthro.org/notes/can-humanity-be-mapped/].

160 Jacob Burckhardt: Weltgeschichtliche Betrachtungen (1905), in: ders.: Werke. Kritische Gesamtausgabe Bd. 10, hg. v. Peter Ganz, München/Basel 2010, S. 370.

161 Tietze 1913, S. 43. – Vgl. dagegen etwa die Verteidigung der kulturgeschichtlichen Einbettung durch Rudolf Kautsch: Der Begriff der Entwicklung in der Kunstgeschichte, Frankfurt a.M. 1917.

162 Wassily Kandinsky: Über die Formfrage, in: ders./Franz Marc (Hgg.): Der Blaue Reiter, München 1912, zit. 2. Aufl. 1914, S. 74–100.

163 Hal Foster (Hg.): Vision and Visuality, Seattle 1988; Jay 1993; Victor I. Stoichita: Das mystische Auge. Vision und Malerei im Spanien des Goldenen Zeitalters, München 1997 [engl. 1995]; Jeffrey F. Hamburger: The Visual and the Visionary. Art and Female Spirituality in Late Medieval Germany, New York 1998; Zimmermann 2006; Alina Payne (Hg.): Vision and Its Instruments. Art, Science, and Technology in Early Modern Europa, University Park (PA) 2015.

164 Heinrich Wölfflin: Jacob Burckhardt, in: Repertorium für Kunstwissenschaft 10 (1897), S. 341–346, hier S. 344.

165 Pinder 1926, S. 22 und 24.

166 Hofmann 2003, S. 97.

167 David Carrier: Gombrich on Art Historical Explanations, in: Leonardo 16 (1983), S. 91–96; Demand 2010, S. 50–54.

168 Dazu und auch mit dem Hinweis, dass Kubler später die *prime objects* sogar mit Schwarzen Löchern verglich, Hans Ch. Hönes: Posing Problems: George Kubler's ›prime objects‹, in: Journal of Visual Art Practice 15 (2016), S. 261–269.

169 Vgl. nur W.S. Kemenow u.a.: Gegen die bürgerliche Kunst und Kunstwissenschaft. Sechs Aufsätze sowjetischer Kunstwissenschaftler über die dekadente bürgerliche Kunst der Gegenwart sowie über die bürgerliche Verfälschung der europäischen Kunstgeschichte, Berlin 1954 [russ. 1951].

170 Held/Schneider 2007, S. 444 f.

171 Reinhart Bentmann/Michael Müller: Die Villa als Herrschaftarchitektur, 1970; Nico Hadjinicolaou: Histoire de l'art et lutte des classes, 1973; Horst Bredekamp: Kunst als Medium sozialer Konflikte. Bilderkämpfe von der Spätantike bis zur Hussitenrevolution, 1975;

Martin Warnke: Bau und Überbau: Soziologie der mittelalterlichen Architektur nach den Schriftquellen, 1976.

172 Vgl. Iryna Klymenko: Semantiken des Wandels. Zur Konstruktion von Veränderbarkeit in der Moderne, Bielefeld 2019.

173 So der Titel der Berner Dissertation von B. Krystal, publiziert Halle a.S. 1910.

174 Aufsatztitel von Bruno Meyer, in: Deutsche Warte. Umschau über das Leben und Schaffen der Gegenwart 2 (1872), S. 641–661.

175 Ebd., S. 643.

176 Hubert Locher: Wissenschaftsgeschichte als Problemgeschichte. Die ›kunstgeschichtlichen Grundbegriffe‹ und die Bemühungen um eine ›strenge Kunstwissenschaft‹, in: Volker Peckaus/Christian Thiel (Hgg.): Disziplinen im Kontext. Perspektiven der Disziplinengeschichtsschreibung, München 1999, S. 129–161; Christian Fuhrmeister: ›Reine Wissenschaft‹: Art History in Germany and the Notions of ›Pure Science‹ and ›Objective Scholarship‹ 1920–1950, in: Mitchell B. Frank/Daniel Adler (Hgg.): German Art History and Scientific Thought. Beyond Formalism, Farnham 2012, S. 161–177.

177 Max Dessoir: Ästhetik und allgemeine Kunstwissenschaft in den Grundzügen dargestellt, Stuttgart 1906, S. 5.

178 Harry Graf Kessler: Erinnerungen eines Europäers, Göttingen 2019, S. 207.

179 Ernst Mach: Über das Prinzip der Vergleichung in der Physik [1894], in: ders.: Populär-wissenschaftliche Vorlesungen, Leipzig [4]1910, S. 266–289, hier S. 269.

180 Peter Geimer: Vergleichendes Sehen oder Gleichheit aus Versehen? Analogie und Differenz in kunsthistorischen Bildvergleichen, in: Bader/Gaier/Falk 2010, S. 45–69; auch Matthias Bruhn/Gerhard Scholtz (Hgg.): Der vergleichende Blick. Formanalyse in Natur- und Kulturwissenschaften, Berlin 2017.

181 Lena Bader: Bild-Prozesse im 19. Jahrhundert. Der Holbein-Streit und die Ursprünge der Kunstgeschichte, München/Paderborn 2013.

182 Zusammenfassend Giovanni Morelli: Die Werke italienischer Meister in den Galerien von München, Dresden und Berlin. Ein kritischer Versuch, Leipzig 1880; ders.: Kunstkritische Studien über italienische Malerei, 3 Bde., Leipzig 1890–1893.

183 Anton Springer: Kunstkenner und Kunsthistoriker, in: Im Neuen Reich 11/2 (1881), S. 737–758, hier S. 743.

184 Berenson 1902/1962; Max Friedländer: Der Kunstkenner, Berlin 1919.

185 Alexander Perrig: Michelangelo's Drawings. The Science of Attribution, New Haven/London 1991; vgl. zuletzt wieder – ohne Verweis auf Perrig – das Lob und die Beschreibung der auf »bon usage« verpflichteten Vorgehensweise von Kennerschaft bei Frédéric Elsig: Connoisseurship et histoire de l'art. Considération méthodologiques sur la peinture des XVe et XVIe siècles, Genf 2019.

186 C. Edson Armi: Masons and Sculptors in Romanesque Burgundy. The New Aesthetic of Cluny III., 2 Bde., University Park (PA) 1983.

187 Peter Bell/Björn Ommer: Digital Connoisseur? How Computer Vision Supports Art History, in: Stefan Albl/Alina Aggujaro (Hgg.): Il metodo del conoscitore. Approcci, limiti, prospettive, Rom 2016, S. 187–197.

188 Die Texte Panofskys und seiner Kritiker am leichtesten greifbar in Ekkehard Kaemmerlin (Hg.): Bildende Kunst als Zeichensystem 1: Ikonographie und Ikonologie, Köln 1979; zur Entwicklung Dieter Wuttke: Fokus Panofsky, Baden-Baden 2018, S. 34–42.

189 Valeska von Rosen: Interpikturalität, in: Pfisterer 2003/2010, S. 208–211; Guido Isekenmeier (Hg.): Interpiktorialität. Theorie und Geschichte der Bild-Bild-Bezüge, Bielefeld 2013; Elisabeth-Christine Gamer: Die Intertextualität der Bilder. Methodendiskussionen zwischen Kunstgeschichte und Literaturtheorie, Berlin 2018.

190 Martin Seel: Ästhetik und Hermeneutik, in: ders.: Die Macht des Erscheinens, Frankfurt a.M. 2007, S. 27.

191 Gottfried Boehm: Wie Bilder Sinn erzeugen. Die Macht des Zeigens, Berlin 2007, S. 199–212; zur Einordnung Hildebrandt/Keiling 2012.

192 Umberto Eco: Das offene Kunstwerk, Frankfurt a.M. 1973 [ital. 1962]; vgl. Valeska von Rosen: Offenes Kunstwerk, in: Pfisterer 2003/2010, S. 315–318; Rebentisch 2013, S. 27–40.

193 Stefan Lüddemann/Thomas Heinze (Hgg.): Einführung in die Bildhermeneutik, Wiesbaden 2016.

194 Susan Sontag: Kunst und Antikunst, München 1980, S. 18; vgl. für die Literaturwissenschaften Hans U. Gumbrecht: Diesseits der Hermeneutik. Die Produktion von Präsenz, Frankfurt a.M. 2004.

195 Alfred Heuß: Verlust der Geschichte, Göttingen 1959, S. 5.

196 Sedlmayr 1978, S. 11–25 (1958) und S. 49–80 (1931).

197 Wolfgang Lepenies: Die drei Kulturen. Soziologie zwischen Literatur und Wissenschaft, München/Wien 1985.

198 Hanna Levy-Deinhard: Sur la necessité d'une sociologie de l'art, in: Actes du Deuxième Congrès International d'Esthétique et de Science de l'Art, Paris 1937, I: S. 342–345; Fredrick Antal: Remarks on the Method of Art History, in: Burlington Magazine 91 (1949), S. 50–52 und 73–75; ein früher Forschungsbericht von Enrico Castelnuovo, Per una storia sociale dell'arte I–II (1976–1977), in: ders.: Arte, industria, rivoluzioni. Temi di una storia sociale dell'arte, Torino 1985, S. 3–31 und 33–64.

199 Arthur Danto: The Artworld, in: Journal of Philosophy, 61 (1964): S. 571–584; dt.: Die Kunstwelt, in: Deutsche Zeitschrift für Philosophie 45 (1994), S. 907–919.

200 Timothy J. Clark: Image of the People: Gustave Courbet and the 1848 Revolution (1973); Timothy J. Clark: Der absolute Bourgeois. Künstler und Politik in Frankreich 1848–1851, Reinbek bei Hamburg 1981 [engl. 1973]; vgl. auch Timothy J. Clark: Zur Sozialgeschichte der Kunst, in: Texte zur Kunst 2 (1991), S. 39–51.

201 Peter Weibel: Kritik der Kunst. Kunst der Kritik (Auswahl von Texten 1965–1973), Wien/München 1973, S. 65–69; ders.: Kontextkunst. Zur sozialen Konstruktion von Kunst, in: ders. (Hg.): Kontext Kunst. Kunst der 90er Jahre, Köln 1994, S. 1–68; vgl. Stefan Germer: Unter Geiern. Kontext-Kunst im Kontext, in: Texte zur Kunst 19/5 (1995), S. 83–95.

202 Norman Bryson: Art in Context, in: Ralph Cohen (Hg.): Studies in Historical Change, Charlottesville/London 1992, S. 18–42; Wolfgang Kemp: Kontexte. Für eine Kunstgeschichte der Komplexität, in: Texte zur Kunst 2 (1991), S. 89–101.

203 Neuere Beispiele kunsthistorischer Sozialgeschichte bei Jutta Held/ Norbert Schneider: Sozialgeschichte der Malerei vom Spätmittelalter bis ins 20. Jahrhundert, Köln 1993; Hans D. Huber: Paolo Veronese. Kunst als soziales System, München 2005.

204 Hans Blumenberg: Paradigmen zu einer Metaphorologie, Frankfurt a.M. 1997 [1960]; Philipp Sarasin: Darwin und Foucault. Genealogie und Geschichte im Zeitalter der Biologie, Frankfurt a.M. 2009.

205 Frank Fehrenbach: Quasi vivo – Lebendigkeit in der italienischen Kunst der Frühen Neuzeit, Berlin/Boston 2020.

206 Die sexuelle Sublimierungstheorie wird wenig später Sigmund Freud: Drei Abhandlungen zur Sexualtheorie, Leipzig 1915 [1905], S. 97, ausführlich entwickeln; zur Vorgeschichte in der Kunsttheorie s. Ulrich Pfisterer: Kunst-Geburten. Kreativität, Erotik, Körper, Berlin 2014.

207 Anja Zimmermann: Biologische Metaphern. Zu einem Denkstil der Moderne zwischen Kunst, Kunstgeschichte und Biologie, in: dies. (Hg.): Biologische Metaphern zwischen Kunst, Kunstgeschichte und Wissenschaft in Neuzeit und Moderne, Berlin 2014, S. 9–32.

208 Etwa Worringer 1907/1911, S. 3; vgl. Regine Prange: Das Kristalline als Kunstsymbol – Bruno Taut und Paul Klee, Zürich u.a. 1991; Papapetros 2012, S. 123–134.

209 Wilhelm Worringer: Formprobleme der Gotik, München 1911, S. 3 f.; Hans Tietze: Lebendige Kunstwissenschaft. Zur Krise der Kunst und der Kunstgeschichte, Wien 1925; Hans Kauffmann: Lebendige Kunstgeschichte, Köln 1958. – Vgl. Johannes Grave: Postscriptum. Ein Ausblick auf die Folgen organischer Metaphorik im Diskurs der Kunstgeschichte, in: Johannes Grave/Hubert Locher/Reinhard Wegner (Hgg.): Der Körper der Kunst. Konstruktionen der Totalität im Kunstdiskurs um 1800, Göttingen 2007, S. 219–229.

210 So der Buchtitel von George Lakoff/Mark Johnson, Chicago 1980.

211 Desmond Morris: Biologie der Kunst. Ein Beitrag zur Untersuchung bildnerischer Verhaltensweisen bei Menschenaffen und zur Grundlagenforschung der Kunst, Düsseldorf 1963 [engl. 1962]; Irenäus Eibl-Eibesfeldt: Weltsprache Kunst. Zur Natur- und Kunstgeschichte bildlicher Kommunikation, Wien 2008.

212 John Evans: The Coins of Ancient Britons, London 1864; ders.: On the Coinage of the Ancient Britons and Natural Selection, in: Royal Institution of Great Britain. Proceedings, 7 (1875), S. 24–32.

213 Augustus H. Lane-Fox Pitt-Rivers: The Evolution of Culture and Other Essays, hg. v. John Linton Myres, Oxford 1906.

214 Etwa Bernhard Salin: Die altgermanische Thier-Ornamentik, 1904, S. 283 zu »Degeneration«.

215 Horst Bredekamp: Darwins Korallen. Die frühen Evolutionsdiagramme und die Tradition der Naturgeschichte, Berlin 2006; Julia Voss:

Darwins Bilder. Ansichten der Evolutionstheorie 1837 bis 1874, Frankfurt a.M. 2007.

216 Carla Cugini: »Er sieht einen Fleck, er malt einen Fleck«. Physiologische Optik, Impressionismus und Kunstkritik, Basel 2006; Robert Schade: Schwankende Ansichten. Zur Geschichte einer Ästhetik des Anders-Sehens in der Literatur und Kunst der Moderne, Bielefeld 2017.

217 Frank Büttner: Das Paradigma ›Einfühlung‹ bei Robert Vischer, Heinrich Wölfflin und Wilhelm Worringer. Die problematische Karriere einer kunsttheoretischen Fragestellung, in: Christian Drude/Hubertus Kohle (Hgg.): 200 Jahre Kunstgeschichte in München, München 2003, S. 82–93; Magdalena Bushart: ›Form‹ und ›Gestalt‹. Zur Psychologisierung der deutschen Kunstgeschichte um 1900, in: Otto G. Oexle (Hg.): Krise des Historismus – Krise der Wirklichkeit, Göttingen 2007, S. 147–179; Robin Curtis (Hg.): Einfühlung. Zu Geschichte und Gegenwart eines ästhetischen Konzepts, München 2009.

218 Eva Schürmann: Sehen als Praxis, Frankfurt a.M. 2008, S. 166.

219 John Ruskin: Grundlagen des Zeichnens, Straßburg 1901, S. 4 f. [engl. 1857]; Gombrich 1960, S. 296 f.; Bätschmann 1984, S. 26.

220 Eckart von Sydow: Primitive Kunst und Psychoanalyse. Eine Studie über die sexuelle Grundlage der bildenden Künste der Naturvölker, Leipzig/Wien/Zürich 1927, S. 43.

221 Ernst Kris: Die ästhetische Illusion. Phänomene der Kunst in der Sicht der Psychoanalyse, Frankfurt a. M. 1977.

222 Etwa Martin Jay: Die skopischen Ordnungen der Moderne, in: Leviathan 20 (1992), S. 178-195 [engl. 1988]; Jay 1993.

223 Noch intensiver mit der Kunstgeschichte verbunden bei Eric Kandel: Das Zeitalter der Erkenntnis. Die Erforschung des Unbewussten in Kunst, Geist und Gehirn von der Wiener Moderne bis heute, München 2010 [engl. 2012].

224 Horst Bredekamp: Galilei der Künstler, Berlin 2007; Irene Brückle/Oliver Hahn (Hgg.): Galileo's Sidereus Nuncius. A Comparison of the Proof Copy (New York) with Other Paradigmatic Copies, Berlin 2011.

225 Horst Bredekamp (Hg.): A Galileo Forgery. Unmasking the New York Sidereus Nuncius, Berlin 2014; dazu die Rez. des Entdeckers

der Fälschung Nick Wilding, in: Journal für Kunstgeschichte 18 (2014), S. 343–347.

226 Dagegen Erma Hermens: Technical Art History. The Synergy of Art, Conservation and Science, in: Rampley u.a. 2012, S. 151–165; Caroline Fowler: Technical Art History as Method, in: Art Bulletin 101 (2019), S. 8–17.

227 Julia Feldtkeller: Wandmalereirestaurierung. Eine Geschichte ihrer Motive und Methoden, Münster 2008.

228 Ernst Streller: Zu den Anfängen der Gemäldeprüfung mit Röntgenstrahlen, in: Heinz Althöfer (Hg.): Das 19. Jahrhundert und die Restaurierung, München 1987, S. 311 f.

229 Gedruckt erst als Johannes Taubert: Zur kunstwissenschaftlichen Auswertung von naturwissenschaftlichen Gemäldeuntersuchungen, München 2003.

230 Johan R.J. van Asperen de Boer: Reflectography of Paintings Using an Infrared Vidicon Television System, in: Studies in Conservation 14 (1969), S. 96–118.

231 Paul Coremans: L'introduction d'un nouveau critère dans l'appreciation des œuvres d'art: Les sciences naturelles, in: Alumni 19 (1950), S. 3 f.

232 Dazu Mary W. Ainsworth: From Connoisseurship to Technical Art History: The Evolution of Interdisciplinary Study of Art, in: Getty Conservation Institute. Newsletter 20/1 (2005) (https://www.getty.edu/conservation/publications_resources/newsletters/20_1/feature.html).

233 Warburg 1998 ff., Bd. I.2, S. 534 (Heidnisch-antike Weissagung in Wort und Bild zu Luthers Zeiten, 1920); Aby M. Warburg: Ausgewählte Schriften und Würdigungen, hg. v. Dieter Wuttke, Baden-Baden ^{2}1980, S. 307–309 (Vortrag 1929: Kulturwissenschaftliche Bibliothek Warburg); aufgegriffen sind hier vor allem Überlegungen von Tito Vignoli: Mythus und Wissenschaft, Leipzig 1880 [zuerst ital. 1879], S. 145–149.

234 Lankheit 1966, S. 22.

235 Matyssek 2009; Maximilian Schich: Rezeption und Tradierung als komplexes Netzwerk. Der CENSUS und visuelle Dokumente zu den Thermen in Rom, München 2009.

236 Hans-Jörg Heusser (Hg.): Computers and the Future of Art Research. Visions, Problems, Projects, Zürich 1986; Werner Müller: Kunstwerk, Kunstgeschichte und Computer, München 1987; Hubertus Kohle (Hg.): Kunstgeschichte digital. Eine Einführung für Praktiker und Studierende, Berlin 1997.

237 Hubertus Kohle, Digitale Bildwissenschaften, Glückstadt 2013 (http://archiv.ub.uni-heidelberg.de/artdok/volltexte/2013/2185); vgl. auch die Positionen in Henrike Haug/Ann-Kathrin Hubrich/Henry Kaap/Yvonne Schweizer/Matthias Bruhn (Hgg.): Kritische Kunstgeschichte und digitaler Wandel, kritische berichte 48/1 (2020).

238 Für ein Beispiel s. Marco Cardinali: Digital Tools and Technical Views: The Intersection of Digital Art History and Technical Art History in a Digital Archive on the Painting Technique of Caravaggio and His Followers, in: Visual Resources 35 (2019), S. 52–73.

239 Mario Carpo: Big Data and the End of History, in: International Journal for Digital Art History, 3 (2018) [https://doi.org/10.11588/dah.2018.3.49913].

240 Chris Anderson: The End of Theory: The Data Deluge Makes the Scientific Method Obsolete, in: Wired 23. Juni 2008 [https://www.wired.com/2008/06/pb-theory/].

241 Roy Rosenzweig: Scarcity or Abundance? Preserving the Past in a Digital Era, in: The American Historical Review 108 (2003), S. 735–762; Oliver Grau/Janina Hoth/Eveline Wandl-Vogt (Hgg.): Digital Art through the Looking Glass: New Strategies for Archiving, Collecting and Preserving in Digital Humanities, Krems 2019.

242 Aby Warburg: Schlangenritual. Ein Reisebericht, hg. v. Ulrich Raulff, Berlin 1988, S. 59.

243 Die neuen Arbeiten von Sønke Gau: Institutionskritik als Methode. Hegemonie und Kritik im künstlerischen Feld, Wien/Berlin 2017, und Franziska Brüggemann: Institutionskritik im Feld der Kunst. Entwicklung – Wirkung – Veränderungen, Bielefeld 2020, nehmen vor allem das Museum und Ausstellungswesen in den Blick; vgl. auch Mansfield 2007.

244 So te Heesen 2012, S. 156–165, die freilich aus wissenschaftsgeschichtlicher Perspektive alle Museumsformen in den Blick nimmt, nicht spezifisch Kunstmuseen.

245 Gottfried Semper: The Ideal Museum. Practical Art in Metals and Hard Materials, hg. v. Peter Noever, Wien 2007.

246 Carol Duncan: Civilizing Rituals. Inside Public Art Museums, London 1995; Joachim Penzel: Der Betrachter ist im Text. Konversations- und Lesekultur in deutschen Gemäldegalerien zwischen 1700 und 1914, Berlin 2007.

247 te Hessen 2012, S. 56 f.

248 Bénédicte Savoy (Hg.): Nofretete. Eine deutsch-französische Affäre, 1912–1931, Köln 2011.

249 Hermann Lübbe: Der Fortschritt und das Museum. Über den Grund unseres Vergnügens an historischen Gegenständen, London 1982, S. 1; te Heesen 2012, S. 171 f.

250 So zu Beginn des 20. Jahrhunderts als Konzept des modernen Kunstmuseums formuliert, s. Christian Ring: Das »Museum, das für jedermann seine Pforten zur Belehrung und Erbauung auftut, ist die demokratischste aller Bildungsanstalten«: Gustav Pauli in Hamburg, in: Josef Imorde/Andreas Zeising (Hgg.): Teilhabe am Schönen. Kunstgeschichte und Volksbildung zwischen Kaiserreich und Diktatur, Weimar 2013, S. 245–260; eine staatliche Finanzierung stellen auch Zukunftsentwürfe nicht infrage, etwa Kimmo Levä: Plädoyer für eine Neuformulierung der Definition von Museum, in: Museumskunde 82/2 (2017), S. 72–75.

251 Peter Schmidt: Die Große Schlacht. Ein Historienbild aus der Frühzeit des Kupferstichs, Wiesbaden 1992, S. 31 f.

252 Scipione Maffei, Verona Illustrata, 4 Bde., Verona 1731–1732, hier Bd. 2, Sp. 351 f.

253 Christian von Mechel: Verzeichniß der Gemälde der Kaiserlich Königlichen Bilder-Gallerie in Wien, Wien 1783, S. XI f. [frz. Ausg. 1784]; Nachricht von dem gegenwärtigen Zustand der kaiserlichen Bildergalerie in Wien, in: Johann G. Meusel (Hg.): Miscellaneen artistischen Inhalts, 4 Hefte (1780), S. 58–61.

254 Eine Andere Welt von Plinius dem Jüngsten. Illustriert von J.J. Grandville, Leipzig 1847 [zuerst frz. 1843], S. 70 f.

255 Walter Grasskamp: For Example, Documenta, or, How is Art History Produced?, in: Thinking about Exhibitions 1996, S. 67–78; Robert Fleck: Die Biennale von Venedig. Eine Geschichte des 20. Jahrhunderts, Hamburg 2009.

256 Bätschmann 1997, S. 143–146; Walter Grasskamp: Die weiße Ausstellungswand. Zur Vorgeschichte des ›white cube‹, in: Wolfgang Ullrich/Juliane Vogel (Hgg.): Weiß, Frankfurt a.M. 2003, S. 29–63; Klonk 2009.

257 Brian O'Doherty: In der weissen Zelle. Anmerkungen zum Galerie-Raum, hg. v. Ellen Kemp/Wolfgang Kemp, Kassel 1982, S. 44.

258 Filippo Marinetti: Futuristisches Manifest (zit. Wolfgang Asholt/Walter Fänders [Hgg.]: Manifeste und Proklamationen der europäischen Avantgarde 1909–1938, Stuttgart 1995, S. 3–7, hier S. 5 f.) zu Museen und Bibliotheken als Schlachthäuser, Friedhöfe und Katakomben; Walter Gropius 1919 (nach Bätschmann 1997, S. 181): »Da die Kunst im wirklichen Leben der zivilisierten Völker erstarb, mußte sie sich in jene grotesken Schauhäuser flüchten und sich dort prostituieren«; Julius Meier-Graefe: Entwicklungsgeschichte der modernen Kunst, Stuttgart 1904, S. 21: »Die unsinnige Massenproduktion verlangte noch unsinnigere Veranstaltungen [...]«; dagegen zum ›lebendigen‹ (Freilicht-)Museum, wie es in Schweden Artur Hazelius begründet, te Heesen 2012, S. 83 f.

259 Gustav Pauli: Das Kunstmuseum der Zukunft, in: Die Kunstmuseen und das Deutsche Volk, München 1919, S. 3–20; dann etwa Gerhard Bott (Hg.): Das Museum der Zukunft, Köln 1970; Kohle 2018; Joachim Baur (Hg.): Das Museum der Zukunft. 43 neue Beiträge zur Diskussion über die Zukunft des Museums, Bielefeld 2020; dazu auch Alexis Joachimides: Die Museumsreformbewegung in Deutschland und die Entstehung des modernen Museums 1880–1940, Dresden 2001; te Heesen 2012, S. 149–153.

260 Bätschmann 1997, S. 222 f.; Maria Bremer: Individuelle Mythologien. Kunst jenseits der Kritik, Berlin 2019; bezeichnend die Textform, nämlich einzelne Interviews mit (neun männlichen und zwei weiblichen) ›Helden‹, mit der ein Kurator die Geschichte des Kuratierens zu fassen versucht, s. Hans U. Obrist: A Brief History of Curating, Zürich/Dijon 2008, aus der künstlerischen ›Ich-Perspektive‹ dann weitgehend ders. mit Asad Raz: Kuratieren!, München 2015 [zuerst engl. 2014].

261 Pierre Bourdieu: Die Museumskonservatoren, in: Thomas Luckmann/Walter M. Sprondel (Hgg.): Berufssoziologie, Köln 1972, S. 148–154.

262 Vgl. Mari C. Ramirez: Brokering Identities. Art Curators and the Politics of Cultural Representation, in: Reesa Greenberg/Bruce W.

Ferguson/Sandy Nairne (Hgg.): Thinking About Exhibitions, London/New York 1996, S. 21–38.

263 Zur nochmals anderen Vermarktung von Abbildungen Matthias Bruhn: Bildwirtschaft. Verwaltung und Verwertung des Sichtbaren, Weimar 2003.

264 https://news.artnet.com/opinion/gray-market-inigo-philbrick-arrest-1886871?utm_content=from_&utm_source=Sailthru&utm_medium=email&utm_campaign=EUR%20June%2015%20AM&utm_term=EUR%20Daily%20Newsletter%20%5BMORNING%5D.

265 John Cunnally: Irritamenta. Numismatic Treasures of a Renaissance Collector, 2 Bde., New York 2016.

266 Hans P. Thurn: Der Kunsthändler. Wandlungen eines Berufs, München 1994.

267 Anne-Marie Bonnet: ›Sand im Getriebe‹ oder ›Durchlauferhitzer für den Kunstmarkt‹?, in: Oskar Bätschmann/Julia Gelshorn (Hgg.): Dienstleistung Kunstgeschichte?, Emsdetten 2008, S. 119–125.

268 Georg Germann: Raffaels »Denkmalpflegebrief«, in: Volker Hoffmann u.a. (Hgg.): Die ›Denkmalpflege‹ vor der Denkmalpflege, Bern 2005, S. 267–286.

269 Georg Dehio: Was wird aus dem Heidelberger Schloß werden?, Straßburg 1901, S. 6.

270 Georg Dehio (1850–1932). 100 Jahre Handbuch der Deutschen Kunstdenkmäler, München/Berlin 2000.

271 Achim Hubel: Denkmalpflege. Geschichte – Themen – Aufgaben, Stuttgart 2006.

272 Astrid Erll: Pierre Nora, Les lieux de mémoire, in: Claus Leggewie u.a. (Hgg.): Schlüsselwerke der Kulturwissenschaft, Bielefeld 2012, S. 158–160.

273 Eduard Dobbert: Kunstgeschichte als Wissenschaft und Lehrgegenstand, Berlin 1886, S. 7.

274 Ulrich Pfisterer: Mit Italien anfangen? Fritz Burger und die kunsthistorischen Karrierestrategien zu Beginn des 20. Jahrhunderts, in: ders. (Hg.): Fritz Burger (1877–1916) – ›eine neue Kunstgeschichte‹, Passau 2016, S. 31–64.

275 So um 1920 Max J. Friedländer 1955, S. 98.

276 Charles W. Haxthausen (Hg.): The Two Art Histories. The Museum and the University, New Haven/London 2002.

277 Lankheit 1966, S. 7 f.

278 Cordula Bischoff: Professorinnen der Kunstwissenschaft – Geschichte, Gegenwart und Zukunft, in: Frauen, Kunst, Wissenschaft 5/6 (1989), S. 9–19.

279 Vgl. dazu etwa das Themenheft Rethinking the Introductory Art History Survey, Art Journal 54/3 (1995).

280 Dilly 1979, S. 35 f.

281 Eine uneingeschränkte Lobeshymne von Erika Fischer-Lichte: Forschungspolitische Perspektiven geisteswissenschaftlicher Sonderforschungsbereiche, in: Zeitschrift für Germanistik N.F. 15 (2005), S. 545–552.

282 Vgl. etwa Werner Busch: Mittelfristige Entwicklung. Kunstgeschichte und Wissenschaftsorganisation, in: Texte zur Kunst 16/62 (2006), S. 87–95, und die Diskussionsbeiträge von Eric de Bruyn, Tom Holert, Pamela M. Lee, Sabeth Buchmann/Karin Gludovatz, Blake Stimson, Beate Söntgen, Gregor Stemmrich und Miwon Kwon unter dem Titel: Die Hohe Schule. Eine Umfrage zum Stand der Kunstgeschichte, ebd., S. 130–151.

283 Martin Warnke, Bittere Felder, in: kritische berichte 18/3 (1990), S. 76–78, hier S. 78.

284 Wilfried Ranke: Der Deutsche Kunsthistorikertag – eine obsolet gewordene Kommunikationsform, in: kritische berichte 3/2–3 (1975), S. 91–105; Hans-Ernst Mittig: Zur Reform der Forschungsinstitute, in: Verband Deutscher Kunsthistoriker e.V. (Hg.): Dokumentation XII. Deutscher Kunsthistorikertag Köln, o.O. 1970, S. 20–22; Volker Plagemann: Die Kunstgeschichte und ihre Institutionen heute, in: Kunstchronik 23 (1970), S. 273 f.

285 Francis Haskell: Die schwere Geburt des Kunstbuchs, Berlin 1993 [engl. 1987]; zuvor etwa Ettore Spalletti: La documentazione figurativa dell'opera d'arte, la critica e l'editoria nell'epoca moderna (1750–1930), in: Giovanni Previtali (Hg.): Storia dell'arte italiana I/2: L'artista e il pubblico, Turin 1979, S. 417–482. – Vgl. jetzt etwa Thomas Frangenberg and Rodney Palmer (Hgg.), The Rise of the Image. Essays on the History of the Illustrated Art Book, Aldershot 2003; Krause/Niehr 2005; Vermeulen 2010.

286 Zuerst in der lat. Ausg. *Tabellae selectae et explicatae*, Padua 1691, mit Widmung an den Sohn des Kaisers Leopold und König von Ungarn,

Joseph; dann als leicht verbesserte ital. Ausg. *Pitture scelte e dichiarate*, Köln [aber wohl auch Padua] 1691, mit Widmung an die Republik Venedig; dazu Giovanna Perini Folesani: La disperazione della ragione. La tragica vicenda umana di Carla Caterina Patina, pioniera del libro dell'arte illustrato, in: Römisches Jahrbuch der Bibliotheca Hertziana 42 (2015/2016) [2018], S. 337–382.

287 Michael Cole: The Cult of Materials, in: Sébastien Clerbois/Martina Droth (Hgg.): Revival and Invention. Sculpture through its Material Histories, Oxford 2011, S. 1–15.

288 Frühe Ausnahmen sind etwa Heinrich Klotz: Über das Abbilden von Bauwerken, in: architectura 1 (1971), S. 1-8; Heinrich Dilly: Lichtbildprojektion – Prothese der Kunstbetrachtung, in: Irene Below (Hg.): Kunstwissenschaft und Kunstvermittlung, Gießen 1975, S. 153–172; Wolfgang M. Freitag: Early Uses of Photography in the History of Art, in: Art Journal 39 (1979), S. 117–123.

289 Etwa Friedrich Kittler: Aufschreibesysteme 1800/1900, München 1985.

290 Zu Diagrammen Schmidt-Burkhard 2005; Hans Ch. Hönes/Léa L. Kuhn/Elizabeth J. Petcu/Susanne Thürigen (Hgg.): Was war Renaissance? Bilder einer Erzählform von Vasari bis Panofsky, Passau 2013; zu Kompositionslinien Tobias Teutenberg: Die Unterweisung des Blicks. Visuelle Erziehung und visuelle Kultur im langen 19. Jahrhundert, Bielefeld 2019.

291 Jennifer Montagu: The ›Ruland/Raphael Collection‹, in: Helen E. Roberts (Hg.): Art History through the Camera's Lens, Amsterdam 1995, S. 37–57.

292 Anton Springer: Raffael und Michelangelo, Leipzig 1878, S. 160 zum »Strom der Erfindung«.

293 Heinrich Wölfflin: Wie man Skulpturen aufnehmen soll, in: Zeitschrift für bildende Kunst, 7 (1896), S. 224–228; 8 (1897), S. 294–297; 26 (1914), S. 237–244; Carl Frey: Die Photogrammetrie, ihr Wesen, Werden und ihre Bedeutung in der Gegenwart, Berlin 1890, S. 9.

294 So Hermann Grimm laut Schmarsow 1891, S. 34; zu Meyer s. Lankheit 1966, S. 7. – Vgl. Johannes Rößler: Erlebnisbegriff und Skioptikon. Hermann Grimm und die Geisteswissenschaften an der Berliner Universität, in: Horst Bredekamp/Adam S. Labuda (Hgg.): In

Berlins Mitte. 200 Jahre Kunstgeschichte an der Humboldt-Universität, Berlin 2010, S. 69–89.

295 Heinrich Dilly: Weder Grimm, noch Schmarsow, geschweige denn Wölfflin ... Zur jüngsten Diskussion über die Diaprojektion um 1900, in: Caraffa 2009, S. 91–116.

296 Matteo Burioni/Burcu Dogramaci/Ulrich Pfisterer (Hgg.): Kunstgeschichten 1915. 100 Jahre Heinrich Wölfflin: Kunstgeschichtliche Grundbegriffe, Passau 2015, S. 227–257; Yannis Hadjinicolaou: ›Die Neue Sachlichkeit Rembrandts‹, Aby Warburg's Claudius Civilis, in: Journal of Art Historiography 19 (2018) (https://arthistoriography.files.wordpress.com/2018/11/hadjinicolaou.pdf).

297 Walter Grasskamp: André Malraux und das imaginäre Museum. Die Weltkunst im Salon, München 2014.

298 Monika Wagner: Kunstgeschichte in Schwarz-Weiß. Visuelle Argumente bei Panofsky und Warburg, in: dies./Helmut Lethen (Hgg.): Schwarz-Weiß als Evidenz, Frankfurt a.M./New York 2015, S. 126–144.

299 Leo Steinberg: Who's who in Michelangelo's ›Creation of Adam‹. A Chronology of the Picture's Reluctant Self-Revelation, in: Art Bulletin 74 (1992), S. 552–566.

300 Michael Diers: Der Hamburger Faksimilestreit, in: Idea. Jahrbuch der Hamburger Kunsthalle 5 (1986), S. 125–137.

301 Johann J. Winckelmann: Briefe, hg. v. Hans Diepolder/Walther Rehm, 4 Bde., Berlin 1952–1957, hier Bd. 2, S. 95.

302 Lankheit 1966, S. 6; Carafa 2011, S. 20.

303 Krautheimer 1988, S. 29.

304 Dazu etwa die Beiträge von Wolfgang Ullrich (https://ideenfreiheit.wordpress.com/2016/03/04/urheberrechte-vs-freiheit-der-wissenschaft/).

305 Maaz 2020, S. 30 f. und 46.

306 Erich Auerbach: Untersuchungen zur Geschichte der französischen Bildung, Bern 1951, S. 12–50; vgl. Levy-Deinhard 1967, S. 89–128.

307 Georg W.F. Hegel: Vorlesungen über Ästhetik I (Werke 13), Frankfurt a.M. 1986, S. 358.

308 Carl Neumann: Der Kampf um die neue Kunst, Berlin 1896, S. 4.

309 Susan Sontag: Ästhetik der Stille, in: Eugen Blume/Gabriele Knapstein/Catherine Nichols (Hgg.): Fast nichts. Minimalistische Werke

aus der Friedrich Christian Flick Collection im Hamburger Bahnhof, Köln 2005, S. 8 [engl. 1966].

310 Adalbert F. Seligmann: Kunst und Künstler von gestern und heute, Wien 1910, S. III; vgl. auch Gustav Pauli: Die Bibliothek des Kunstfreundes, in: Die Kunst für alle 14 (1899), S. 369–372, mit konkreter Empfehlung für zwanzig Titel.

311 Vgl. für die Naturwissenschaften Andreas Daum: Wissenschaftspopularisierung im 19. Jahrhundert. Bürgerliche Kultur, naturwissenschaftliche Bildung und die deutsche Öffentlichkeit 1848–1914, München 1998.

312 Hier S. 20 f. [https://www.kmk.org/fileadmin/Dateien/veroeffentlichungen_beschluesse/2008/2008_10_16-Fachprofile-Lehrerbildung.pdf]

313 Julius Meier-Graefe: Der Fall Böcklin und die Lehre von den Einheiten, Stuttgart 1905, S. 260.

314 Christian Demand: Kunst in Gefahr! Fachmann und Laie: noch eine Konkurrenzgeschichte, in: Kunstforum International 173 (2004), S. 132–139.

315 Kathrin Popp: Das Bild zum Sprechen bringen. Eine Soziologie des Audioguides in Kunstausstellungen, Bielefeld 2013.

316 René Smolarski/Kristin Oswald: Einführung: Citizen Science in Kultur und Geisteswissenschaften, in: dies. (Hgg.): Bürger, Künste, Wissenschaft, Gutenberg 2016, S. 0–27; vgl. die andere Perspektive bei Wolfgang Kemp, Die Wissenschaft der Anderen: Das Phänomen der Laienschriften, in: Merkur 61/703 (2007), S. 1093–1104.

317 Willibald Sauerländer: Kunsthistoriker: ›Alte Meister‹ oder die Kunsthistoriker in den Romanen, in: Kunstchronik 39 (1986), S. 81–86.

318 Bislang Luca Vargiu: Function and Context. ›Funkkolleg Kunst‹ Thirty Years Later, in: Federica Pau/Luca Vargiu (Hgg.): Following Forms, Following Functions. Practices and Disciplines in Dialogue, Newcastle upon Tyne 2018, S. 51–63; zur Vorgeschichte der Kunstvermittlung via Radio s. Andreas Zeising: Radiokunstgeschichte. Bildende Kunst und Kunstvermittlung im frühen Rundfunk der 1920er bis 1940er Jahre, Köln/Weimar 2018.

319 https://canvas.saatchiart.com/category/art/art-history-101.

320 Volker Plagemann: Ein Studium rückwärts. Wie man in Deutschland Kunstgeschichte studiert, in: Die Zeit, 23. Okt. 1970.

321 Verband Deutscher Studentenschaften (Hrsg.): Abschied vom Elfenbeinturm. 6. Deutscher Studententag Berlin 4.–8. April 1960, 2 Bde. (Vorbereitungsreader und Dokumentation), Bonn 1960/61; Boris Spix: Abschied vom Elfenbeinturm? Politisches Verhalten Studierender 1957–1967, Essen 2008; speziell zur Kunstgeschichte Irene Below: Eingreifende Kunstgeschichte – der Aufbruch 1967 in Berlin, in: ›Kunst und Politik‹, Jahrbuch der Guernica Gesellschaft 2010, S. 11–32.

322 Zuerst Erwin Panofsky: In Defense of the Ivory Tower, in: Association of the Princeton Graduate Alumni, 1953, S. 77–84; eine deutsche Übersetzung: Zur Verteidigung des Elfenbeinturms, in: Der Architektur-Rabe (Der Rabe 41), Zürich 1994, S. 147–155; vgl. zur Vorgeschichte korrigierend Claus V. Bock: Der Elfenbeinerne Turm. Eine erneute Verteidigung, in: ders.: Besuch im Elfenbeinturm, Würzburg 1990, S. 1–21.

323 Vgl. jedoch Hans-Ernst Mittig/Klaus Herding: Die gesellschaftliche Verantwortlichkeit des Kunsthistorikers, in: Ikon '74. Kunstgeschiedenis: tussen leefhebberij en maatschappij, Amsterdam 1974, S. 56–75.

324 Peter Weiss: Die Ästhetik des Widerstands, 3 Bde., Frankfurt a.M. 1975–1981; Jacques Rancière: Konsens, Dissens, Gewalt, in: Mihran Dabag/Antja Kapust/Bernhard Waldenfels (Hgg.): Gewalt, Struktur, Formen, Repräsentationen, München 2000, S. 97–112.

325 Volker Plagemann (Hg.): Kunst im öffentlichen Raum. Anstöße der 80er Jahre, Köln 1989; Tom Holert: Übergriffe. Zustände und Zuständigkeiten der Gegenwartskunst. Hamburg 2014; Hanno Rauterberg: Wie frei ist die Kunst? Der neue Kulturkampf und die Krise des Liberalismus, Berlin 2018.

326 Catherine Flood (Hg.): Disobedient Objects, London 2014; Dietrich Erben: Das Medium des Buches und die Institution der Textgattung in der Architekturtheorie, in: ders.: (Hg.): Das Buch als Entwurf. Textgattungen in der Geschichte der Architekturtheorie, Paderborn 2019, S. 10–28, hier S. 18.

327 Émile Mâle: Studien über die deutsche Kunst, hg. von Otto Grautoff, Leipzig 1917; Pierre Francastel: L'histoire de l'art – instrument de la propagande germanique, Paris 1945.

328 Herbert von Einem: Eröffnungsansprache, in: Vorträge der ersten Deutschen Kunsthistorikertagung auf Schloß Brühl 1948. Beiträge zur Kunst des Mittelalters, Berlin 1950, S. 9.

329 Claude-Henri Saint-Simon und Barthélemy Enfantin: Œuvres, 24 Bde., Paris 1865–1878, Bd. 10, S. 137 f.; vgl. für die Kunst als »Avantgarde« der zukünftigen Weltgesellschaft Olinde Rodrigues: L'artiste, le savant et l'industrie. Dialogue, ebd., S. 329–392.

330 Louis-Sébastien Mercier: Das Jahr zwey tausend vier hundert und vierzig. Ein Traum aller Träume, London 1772 [zuerst frz. 1771], S. 341 f.

331 Geimer 2002; Hans Ch. Hönes: Kunst am Ursprung. Das Nachleben der Bilder und die Souveränität des Antiquars, Bielefeld 2014.

332 Amédée Ozenfant: Kunst, Wissenschaft und die Gesellschaft von morgen, in: Carl Einstein/Paul Westheim (Hgg.): Europa Almanach, Potsdam 1925, S. 192–205.

333 Whitney Davis: Zukunft der Kunstgeschichte, in: Pfisterer 2003/2010, S. 500–504; Imesch/Heusser 2004; s. auch die statistische Auswertung von Nancy Um: What Do We Know about the Future of Art History?, 2020 (http://www.caareviews.org/reviews/3797#.X0Dt10l4E49).

334 Jane Bennett: Vibrant Matter: A Political Ecology of Things, Philadelphia (PA) 2009; Andrew Patrizio: The Ecological Eye. Assembling an Ecocritical Art History, Manchester 2019.

335 Bruno Latour: Porträt eines Biologen als wilder Kapitalist, in: ders.: Der Berliner Schlüssel. Erkundungen eines Liebhabers der Wissenschaften, Berlin 1996, S. 113–144, hier S. 142.

Literatur

Svetlana Alpers: Kunst als Beschreibung. Holländische Malerei des 17. Jahrhunderts, Köln 1985 [engl. 1983].

Svetlana Alpers: Rembrandt als Unternehmer. Sein Atelier und sein Markt, Köln 1989 [engl. 1988].

Rudolf Arnheim: Kunst und Sehen. Zur Psychologie des schöpferischen Auges, Berlin 1978 [engl. 1954].

Rudolf Arnheim: Anschauliches Denken. Zur Einheit von Bild und Begriff, Köln 1972 [engl. 1968].

Lena Bader/Martin Gaier/Falk Wolf (Hgg.): Vergleichendes Sehen in den Wissenschaften des 19. Jahrhunderts, München 2010.

Kurt Badt: »Modell und Maler« von Vermeer. Probleme der Interpretation, Köln 1961.

Mieke Bal: Quoting Caravaggio. Contemporary Art, Preposterous History, Chicago 1999.

Günter Bandmann: Mittelalterliche Architektur als Bedeutungsträger, Berlin 1951.

Karlheinz Barck (Hg.): Ästhetische Grundbegriffe. Historisches Wörterbuch, 7 Bde., Stuttgart/Weimar 2005.

Oskar Bätschmann: Einführung in die kunstgeschichtliche Hermeneutik, Darmstadt 1984.

Oskar Bätschmann: Ausstellungskünstler. Kult und Karriere im modernen Kunstsystem, Köln 1997.

Michael Baxandall: Ursachen der Bilder. Über das historische Erklären von Kunst, Berlin 1990 [engl. 1985].

Hans Belting: Das Ende der Kunstgeschichte?, München 1983 [überarbeitet als: Das Ende der Kunstgeschichte. Eine Revision nach zehn Jahren, München 1995].

Hans Belting: Bild und Kult. Eine Geschichte des Bildes vor dem Zeitalter der Kunst, München 1990.

Hans Belting, Heinrich Dilly, Wolfgang Kemp, Willibald Sauerländer, Martin Warnke (Hgg.): Kunstgeschichte – eine Einführung, München 1985 [mit erw. u. akt. Neuaufl. bis 2003].

Walter Benjamin: Das Kunstwerk im Zeitalter seiner technischen Reproduzierbarkeit, Frankfurt a.M. 1970 [1935].

Bernard Berenson: Rudiments of Connoisseurship (a Fragment) [1902], in: ders.: Rudiments of Connoisseurship. Study and Criticism of Italian Art, New York 1962, S. 111–148.

Andreas Beyer (Hg.): Die Lesbarkeit der Kunst. Zur Geistes-Gegenwart der Ikonologie, Berlin 1992.

Oskar Beyer: Welt-Kunstgeschichte. Von der Umwertung der Kunstgeschichte, Dresden 1923.

Gabriele Bickendorf: Die Historisierung der italienischen Kunstbetrachtung im 17. und 18. Jahrhundert, Berlin 1998.

Gottfried Boehm (Hg.): Was ist ein Bild?, München 1994.

Gottfried Boehm: Die Sichtbarkeit der Zeit. Studien zum Bild der Moderne, hg. v. Ralph Ubl, Paderborn 2017.

Daniela Bohde: Kunstgeschichte als physiognomische Wissenschaft. Kritik einer Denkfigur der 1920er bis 1940er Jahre, Berlin 2012.

Wolfgang Brassat: Das Bild als Gesprächsprogramm. Studien zur Geschichte des kommunikativen Gebrauchs von Kunstwerken, Berlin/Boston 2020.

Horst Bredekamp: Theorie des Bildakts, Berlin 2013 [ab Aufl. Berlin 2015: Der Bildakt].

Norman Bryson: Das Sehen und die Malerei. Die Logik des Blicks, München 2001 [engl. 1983].

Martin Büchsel: Bildmacht und Deutungsmacht. Bildwissenschaft zwischen Mythologie und Aufklärung, Leiden/Paderborn u.a. 2019.

Jacob Burckhardt: Beiträge zur Kunstgeschichte von Italien. Das Altarbild. Das Porträt. Die Sammler, Basel 1898.

Peter Bürger: Theorie der Avantgarde, Frankfurt a.M. 1974.

Matteo Burioni (Hg.): Weltgeschichten der Architektur. Ursprünge, Narrative, Bilder 1700–2016, Passau 2016.

Werner Busch (Hg.): Funkkolleg Kunst. Eine Geschichte der Kunst im Wandel ihrer Funktionen, 2 Bde., München 1987.

Michael Camille: Image on the Edge. The Margins of Medieval Art, London 1992.

Michael Camille/Zeynep Celik/John Onians/Adrian Rifkin/Christopher B. Steiner: Rethinking the Canon, in: Art Bulletin 78 (1996), S. 198–217.
Costanza Carafa (Hg.): Fotografie als Instrument und Medium der Kunstgeschichte, Berlin/München 2009.
Dagmar Danko: Kunstsoziologie, Bielefeld 2012.
Arthur Danto: Die philosophische Entmündigung der Kunst, München 1993 [engl. 1986].
Lorraine Daston/Peter L. Galison: Objektivität, Frankfurt a.M. 2007 [engl. 2007].
Whitney Davis: A General Theory of Visual Culture, Princeton 2011.
Régis Debray: Jenseits der Bilder. Eine Geschichte der Bildbetrachtung im Abendland, Rodenbach 1999 [frz. 1992].
Christian Demand: Wie kommt die Ordnung in die Kunst?, Springe 2010.
Georges Didi-Huberman: Vor einem Bild, München 2000 [frz. 1990].
Heinrich Dilly: Kunstgeschichte als Institution. Studien zur Geschichte einer Disziplin, Frankfurt a.M. 1979.
Caroline van Eck: Art, Agency and Living Presence: From the Animated Image to the Excessive Object, Berlin/Boson 2015.
James Elkins: Stories of Art, New York/London 2002.
Susanne von Falkenhausen: Jenseits des Spiegels. Das Sehen in Kunstgeschichte und Visual Culture Studies, Paderborn 2015.
Konrad Fiedler: Schriften zur Kunst, 2 Bde., hg. v. Gottfried Boehm, München ^{2}1991.
Ernst Förster: Vorschule der Kunstgeschichte, Leipzig 1862.
Dagobert Frey: Probleme einer Geschichte der Kunstwissenschaft, in: Deutsche Vierteljahrsschrift für Literaturwissenschaft und Geistesgeschichte, 32 (1958), S. 1–37.
Michael Fried: Absorption and Theatricality. Painting and Beholder in the Age of Diderot, Berkeley u.a. 1980.
Hans-Georg Gadamer: Wahrheit und Methode. Grundzüge einer philosophischen Hermeneutik, Tübingen 1960.
John Gage: Kulturgeschichte der Farbe von der Antike bis zur Gegenwart, Ravensburg 1994.
Peter Geimer: Die Vergangenheit der Kunst. Strategien der Nachträglichkeit im 18. Jahrhundert, Weimar 2002.
Alfred Gell: Art and Agency. An Anthropological Theory, Oxford 1998.

Stefan Germer: Mit den Augen des Kartographen – Navigationshilfen im Posthistoire, in: Anne-Marie Bonnet/Gabriele Kopp-Schmidt (Hgg.): Kunst ohne Geschichte? Ansichten zur Kunst und Kunstgeschichte heute, München 1995, S. 140–151 und 166–169.

Bettina Gockel: Die Pathologisierung des Künstlers. Künstlerlegenden der Moderne, Berlin 2010.

Ernst H. Gombrich: Kunst und Illusion. Zur Psychologie der bildlichen Darstellung, Köln 1967 [engl. 1959].

Ernst H. Gombrich: Ornament und Kunst. Schmucktrieb und Ordnungssinn in der Psychologie des dekorativen Schaffens, Stuttgart 1982 [engl. 1979].

Walter Grasskamp: Das Kunstmuseum. Eine erfolgreiche Fehlkonstruktion, München 2016.

Oliver Grau: Virtuelle Kunst in Geschichte und Gegenwart, Berlin 2001.

Ernst Grosse: Die Anfänge der Kunst, Freiburg i.Br./Leipzig 1894.

Jonathan Harris: The New Art History. A Critical Introduction, London/New York 2001.

Francis Haskell: Die Geschichte und ihre Bilder. Die Kunst und die Deutung der Vergangenheit, München 1995 [engl. 1993].

Claudia Hattendorff/Ludwig Tavernier/Barbara Welzel (Hgg.): Kunstgeschichte und Bildung, Dortmund 2013.

Olga Hazan: Le mythe du progrès artistique. Étude critique d'un concept fondateur du discours sur l'art depuis la Renaissance, Montréal 1998.

Anke te Heesen: Theorien des Museums zur Einführung, Hamburg 2012.

Ernst Heidrich: Beiträge zur Geschichte und Methode der Kunstgeschichte, hg. v. Heinrich Wölfflin, Basel 1917.

Hans-Jörg Heusser/Kornelia Imesch (Hgg.): Visions of a Future. Art and Art History in Changing Contexts, Zürich 2004.

Toni Hildebrandt/Tobias Keiling: Ein Bild, das verstanden werden kann, ist Sprache? Zur Geschichte der Bildhermeneutik, in: Dominic E. Delarue/Johann Schulz/Laura Sobez (Hgg.): Das Bild als Ereignis. Zur Lesbarkeit spätmittelalterlicher Kunst mit Hans-Georg Gadamer, Heidelberg 2012, S. 127–160.

Werner Hofmann: Die Gemse und das Alpenpanorama, in: Wiener Jahrbuch für Kunstgeschichte 53 (2004), S. 87–108.

Max Imdahl: Giotto. Arenafresken. Ikonographie, Ikonologie, Ikonik, München 1980.

Joseph Imorde/Anna M. Loffredo/Andreas Zeising (Hgg.): »Höhere Bildung«. Kunstgeschichte in der Schule (Themenheft), in: kritische berichte 46/1 (2018).
Margaret Iversen/Stephen Melville: Writing Art History. Disciplinary Departures, Chicago 2010.
Jens Jäger/Martin Knauer (Hgg.): Bilder als historische Quellen? Dimension der Debatte um historische Bildforschung, München 2009.
Johannes Jahn (Hg.): Die Kunstwissenschaft der Gegenwart in Selbstdarstellungen, Leipzig 1924.
Hans-Robert Jauß: Geschichte der Kunst und Historie, in: Reinhart Koselleck/Wolf-Dietrich Stempel (Hgg.). Geschichte – Ereignis und Erzählung, München 1973, S. 193–221.
Martin Jay: Downcast Eyes. The Denigration of Vision in Twentieth-Century French Thought, Berkeley u.a. 1993.
Andreas Kablitz: Wie entsteht Bedeutung in Sprache und Bild? Ein Vergleich, Berlin 2021.
Thomas DaCosta Kaufmann: Towards a Geography of Art, Chicago/London 2004.
Wolfgang Kemp (Hg.): Der Betrachter ist im Bild. Kunstwissenschaft und Rezeptionsästhetik, Köln 1985.
Wolfgang Kemp: Die Räume der Maler. Zur Bilderzählung seit Giotto, München 1996.
Eva Kernbauer (Hg.): Kunstgeschichtlichkeit. Historizität und Anachronie in der Gegenwartskunst, Paderborn 2015.
Dieter Kimpel/Robert Suckale: Die gotische Architektur in Frankreich 1130–1270, München 1985.
Charlotte Klonk: Spaces of Experience. Art Gallery Interiors from 1800 to 2000, New Haven/London 2009.
Hubertus Kohle: Museen digital. Eine Gedächtnisinstitution sucht den Anschluss an die Zukunft, Heidelberg 2018.
Reinhart Koselleck: Vergangene Zukunft. Zur Semantik geschichtlicher Zeiten, Frankfurt a.M. 1979.
Reinhart Koselleck: Begriffsgeschichten, Frankfurt am Main 2006.
Katharina Krause/Klaus Niehr (Hgg.): Bilderlust und Lesefrüchte: Das illustrierte Kunstbuch von 1750 bis 1920, Leipzig 2005.
Richard Krautheimer: Ausgewählte Aufsätze zur Europäischen Kunstgeschichte, Köln 1988.

George Kubler: Die Form der Zeit. Anmerkungen zur Geschichte der Dinge, hg. v. Gottfried Boehm, Frankfurt a.M. 1982 [engl. 1962].
Rosalind E. Krauss: Die Originalität der Avantgarde und andere Mythen der Moderne, Amsterdam u.a. 2000 [zuerst engl. 1985].
Verena Krieger (Hg.): Kunstgeschichte und Gegenwartskunst. Vom Nutzen und Nachteil der Zeitgenossenschaft, Köln/Weimar/Wien 2008.
Udo Kultermann: Geschichte der Kunstgeschichte. Der Weg einer Wissenschaft, Wien/Düsseldorf 1966.
Klaus Lankheit: Kunstgeschichte unter dem Primat der Technik, Karlsruhe 1966.
Hanna [Levy-]Deinhard: Bedeutung und Ausdruck. Zur Soziologie der Malerei, Neuwied/Berlin 1967.
Alfred Lichtwark: Der Deutsche der Zukunft, Berlin 1905.
Hubert Locher: Kunstgeschichte als historische Theorie der Kunst 1750–1950, München [2]2010 [2001].
Niklas Luhmann: Die Kunst der Gesellschaft, Frankfurt a.M. 1995.
Bernhard Maaz: Das gedoppelte Museum. Erfolge, Bedürfnisse und Herausforderungen der digitalen Museumserweiterung für Museen, ihre Träger und Partner, Köln 2020.
Patrizia Mainardi (Hg.): The Crisis in Art History, in: Visual Resources. An International Journal on Images and Their Uses 24/4 (2011).
Elizabeth C. Mansfield (Hg.): Making Art History. A Changing Discipline and Its Institutions, New York 2007.
Lu Märten: Die Künstlerin, München 1919 [Neuausgabe unter dem Titel: Die Künstlerin. Texte zur Ästhetik und Kultur der Frau, hg. v. Chryssoula Kambas, Darmstadt/Neuwied 1990].
Angela Matyssek: Kunstgeschichte als fotografische Praxis, Berlin 2009.
Winfried Menninghaus: Das Versprechen der Schönheit, Frankfurt a.M. 2003.
Peter N. Miller: History and Its Objects. Antiquarianism and Material Culture since 1500, Ithaca (NY) 2017.
W.J.T. Mitchell: Das Leben der Bilder. Eine Theorie der visuellen Kultur, München 2008 [zuerst engl. 2005].
Hans-Ernst Mittig: Neues beim 11. Deutschen Kunsthistorikertag 1968, in: ›Kunst und Politik‹, Jahrbuch der Guernica Gesellschaft 2010, S. 11–32, S. 33–51.

Thomas Munro: Evolution in the Arts and Other Theories of Culture History, Ohio/New York [1963].

Alexander Nagel/Christopher Wood: Anachronic Renaissance, New York 2010.

Robert S. Nelson/Richard Shiff (Hgg.): Critical Terms for Art History, Chicago ²2003 [1996].

Linda Nochlin: Warum hat es keine bedeutenden Künstlerinnen gegeben? (1971), in: Beate Söntgen (Hg.): Rahmenwechsel. Kunstgeschichte als feministische Kulturwissenschaft, Berlin 1996, S. 27–56.

Otto Pächt: Methodisches zur kunsthistorischen Praxis. Ausgewählte Schriften, München 1977.

Erwin Panofsky: Deutschsprachige Aufsätze, hg. v. Karen Michels/Martin Warnke, 2 Bde., Berlin 1998.

Erwin Panofsky: Studien zur Ikonologie. Humanistische Themen in der Kunst der Renaissance, Köln 1980 [zuerst engl. 1939].

Spyros Papapetros: On the Animation of the Inorganic. Art, Architecture, and the Extension of Life, Chicago/London 2012.

Michela Passini: L'œil et l'archive. Une histoire de l'histoire de l'art, Paris 2017.

Alina Payne: From Ornament to Object. Genealogies of Architectural Modernism, New Haven/London 2012.

Dorothea Peters: Der ungewohnte Blick. Fotografische Kunstreproduktion im 19. Jahrhundert, Berlin 2011.

Nikolaus Pevsner: Die Geschichte der Kunstakademien, München 1986 [engl. 1940].

Ulrich Pfisterer (Hg.): Klassiker der Kunstgeschichte, 2 Bde., München 2007–2008.

Ulrich Pfisterer (Hg.): Metzler Lexikon Kunstwissenschaft, Stuttgart/Weimar ²2010 [zuerst 2003].

Wolfram Pichler/Ralf Ubl: Bildtheorie zur Einführung, Hamburg 2014.

Wilhelm Pinder: Das Problem der Generation in der Kunstgeschichte Europas, Berlin 1926.

Griselda Pollock: Differencing the Canon. Feminist desire and the writing of art's histories, London u.a. 1999.

Krzysztof Pomian: Der Ursprung des Museums. Vom Sammeln, Berlin 1998 [zuerst frz. 1986].

Regine Prange: Die Geburt der Kunstgeschichte. Philosophische Ästhetik und empirische Wissenschaft, Köln 2004.

Matthew Rampley u.a. (Hgg.): Art History and Visual Studies in Europe. Transnational Discourses and National Frameworks, Leiden u.a. 2012.

Juliane Rebentisch: Theorien der Gegenwartskunst zur Einführung, Hamburg 2013.

Andreas Reckwitz: Die Erfindung der Kreativität, Berlin 2012.

Joachim Rees: Vergleichende Verfahren – verfahrene Vergleiche. Kunstgeschichte als komparative Kunstwissenschaft – eine Problemskizze, in: kritische berichte 2 (2012), S. 32–47.

Hans-Jörg Rheinberger: Sichtbar Machen. Visualisierung in den Naturwissenschaften, in: Klaus Sachs-Hombach (Hg.): Bildtheorien. Anthropologische und kulturelle Grundlagen des Visualistic Turn, Frankfurt a.M. 2009, S. 127–145.

Alois Riegl: Das holländische Gruppenporträt, in: Jahrbuch der Kunsthistorischen Sammlungen in Wien 23 (1902), S. 71–278.

Alois Riegl: Der moderne Denkmalkultus. Sein Wesen und seine Entstehung, Wien 1903.

Sam Rose: Art and Form. From Roger Fry to Global Modernism, University Park (PE) 2019.

Bénédicte Savoy (Hg.): Tempel der Kunst. Die Geburt des öffentlichen Museums in Deutschland 1701–1815, Köln u.a. ^{2}2015 [2006].

Julius von Schlosser: Die Kunstliteratur. Ein Handbuch zur Quellenkunst der neueren Kunstgeschichte, Wien 1924.

Astrit Schmidt-Burkhardt: Stammbäume der Kunst. Zur Genealogie der Avantgarde, Berlin 2005.

Anja Schürmann: Begriffliches Sehen. Beschreibung als kunsthistorisches Medium im 19. Jahrhundert, Berlin/Boston 2018.

Hans Sedlmayr: Kunst und Wahrheit. Zur Theorie und Methode der Kunstgeschichte, Mittenwald 1978.

Richard Shone/John-Paul Stonard (Hgg.): The Books That Shaped Art History, London 2013.

Larry Silver/Kevin Terraciano (Hgg.): Canons and Values – Ancient to Modern, Los Angeles 2019.

Josef Strzygowski: Die Krisis der Geisteswissenschaften vorgeführt am Beispiele der Forschung über bildende Kunst, Wien 1923.

Lyne Therrien: L'histoire de l'art en France. Genèse d'une discipline universitaire, Paris 1998.
Felix Thürlemann: Mehr als ein Bild. Für eine Kunstgeschichte des hyperimage, München 2013.
Hans Tietze: Die Methode der Kunstgeschichte, Leipzig 1913.
Wolfgang Ullrich: Was war Kunst? Biographien eines Begriffs, Frankfurt a.M. 2005.
Ingrid R. Vermeulen: Picturing Art History. The Rise of the Illustrated History of Art in the Eighteenth Century, Amsterdam 2010.
Monika Wagner (Hg.): Moderne Kunst. Das Funkkolleg zum Verständnis der Gegenwartskunst, 2 Bde., Reinbek bei Hamburg 1991.
Aby Warburg: Gesammelte Schriften, hg. v. Horst Bredekamp u.a., Berlin/Boston 1998 ff.
Martin Warnke: Weltanschauliche Motive in der kunstgeschichtlichen Populärliteratur, in: ders. (Hg.): Das Kunstwerk zwischen Wissenschaft und Weltanschauung, Gütersloh 1970, S. 88–108.
Sigrid Weigel: Grammatologie der Bilder, Frankfurt a.M. 2015.
Lambert Wiesing: Die Sichtbarkeit des Bildes. Geschichte und Perspektiven der formalen Ästhetik, Reinbek bei Hamburg 1997.
Heinrich Wölfflin: Kunstgeschichtliche Grundbegriffe, München 1915.
Christopher Wood: A History of Art History, Princeton/Oxford 2019.
Wilhelm Worringer: Abstraktion und Einfühlung. Ein Beitrag zur Stilpsychologie, München ^{3}1911 [zuerst 1907].
Oskar Wulff: Grundlinien und kritische Erörterungen zur Prinzipienlehre der bildenden Kunst, Stuttgart 1917.
Thomas Zaunschirm: Leitbilder. Denkmodelle der Kunsthistoriker oder Von der Tragik, Bilder beschreiben zu müssen, Klagenfurt 1993.
Anja Zimmermann: Kunstgeschichte und Gender. Eine Einführung, Berlin 2006.
Michael F. Zimmermann (Hg.): Vision in Motion. Streams of Sensation and Configurations of Time, Zürich/Berlin 2016.

Personenregister

Ulrich Pfisterer lehrt seit 2006 als Professor an der Ludwig-Maximilians-Universität München und ist zugleich Direktor des Zentralinstituts für Kunstgeschichte ebendort. Er hat Kunstgeschichte, Klassische Archäologie und Philosophie in Freiburg i.Br., München und Göttingen studiert und war Assistent an der Universität Hamburg. Seine Forschungsinteressen gelten vor allem der Kunst der Frühen Neuzeit und der Wissenschaftsgeschichte der Kunstgeschichte. In den letzten Jahren sind Bücher von ihm erschienen zu *Raffael* (2019), zu *Kunst-Geburten. Kreativität, Erotik, Körper in der Frühen Neuzeit* (2014) und zur *Sixtinischen Kapelle* (2013). Außerdem hat er im Rahmen der *Gesammelten Schriften* Aby Warburgs dessen *Fragmente zur Ausdruckskunde* mitherausgegeben (2015).